U0678119

文化发展论丛·湖北卷

（2014）

湖北卷

Culture Development Review:
Hubei (2014)

主　编◎吴成国
副主编◎张　敏

湖北大学高等人文研究院　中华文化发展协同创新中心◎编

社会科学文献出版社
SOCIAL SCIENCES ACADEMIC PRESS (CHINA)

"伦理秩序构建与文明湖北建设"研究专集

《文化发展论丛》编辑委员会

顾　问

中国卷　陶德麟　李景源　唐凯麟

世界卷　万俊人　邓晓芒　John Abbarno（阿巴尔诺）
　　　　　Thomas Magnell（麦格勒尔）

湖北卷　冯天瑜　郭齐勇　刘玉堂

总　编　尹汉宁　刘建凡　江　畅

副总编　喻立平　杨鲜兰　戴茂堂

编　委　（以姓氏笔画为序）

万明明	王　扬	王忠欣	王泽应	邓晓红
冯　军	刘川鄂	刘文祥	刘建凡	刘　勇
江　畅	孙伟平	李义天	杨鲜兰	吴成国
何元国	余卫东	沈壮海	张庆宗	张建军
陈少峰	陈　俊	陈道德	陈焱光	周海春
姚才刚	秦　宣	徐方平	高乐田	郭康松
郭熙煌	曹荣湘	舒红跃	强以华	靖国平
廖声武	戴木才	戴茂堂		

目录
CONTENTS

比较研究

理论前沿

新时代"六伦"的新建构

郭齐勇[*]

（武汉大学国学院）

【内容提要】 "五伦"有助于传统社会公序良俗的形成，对社会稳定起过重大的作用。人伦关系"五伦"与内在道德"五常""八德"既有区别又有联系。"五伦"，尤其是最重要的"父子""夫妇"两伦在现代社会面临严重的挑战。我们可以创造性地转化"五伦"，促进形成现代新型的伦常关系。君臣关系可以改造为同事关系（含上下级关系），成为同事一伦。还应增加群己一伦，以应对个人与社会、国家、人群之间或陌生人之间的交往，乃至调整人类与天地、山河、动植物类的关系，处理好自我与他者的关系问题。新"六伦"似应为：父（母）子（女）有仁亲、夫妻有爱敬、兄弟（姊妹）有情义、朋友有诚信、同事有礼智、群己有忠恕。

【关键词】 五伦　五常　六伦　群己　伦理秩序

唐代诗人王勃的名句"海内存知己，天涯若比邻"，脍炙人口，诸君耳熟能详。人类今天进入了信息、网络时代，新的交通工具与交往方式，使人与人之间的时空阻隔变得不那么重要了。但今天有了另外的问题，例如，上句古诗后半句可以倒过来读为"比邻若天涯"。这反映了

---

* 郭齐勇（1947—），武汉大学国学院院长，国际中国哲学会会长，中国哲学史学会副会长。

当代人际疏离的现象。在高层住宅里，住在对面、隔壁单元房的人，楼上楼下的人，彼此不相识。有的小夫妻近在咫尺，却各在自己的房间埋首操作电脑、手机，本应面对面的亲密交流、沟通中间，却增了电子媒介。至于父母与子女之间，同事与朋友之间，个人与社会、国家之间，陌生人之间，人与生态环境之间的关系都有了新的面相与新的问题。本文拟从古代"五伦"说起，试谈今天的"新六伦"秩序建构。聊备一说，就教于各位读者。

一 "五伦"与"五常"

"伦理"一词最初见于《礼记·乐记》："乐者，通伦理者也。"郑玄注："伦犹类也，理分也。"这里的"伦理"指类别条理。那么，人类的社会生活条理，即人伦之理是什么呢？

最早明确指出人伦之理的是孟子。孟子说："后稷教民稼穑，树艺五谷；五谷熟而民人育。人之有（为）道也，饱食、暖衣、逸居而无教，则近于禽兽。圣人有（又）忧之，使契为司徒，教以人伦：父子有亲，君臣有义，夫妇有别，长幼有叙，朋友有信。"（《孟子·滕文公上》）这就是俗称"五伦"的由来。上句话中，"契"音谢，相传为殷代的祖先。孟子的意思是，传说中的人文始祖，从教民稼穑开始，重视物质财富的生产，进而教化百姓，使人民懂得遵守基本的社会生活的规范。孟子的意思很明确，人与禽兽的区别在哪里？与动物不同，人类社群有人与人的基本关系、秩序及背后的道德价值。在道德价值背后还有人对终极性的天、天道、天命的信仰。

《中庸》里讲的"五达道"，即修养自己的五条最通达的道路："天下之达道五……曰君臣也，父子也，夫妇也，昆弟也，朋友之交也。五者天下之达道也。"也就是说，人们正是在最基本的五伦关系中修身成德的。修身成德离不开家国天下，尤其是基本的亲属关系与社会关系。

《礼记·礼运》讲"十义"："父慈、子孝，兄良、弟悌，夫义、妇听、长惠、幼顺，君仁、臣忠十者，谓之人义。……故圣人之所以治人七情，修十义，讲信修睦，尚辞让，去争夺，舍礼何以治？"这里讲礼治的功能与内核，礼对于治理人心与天下的重要性。此外，儒家还提倡兄友、弟恭，夫义、妇顺，君惠、臣忠。这就指出了"父子、兄弟、夫妇、长幼、君臣相互之间的道德准则"①。

汉代以后，"五伦"关系主要沿袭《孟子》《中庸》的说法（君臣、父子、夫妇、兄弟、朋友），这些伦常关系背后的道德价值，父子之间的是慈、孝、仁，君臣之间的是仁、惠、忠、义，兄弟之间的是良、悌、友、恭，夫妇之间的是义、顺，朋友之间的是信、义等。

"五常"指五种基本的道德价值原则"仁、义、礼、智、信"。孔子以前的思想家乃至于孔子本人已分别提出了这些道德原则。② 子思、孟子明确指出"仁、义、礼、智"四德。西汉贾谊、董仲舒正式提出仁、义、礼、智、信"五常"之道，将这五种基本道德原则视为人的"常行之德"。东汉班固等撰《白虎通义》和王充撰《论衡》，都指出仁、义、礼、智、信是"五性""五常"，重申它们为五常之道和常行之道。"五常"是中华民族最普遍、最重要的道德规范，是中华民族独特的精神标识。另外还有"八德"，即孝、悌、忠、信、礼、义、廉、耻八种德目。

人伦关系及其道理的"五伦"与内在道德的"五常""八德"有联系也有区别。所谓联系是指，"五伦"指人的社会存在、社会关系，其中包括社会关系、社会角色的道德价值，而"五常""八德"指人在社会关系中、社会生活中的道德原则。"五常""八德"贯彻在、实现在"五伦"之中，或者说，透过"五伦"关系的实践，人们可以培养"五常""八德"。两者之间的区别是：首先，"五伦"的关系是相对的、外在的、实然的、现实的状况，人的伦理角色之间还有交叉（如一个特定的人可以同时是人臣、人父、人子），"五常""八德"则是天赋的、普遍的、超越而内在的、人的应然的、理想的状况。其次，"五伦"关系

---

① 张岱年：《中国古典哲学概念范畴要论》，中国社会科学出版社 1989 年版，第 179 页。

② 详见《左传》《国语》《论语》等经典。据《国语·楚语》，春秋时期即使在楚国，也有传习六经的传统。从楚庄王（？—前 591 年）时期的大夫申叔时回答庄王如何教育太子的资料中，不难知道楚国君臣也重视诗礼之教，强调仁德、孝顺、忠诚、信义等价值的指引。

是他在的、被规定的，"五常""八德"是自我命令的、自律的。再次，"五伦"重在强调伦理关系的和谐，"五常""八德"强调的是其中的理念。

自孔子肯定"君君、臣臣、父父、子子"（《论语·颜渊》）以来，儒家学者一再阐明君臣、父子间的关系都是对等的关系，君臣、父子、夫妇、兄弟、朋友都是相对相关的。在公共事务中，"君不君，则臣就不臣"；在私领域中，"父不父，则子就不子"。其中的"不"字，"包含'应不'与'是不'两层意思。假如，君不尽君道，则臣自然就会（是）不尽臣道，也应该不尽臣道（闻诛一夫纣矣，未闻弑君也）。父子、夫妻关系也是如此"①。

传统"五伦"除君臣一伦外基本都是私领域。当然这个问题很复杂，必须具体地历史地加以考察。早期的家国同构，使君臣关系有时也处在公私之间。但总体上，儒家对公私领域是有区别的："门内之制恩掩义，门外之制义斩恩。"（《礼记·丧服四制》，郭店楚简中也有此句，只是"斩"字为"断"）门外以义为重，门内以恩为重。从人伦基础来看，父子关系重于君臣关系。处理父子、君臣关系以及两者发生矛盾、冲突时，儒家强调的是具体理性。

在郭店楚简中，"六位"是非常重要的，也就是说，人首先是处于一定角色和关系中的，如此又各有其职其位，相应各有其德，需要按照既定的品质规范而行。关于个人在家庭和社会生活中的角色问题，楚简《六德》篇指出以下三个方面：第一，以夫、妇、父、子、君、臣为"六位"；与之相应，此六位各有其职，分别对应率人者、从人者、教人者、学者、使人者和事人者，称为"六职"；此六职又各有相应之德，分别对应圣、智、仁、义、忠、信，称为"六德"。第二，"六位"之间有内外之别，父、子、夫为内，君、臣、妇为外。第三，"夫妇别，父子亲，君臣义""夫夫、妇妇、父父、子子、君君、臣臣"极为重要。另外，值得注意的是，在《六德》篇中，"为父绝君，不为君绝父"反映

---

① 贺麟：《文化与人生》，商务印书馆 1988 年版，第 58 页。

了早期儒家学说中最本质、最基础的伦理内容。① 儒家认为，对于父母兄长的孝悌和仁爱是发自于本心，内在于人性之中的，是人的真情实感。相对而言，"忠"和"信"的普遍性意味更为强烈。

战国时，"五伦"的人伦秩序处于逐步形成的过程之中，这是当时社会整合的需求。汉代文治政府建立，出于社会治理及"内裕民生、外服四夷"的文治武功的需要，从西汉武帝时董仲舒等开始，朝廷全面倡导"五伦"秩序，有助于公序良俗的建构，对社会稳定起了重大的作用。到东汉章帝时，班固等编撰《白虎通义》，三纲六纪成为大经大法。这对于凝聚中华民族与中国社会，乃至加速中国人的文明化进程，都起到了重要的引导作用。由于问题复杂，兹不赘述。

二 "五伦"面临的挑战及其现代转化

贺麟先生在1940年发表的《五伦关系的新检讨》一文中说："五伦的观念是几千年来支配了我们中国人的道德生活的最有力量的传统观念之一。它是我们礼教的核心，它是维系中华民族的群体的纲纪。我们要从检讨这旧的传统观念里，去发现最新的近代精神。从旧的里面去发现新的，这就叫做推陈出新。必定要旧中之新，有历史有渊源的新，才是真正的新。那种表面上五花八门，欺世骇俗，竞奇斗异的新，只是一时的时髦，并不是真正的新。"②

我们谈谈"五伦"面临的挑战及其现代的转化问题。

父子一伦，特指父母子女之伦常关系，这在今天仍是社会生活的基础。过去人们常说父子是"天伦"，意即任何人都无法选择父母，父母有责任与义务养育子女，子女有责任与义务赡养父母。父母慈爱，子女孝敬，是天经地义的。孝道反映的不仅是自然生命的延续，而且是文化

---

① 《六德》篇详见荆门市博物馆《郭店楚墓竹简》，文物出版社1998年版。又请参见徐少华《郭店楚简〈六德〉篇思想源流探析》，载《郭店楚简国际学术研讨会论文集》，湖北人民出版社2000年版，第375—382页。
② 贺麟：《文化与人生》，商务印书馆1988年版，第51页。

生命的延续；不仅是社会伦理的秩序，而且是内在的道德价值。俗语曰"国之良民即家之孝子""忠臣必出于孝子之门"。这些话都有一定的道理。家庭是人生最初的学校，亲情是每个人最终的精神港湾。仁爱子女、孝顺父母是生命与生活的切实体验。有了这一体验，慢慢由内而外，由己而人而物，这就是孟子所说的："老吾老以及人之老，幼吾幼以及人之幼"（《孟子·梁惠王上》）；"亲亲而仁民，仁民而爱物"（《孟子·尽心上》）。这是仁爱之心推广、扩充的过程。当前，父母子女的伦常关系面临极大的挑战，包括房产等在内的经济利益的纠纷裂解亲情，老人生老病死的经济负担过重，高龄化社会使超高龄老人的赡养成为大的难题。农村留守老人应得到关爱。在健全社会养老机制、加强法律保障的前提下，政府与社会应多渠道、多途径解决老百姓，特别是老人的"养生丧死而无憾"的问题。我们要提倡以子女为主，子女、社会与政府共同赡养老人的方式，政府与社会要平抑老人重病、临终与丧葬的高费用，解决"病不起""死不起"的问题，使收费合理化。全社会都应鼓励、支持、提倡"孝养父母"，并为之提供一定的条件。

夫妇伦理。在大家庭解体，核心家庭普遍化的时代，夫妻一伦尤为重要。有人说，夫妻是朋友。诚然如此，父子也可以是朋友，但夫妻、父子的角色定位及相互关系有特别的内涵，不是朋友一伦可以代替的。在男性中心主义逐渐被抛弃的时代，妇女在家庭、社会中做出的贡献及相应的地位与传统社会相比已不可同日而语。夫妻之间的相互理解、尊重、敬爱与忠诚，仍是最重要的，这是夫妻关系稳定的前提。"二奶"现象对夫妻伦常之道有极大的破坏。离婚率过高，影响社会稳定，不利于孩子的身心健康。留守妇女问题、离土到城市打工的农民工夫妇的夫妻生活及其家庭的整全性问题，应得到政府、社会的高度关注。全社会都应积极维护夫妇伦理，维护家庭的和谐稳定。

兄弟一伦，指兄弟姊妹的伦常关系。兄弟姐妹通过在家庭中的相处，可以从中学习、体验到人与人相处的很多道理，学会体谅、尊重、关爱与谦让。

朋友一伦。先儒有丰富的交友之道，与什么人交朋友，不与什么人交朋友，怎么交朋友，经典、蒙学读物与民间谚语、格言中都有申说。孔子的弟子有子说："信近于义，言可复也。"（《论语·学而》）朋友之间要讲求信用，但必须是合乎道义的事才能守诺、实行。

君臣一伦已经消解，但现代社会仍有上下级关系。君臣关系可以改造为同事关系中的上下级关系，同事关系变得十分重要。现在应建立新的一伦，即同事之伦。善处这一伦有助于职业伦理及乡村、社区、机关、企业、学校、军营伦理文化的建设。我们可以创造性地转化"五伦"，以形成现代新型的伦常关系，尤其是健康的同事关系，以敬业乐群、忠诚度以及上下级的礼法秩序为准则。这里应体现现代的管理秩序，而从传统道德中则可以借取规范性的"礼"与道德判断的"智"两个德目。

此外还有师生一伦。《礼记·檀弓》篇明确指出了师生与君臣、父子伦常关系的差别。我们不妨把师生伦理纳入到朋友伦理之中，把朋友一伦细化。

三 新时代"六伦"秩序的新建构

《大学》云："为人君，止于仁；为人臣，止于敬；为人子，止于孝；为人父，止于慈；与国人交，止于信。"这里再次阐明了君德为仁，臣德为敬，子德为孝，父德为慈。而国人，即古代城邦中的人，其交往之德为信。张岱年先生说："这里强调了'国人'的相互关系，国人的范围又大于朋友，这是《大学》的新观点。"[①] 国人比朋友的范围大，其中有大量陌生人。

哲学家张申府、张岱年兄弟的父亲张濂是清朝最后一科进士，辛亥革命后为众议院议员。他晚年曾认为，应在五伦之外，立一种陌生人之间的伦理，即第六伦。

公民社会的交往伦理当然要突破古代的交往伦理。我国台湾地区经济起飞之父李国鼎先生等在1981年提倡建立第六伦："群己"一伦。李国鼎在《经济发展与伦理建设》一文中指出："台湾地区经济的快速发

---

① 张岱年：《中国古典哲学概念范畴要论》，中国社会科学出版社1989年版，第179页。

展，使群己关系受到私德败坏的影响，致形成经济进步、道德落后的现象，亟须建立五伦之外的'第六伦'——群己关系的社会公德。第六伦的作用，在维护社会的稳固、调和与成长，使其成为国民人格不可分离的部分，进而促进生活素质与社会的健全发展。"① "第六伦"就是个人与社会大众的关系。李先生等认为"五伦"都是私德，"第六伦"才是公德。他把私德与公德绝对地对立起来了。实际上，私德是基础，私德可以推为公德。中国文化、儒家传统中有丰厚的公德的资源。李先生等基本上还是西化的观点，对"五伦""爱有差等"的理解是不全面的，对传统伦理、道德与现代化的关系亦缺乏全面、辩证的看法。

韦政通先生引述、评论了李国鼎、孙震先生等关于"第六伦"的讨论。他指出："'伦理'不只是关系，还应该包括使这种关系合理化的'理'。""近代思想中有一个现成名词可用，那就是'群己权限'，'群己'指关系，'权限'就是使这种关系合理化的理，这是1903年严复翻译穆勒《论自由》的中文书名（《群己权限论》）。""一个社会既工业化、现代化，在家族亲友之间又保持适度的感情，是可能的；一个社会既讲求法律、制度、契约，又讲求人伦、亲情，不但可能，而且必要，只是各有其有效范围，不得任意扩张。"② 韦先生又指出："广义的伦理可以包含法律，法律却不能取代伦理，伦理除法律与守法的问题之外，还大有事在，人间的关系除权利义务关系之外，还有许多复杂的关系，其中有些关系不是靠法律能处理的"③ 较之李先生等，韦先生的看法显然学理性强一些。但韦先生也有把公私德对立的倾向，且把"五伦"作为特殊主义，"第六伦"作为一般主义，这也是有问题的。其实，"五伦"的基本精神在当代也是可以转化为普遍之道的。

李国鼎、孙震先生的贡献是提出了第六伦——群己一伦，缺憾是未指出此伦之"理"，且对传统文化的看法有很多偏颇。我们认为，群己

---

① 李国鼎、郭为藩、吴忠吉：《富裕的伦理》，台北"行政院文化建设委员会"1991年版，第6页。

② 韦政通：《伦理关系的新突破》，中国人民大学出版社2005年版，第187、190页。

③ 韦政通：《伦理关系的新突破》，中国人民大学出版社2005年版，第191页。

一伦、公共道德在现代社会十分重要，建设这一伦常秩序，可以应对个人与社会、国家、人群之间或陌生人之间的交往，乃至调整人类与天地、山河、动植物类的关系，处理好自我与他者的关系问题。这一伦的 "理" 不仅是 "群己权界"，而且更应是 "忠恕之道"。

儒家有丰富的群己关系的智慧，有 "成己" 与 "成人"、"立己" 与 "立人"、"己达" 与 "人达" 之论。在 "己" 与 "人" 的关系上，孔子主张 "己欲立而立人，己欲达而达人"（《论语·雍也》）；"己所不欲，勿施于人"（《论语·颜渊》）。这就是忠恕之道。成就自己是在成就别人的共生关系中实现的。成就自己，同时必须尊重别人，不尊重别人，也不能成就自己。儒家的 "为己" "成己" "反求诸己" 之学，肯定 "人人有贵于己者"（《孟子·告子上》），肯定主体的内在价值，肯定自我，并在道德实践和政治诉求上，表现了 "舍我其谁" 的担当意识。自我的完善与实现，脱离不了家国天下的完善与实现。孔子主张 "修己以安人" "修己以安百姓"（《论语·宪问》）。《大学》主张，"壹是皆以修身为本"，以 "修身" 为中轴，把 "正心" "诚意" "格物" "致知" 与 "齐家" "治国" "平天下" 联系在一起。这也是所谓 "内圣" 与 "外王" 的统一。这种思想传统亦说明了中国人在交往理性上并不会发生困难。中国古代哲学有关群体和谐的话语，路人皆知，兹不赘述。在人与终极的天，人与自然、他物，人与社会、他人，人与内在自我的关系问题上，在人之世代生存的时空问题上，中国文化与哲学有丰富的资源。[①]

在个人与社会、国家、大群的交往上，我们提倡 "忠"，即 "己欲立而立人，己欲达而达人"，尽己之心，讲求奉献；在个人与陌生人、与他者的交往上，在不同国家、民族、宗教、文化的对话及人与自然的关系问题上，我们提倡 "恕"，即 "己所不欲，勿施于人"，推己之心，将心比心，宽容厚道。这就是 "群己" 这一新伦之 "理"。

综上所述，新 "六伦" 似应为：父（母）子（女）有仁亲、夫妻有爱敬、兄弟（姊妹）有情义、朋友有诚信、同事有礼智、群己有忠恕。

---

① 详见郭齐勇《论中国古代哲人的生存论智慧》，《学术月刊》2003 年第 9 期。

用优秀传统文化涵育社会主义核心价值观

刘玉堂　袁北星*

（湖北省社会科学院）

【内容提要】 我国优秀传统文化是社会主义核心价值观的深厚源泉。我们应根据时代要求，对传统文化的思想精华和道德精髓加以创造性转化、创新性发展，才能既永葆传统文化的生机活力，又不断增强社会主义核心价值观的凝聚力、影响力、感召力。而价值观自信是人们对自己关于事物的价值评判所持态度和看法的坚定信念，具有不可替代的社会凝聚功能与社会创新功能。切实增强文化自信和价值观自信，事关党执政地位的巩固，事关社会和谐稳定，事关国家长治久安。

【关键词】 传统文化　社会主义核心价值观　文化自信　价值观自信

习近平总书记指出："中华文化源远流长，积淀着中华民族最深沉的精神追求，代表着中华民族独特的精神标识，为中华民族生生不息、发展壮大提供了丰厚滋养。"① 涵育社会主义核心价值观，要从中华优秀传统文

---

* 刘玉堂（1956—），湖北省社会科学院副院长、教授、博士生导师；袁北星（1967—），女，湖北省社会科学院科研处处长，研究员。

① 《习近平论中国传统文化——十八大以来重要论述选编》，《党建》2014 年第 3 期。

化中汲取思想道德养分，充分发挥优秀传统文化怡情养志、涵育文明的重要作用，努力实现中华传统文化的创造性转化、创新性发展。要使融入当代文化和现代社会的优秀传统文化薪火相传、生生不息，让扎根于优秀传统文化沃土的社会主义核心价值观之树枝繁叶茂、繁花似锦。

一　优秀传统文化是社会主义核心价值观的深厚源泉

"观乎人文，以化成天下。"以文化人，就是要以文化中的核心价值观来教化人、感化人。如果文化中缺乏核心价值理念，文化就会丧失魂魄和精髓。

文化具有"人文化成"的价值塑造功能。特定的文化土壤滋养着人们最深层的价值追求，孕育生成特定的价值观。任何价值观的凝炼和形成，不可能脱离特定的历史文化传统，都反映着一个国家、民族的历史文化积淀和思想道德结晶。习近平指出，人类社会发展的历史表明，对一个民族、一个国家来说，最持久、最深层的力量是全社会共同认可的核心价值观。核心价值观承载着一个民族、一个国家的精神追求，体现着一个社会评判是非曲直的价值标准。因此，核心价值观是文化软实力的灵魂和文化软实力建设的重点。而一个国家的文化软实力，从根本上说，取决于其核心价值观的生命力、凝聚力和感召力。中华民族五千年历史表明，不论发生过什么波折和曲折，不论出现过什么苦难和困难，中华民族仍屹立于世界民族之林，中华文明仍具有旺盛生命力，重要原因就在于其拥有源远流长的优秀传统文化和博大精深的核心价值理念。

核心价值观是决定文化性质和方向的最深层次要素。蕴涵、凝结、渗透在一切社会意识形态和文化形态中的核心价值观，在整个价值体系中居于核心支配地位，持久地发挥主导和引领作用。随着我国进入社会转型期、改革攻坚期和矛盾凸显期，我们既面临价值多元化、社会思潮多样的冲击，也面临信仰缺失、道德滑坡的阵痛。面对世界范围内思想文化交流、交融、交锋形势下价值观较量的新态势，面对改革开放和发展社会主义市场经济条件下思想意识多元、多样、多变的新特点，必须推进社会主义核心价值观建设，才能使全体人民拥有共同的理想信念、精神追求和价值共识，才能进一步巩固马克思主义在意识形态领域的指导地位，巩固全党全国人民团结奋斗的共同思想基础，进而增强社会主义意识形态的吸引力和凝聚力，提升国家文化软实力。

培育和弘扬社会主义核心价值观必须立足中华优秀传统文化。核心价值观不是无源之水、无本之木，它离不开优秀传统文化。它必须既能蕴含社会公认价值，又能承接民族悠久传统。社会主义核心价值观扎根于中华民族历史文化土壤，传承着优秀传统文化的价值精华。中国是世界上历史最悠久的国家之一，我们引以为傲的是拥有几千年绵延发展、从未中断过的历史文化传承，这份精神文化遗产为中华民族生生不息、发展壮大提供了丰厚滋养。两千多年前，诸子百家"和而不同"，史家"究天人之际，通古今之变"①，广泛探讨人与人、人与社会、人与自然关系的真谛，其提出的博大精深的思想体系，至今仍深深影响着中国人的思想方式和行为方式。习近平主席在中法建交 50 周年纪念大会上说："老子、孔子、墨子、孟子、庄子等中国诸子百家学说至今仍然具有世界性的文化意义。"千百年来，老子的道法自然、有无相生思想，孔子的仁者爱人、为政以德思想，墨子的兼爱非攻、爱利百姓思想，孟子的民贵君轻、居安思危思想，庄子的内圣外王、天道无为思想等，构成中国人看待世界、看待社会、看待人生的独特价值体系，包含着中华民族最根本的精神基因，是社会主义核心价值观的深厚源泉。在涵育社会主义核心价值观的过程中，我们不能忘了自己的文化传统。丢掉根本，就等于割断了自己的精神命脉。

二　实现中华传统文化的创造性转化和创新性发展

根据时代要求，对传统文化的思想精华和道德精髓加以创造性转化、

① （东汉）班固：《司马迁传》，《汉书》卷六十二，中华书局 1962 年版，第 2735 页。

创新性发展，才能既永葆传统文化的生机活力，又不断增强社会主义核心价值观的凝聚力、影响力、感召力。2014年2月24日，习近平在中共中央政治局第十三次集体学习时强调："要挖掘、阐发中华优秀传统文化讲仁爱、重民本、守诚信、崇正义、尚和合、求大同的时代价值，使中华优秀传统文化成为涵养社会主义核心价值观的重要源泉。"培育和弘扬社会主义核心价值观要坚持古为今用、推陈出新，对传统文化有鉴别地加以对待，有扬弃地予以继承，努力用中华民族创造的一切精神财富来以文化人、以文育人。

在治国方略上，汲取传统民本思想，强化执政为民理念。以"民惟邦本，本固邦宁"为经典表述的民本思想，彰显了古代民本思想的特质。相对于神本、君本思想而言的早期民本思想，具有突破性意义：统治者的权力和权威来自民众拥护而非上天赋予，因此统治者地位的维持和巩固，特别是战争等政治活动的成败，都必须依靠人心向背而不是上苍佑护。西周政治家吕尚提出"敬德保民"思想。他提出的"爱民之道"要求对待民众就像父母爱护子女，像兄长爱护弟妹，看见他们饥寒就会为之担忧，看见他们痛苦就会为之悲哀。对于他们的赏罚如同加诸自己身上一样，向他们征收赋敛如同取之于自己一样。春秋时期是中国古代社会大变革、思想大繁荣的时期，民本思想得以丰富发展。特别是考察民情民意，成为民本思想的一个重要特点。《左传》记载，郑国大夫子产把民众聚会议事的乡校作为获取民意的场所，根据民意调整国家政策和自身行为，在百姓的批评声中，改进施政方略，取得显著成效，郑国由此在晋楚两强的夹缝之中求生存数十年而无虞。子产也被孔子称颂为"古之遗爱"，即难得的古代圣贤遗风。一千多年后，唐代思想家、文学家韩愈对子产的作为也十分赞赏。他在《子产不毁乡校颂》中指出，如同江河不可壅堵，民众言论也不可禁。禁言必导致"下塞上聋"，以致危及国家政权。后世政治家、思想家不断丰富民本思想，尽管表达不尽相同，其核心都是强调民众对于稳定政权的重要性。今天，我们借鉴传统民本思想的合理元素，就是要求在任何时候都要把人民利益放在第一位，始终与人民心连心、同呼吸、共命运，始终依靠人民推动历史前进。正如习近平在索契接受俄罗斯电视台专访时所表示的，中国共产党坚持执政为民，人民对美好生活的向往就是我们的奋斗目标。我的执政理念，概括起来说就是：为人民服务，担当起该担当的责任。

在社会治理上，汲取传统公正思想，维护社会公平正义。 作为人类公认的一种价值尺度，公平正义贯穿于优秀传统文化之中，生动体现了历代仁人志士公而忘私，忠于国家社稷的家国情怀和道德境界。《周易》的"中""正"之说，强调要持守"中正之道"；《诗经·召南·采蘩》中的"夙夜在公"①，说的是要勤勉工作；《礼记·礼运》中的"大道之行也，天下为公"②，标示着对理想社会的追求；《韩非子·解老》提出"所谓直者，义务公正，心不偏私也"③，意即为人正直，处事不偏不倚，不怀私心。他们都强调君子之学，不应只计较利害，而要注重正义、明道，表达了中华民族重视公义的价值取向。正是在这种把国家、民族利益放在首位的思想理念影响下，传统义利观强调要正确处理"义"与"利"的关系，在代表个人利益的"利"与代表整体利益的"义"发生冲突时，强调"不义而富且贵，于我如浮云"，倡导"见利思义"，反对"见利忘义"，必要时还要"舍利取义"甚至"舍生取义"，都是要求人们超越个人私利，以国家、民族和人民的正义事业作为个人追求的最高境界。今天，当教育公平、就业公平、司法公正一再成为舆论焦点时，我们应当更深刻地认识到：公平正义是保障现代社会健康有序发展的根本要求，也是社会主义核心价值观的根本价值追求。习近平强调，公正司法是维护社会公平正义的最后一道防线，决不能让不公正的审判伤害人民群众感情、损害人民群众权益。为此，他要求政法工作者"肩扛公正天平、手持正义之剑"，以实际行动维护社会公平正义，让人民群众切实感受到公平正义就在身边。

在人格修养上，汲取传统诚信思想，加强诚信文化建设。 诚信是中

---

① 周振甫：《诗经译注》，中华书局2002年版，第19页。
② （清）孙希旦撰《礼记集解》卷二十一《礼运第九之一》，中华书局1989年版，第582页。
③ （清）王先慎撰《解老第二十》，《韩非子集解》卷六，中华书局2003年版，第137页。

国优秀传统文化倡导的基本道德规范。对个人而言，诚信是立身处世之本。"人而无信，不知其可也"①；"诚者，天之道也。思诚者，人之道也"②。人无信则不立。诚信之于人，如车横木上的活塞之于大车和小车，人无诚信便不能称其为人，不能立于天地之间，这正如没有活塞的车不能前行一样。对君子来说，诚信更是必备品德。孔子说："能行五者于天下为仁……曰恭、宽、信、敏、惠。"③ 诚信是仁义君子不可或缺的五种品行之一。《礼记·大学》认为："意诚而后心正，心正而后身修。""诚"是正心、修身、齐家、治国、平天下的前提。在人际交往中，一个人说话"谨而信"，才能使"朋友信之"；在国家治理中，为政者"宽则得众，信则民任焉"，才能国运长久。古代诚信理念经后人不断地诠释和系统化，深深积淀于中国传统文化血脉之中，熔铸为重要的民族品格。建设富于时代内涵的诚信文化，就要让诚实守信成为全社会共同的价值追求和行为准则。这是提升社会成员思想道德素质的要求，也是推动市场经济健康持续发展的保障。

在发展目标上，汲取传统和合思想，推进和谐社会建设。学者钱穆指出："中国人常抱着一个天人合一的大理想，觉得外面一切异样的新鲜的所见所值，都可融会协调，和凝为一。这是中国文化精神最主要的一个特性。"传统和合理念源远流长。《国语·郑语》称："商契能和合五教，以保于百姓者也。"把父义、母慈、兄友、弟恭、子孝这"五教"加以和合，就能使百姓安身立命。古代先哲一再强调"致中和，天地位焉，万物育焉""礼之用，和为贵"④ "和也者，天下之达道也""德莫大于和"。这种崇尚不同意见和合共存的思想，形成了中国传统文化多元、包容的特征。和合思想发展到政治领域，形成"以和邦国，以统百官，以谐万民"⑤ 的政治准则；发展到社会领域，强调"讲信修睦"社

---

① 杨伯峻译注《论语译注·为政第二》，中华书局1980年版，第21页。
② （清）焦循撰《孟子正义·离娄上》，中华书局1987年版，第509页。
③ 杨伯峻译注《论语译注·阳货第十七》，中华书局1980年版，第183页。
④ 杨伯峻译注《论语译注·学而第一》，中华书局1980年版，第8页。
⑤ （清）孙诒让撰《天官冢宰·大宰》，《周礼正义》卷二，中华书局1987年版，第58页。

会和谐观。和合思想不仅要求个体身心和谐、人际和谐、社会和谐，而且强调人与自然的和谐，终极追求是天人合一、宇宙和谐、世界大同。这是中国古圣先贤们留给后人的瑰宝，也是我们今天构建核心价值观的思想道德源泉。科学发展、社会和谐是发展中国特色社会主义的基本要求。党的十八大提出进一步推进和谐社会建设、"推动建设和谐世界"的目标，正是对优秀传统文化的有益吸纳。

同时，我们也应清醒地看到，面对新时期新任务新要求，挖掘和汲取中华优秀传统文化资源的工作还很艰巨。这就要求我们运用马克思主义的立场观点方法，以唯物辩证态度对传统文化取其精华、去其糟粕；同时立足新的实践，增强从优秀传统文化中汲取思想道德养分涵育社会主义核心价值观的自觉自信，对传统文化作出新概括新阐释，并注入新的时代内涵，把优秀传统文化转化为涵育社会主义核心价值观的强大力量。

三　切实增强文化自觉和价值观自信

价值观自信是人们对自己关于事物的价值评判所持态度和看法的坚定信念，具有不可替代的社会凝聚功能与社会创新功能。切实增强文化自信和价值观自信，事关党执政地位的巩固，事关社会和谐稳定，事关国家长治久安。

做好四个"讲清楚"，深刻阐释中国特色的丰富内涵。核心价值观是文化软实力的灵魂，从这个意义上讲，增强价值观自信是实现文化自信的重要前提。能否拥有具有强大生命力、影响力和感召力的价值观，已成为扎实推进社会主义文化强国建设的必然要求。习近平以"四个讲清楚"详尽阐释了中国特色的丰富内涵：基于历史传统、文化积淀、基本国情的发展道路；积淀着中华民族最深沉的精神追求，成为中华民族生生不息、发展壮大的丰厚滋养的中华文化；作为中华民族的突出优势、最深厚文化软实力的中华优秀传统文化；拥有深厚历史渊源和广泛现实基础的中国特色社会主义。做好这"四个讲清楚"，才能完整认识中华文化的独特价值，理性思考中华民族的历史使命，坚定走中国特色社会主义道路、实现中华民族伟大复兴中国梦的理想信念。改革开放以来，我们走出了一条中国特色社会主义道路，形成了中国特色社会主义理论体系，建立了中国特色社会主义制度，创造了世界上少有的发展奇迹。正如习近平所说，中国共产党、中华人民共和国、中华民族是最有理由自信的。同时，要通过"四个讲清楚"，使我们坚定政治定力和战略定力，避免误入西方"普世价值"的陷阱，在防止西方价值观渗透的基础上，积极与世界文明交流对话，在中西方比较中进一步增强文化自信和价值观自信。

完善中华优秀传统文化教育，广泛开展道德实践活动。中华传统文化源远流长、博大精深。要概括凝练中华优秀传统文化教育的主要内容，通过开展家国情怀教育，引导人们深刻认识中国梦是每个人的梦，增强国家认同，培养爱国情感，树立民族自信，形成为实现中华民族伟大复兴而不懈努力的共同理想追求；通过开展诚信友善教育，引导人们正确处理个人与他人、个人与社会、个人与自然的关系，树立仁爱共济、立己达人理念，形成乐于奉献、热心公益的良好风尚；通过开展人格修养教育，引导人们正心笃志、崇德弘毅，自觉弘扬中华民族优秀道德思想，形成良好道德品质和行为习惯。要不断提升公民道德实践能力。习近平指出，一种价值观要真正发挥作用，必须融入社会生活，让人们在实践中感知它、领悟它。要注意把我们所提倡的与人们的日常生活紧密联系起来，在落细、落小、落实上下功夫。近年来，湖北省充分利用丰厚的道德资源，发挥先进典型的示范和引导作用，使之成为传播社会主义核心价值观的重要载体。自 2007 年首届全国道德模范评选以来，我省共有11 人荣获"全国道德模范"称号，吴天祥、赵传宇、黄来女、谭之平、王争艳、孙东林、董明、杨小玲、刘培、刘洋、罗长姐等"湖北群星"闪耀在道德的天空，其深厚的道德力量，为湖北文化强省建设提供了坚实的思想道德支撑。

论地名所见的孝文化

吴成国　程　程[*]

【内容提要】　地名，作为一种文化现象，是人类文化发展史的活化石，积淀了人类的思维方式和心理特征，具有强烈的稳定性与延续性、特定的区域性与时代性。而孝文化作为中国传统文化的重要组成部分，一直受到历代统治者推崇。两汉"以孝治天下"是以孝命地名的渊源；魏晋南北朝孝子辈出，故而"孝昌"地名应运而生，后因避讳之故，改名"孝感"；隋唐以下以"孝"命地名的现象不断涌现。作为集孝文化之大成的孝感，应当为中华孝文化再书新篇。地名演绎的中华孝文化值得关注。

【关键词】　地名　孝感　孝文化

《中国大百科全书·地理卷》"地名"条，把"地名"定义为："人们赋予某一特定位置上自然或人文地理实体的专有名称。"[①] 地名是地理实体的文化载体，具有浓厚的历史底蕴。一个能够长远流传的地名，总

---

　　[*]　作者简介：吴成国，1964 年生，湖北大悟人，历史学博士，现为湖北大学高等人文研究院副院长，湖北大学历史文化学院教授、博导，湖北大学荆楚文化研究中心主任，湖北大学湖北文化发展研究中心主任，《湖北文化蓝皮书》主编，《文化发展论丛·湖北卷》主编。程程，女，1987 年生，湖北安陆人，湖北大学历史文化学院 2012 级研究生。

　　[①]　中国大百科全书编辑委员会编《中国大百科全书·地理学》，中国大百科全书出版社 1990 年版，第 89 页。

会有相当的文化含量。地名作为一种文化现象，折射出历史文化的方方面面，它忠实地记录着地理人文的历史原貌或历史文化的变迁过程，世代相传，变化极小，因而能比较完整地保留地理命名时所反映的文化内涵。因此，地名成为衡量一个地区的历史文化底蕴、文化含量丰富与否的标准之一。在地名中探寻历史，在地名中发现文化，其中从地名所见的孝文化更值得探究。

一　两汉"以孝治天下"是以"孝"命地名的渊源

地名的产生、形式结构和发展演变等都受到文化的影响和制约。在追寻和重建地方史的过程中，除了重视留存的古村落和建筑、历史文献材料和出土的各种考古材料外，也不能忽视在某个地域内流传了几百年，甚至达千年的历史地名，因为这些地名往往承载着历史变化的轨迹，凝结着该区域人文精神的果实，体现着这个地区的历史积淀与文化心态。

在中华文化系统里，"孝"是由敬祖观念推衍出的一个重要伦理范畴。① 敬祖、法祖是殷商即已确立的一种传统。殷墟甲骨卜辞中关于祭祀祖先的辞条达 15000 多条，敬奉先公先王是殷商人的第一等要务，这便是《礼记》所谓"万物本乎天，人本乎祖"②。"孝"字，上老、下子，昭示上代下代融为一体，所谓"修宗庙，敬祀事，教民追孝也"③。

汉朝是中国历史上第一个标榜"以孝治天下"的王朝。揭开汉王朝尊父倡孝序幕的是高祖刘邦，以孝为核心的伦理道德受到空前的重视、提倡与践履。刘邦迎太上皇优居郦邑，颐养天年，但太上皇心情仍郁郁寡欢，因其"平生所好皆屠贩少年，酤酒卖饼，斗鸡蹴鞠，以此为欢，

---

① 冯天瑜：《孝廉溯源》，《光明日报》2014 年 4 月 29 日第 16 版《国学》。
② 杨天石：《礼记译注·郊特牲》，上海古籍出版社 1997 年版，第 429 页。
③ 《礼记译注·坊记》，第 886 页。

今皆无此，故不乐"。刘邦遂改"郦邑"名为"新丰"，"乃作新丰，徙诸故人实之。太上皇乃悦"。① 高祖十年（前197年）七月，太上皇崩，为之立庙，岁时祭祀。刘邦的孝行对其后世子孙起到了模范作用，促成了汉代"孝治"政策的成型与实行。

为利用孝道维护汉王朝的长治久安，汉代"以孝治天下"，采取了不少举措。其一是通过教育达到孝道的普及。除中央设太学外，各级政府纷纷在郡、县、乡等设置地方学校。"郡国曰学，县、道、邑、侯国为校。校、学置经师一人。乡曰庠，聚曰序。序、庠置《孝经》师一人。"② 其二是推举孝子入仕，即举孝廉。武帝时设"孝廉"科，"元光元年冬十一月，初令郡国举孝廉各一个"。元朔元年冬十一月，有司奏议曰："今诏书昭先帝圣绪，令二千石举孝廉，所以化元元，移风易俗也。"③ 故"选吏举孝廉"之事在两汉书中俯拾即是：路温舒、王吉、龚胜、鲍宣、刘辅、冯谭、师丹、孟喜、马棱、魏霸、韦彪、冯豹、鲍昱、郅恽、郅寿、贾琮、郑弘、周章及诸党锢人物，多为"举孝廉"一途而出仕④，所谓"夫国以简贤为务，贤以孝行为首"⑤。其三是在官僚制度上设立专职，加强督导，以利于孝风普及。其四是以复除与赐帛优待孝子。汉惠帝时就实行"举民孝弟力田者复其身"⑥ 的政策。文帝诏曰："孝悌，天下之大顺也。力田，为生之本也。三老，众民之师也。廉吏，民之表也。朕甚嘉此二三大夫之行。"⑦ 据有的研究者统计，两汉期间全国性的褒奖孝悌就多达几十次，地方性的彰励就更不胜枚举了。⑧ 对于有名的孝子，皇帝更加重视，把其作为弘扬孝道的榜样和工具。

两汉"以孝治天下"的另一重要标志是《孝经》经学地位的确立。

① （汉）司马迁：《史记·高祖本纪》《正义》引《括地志》，中华书局1982年版，第387页。
② （汉）班固：《汉书·平帝纪》，中华书局1962年版，第355页。
③ 《汉书·武帝记》，第160、167页。
④ 分别见《汉书》、《后汉书》本传。
⑤ （宋）范晔：《后汉书·韦彪传》，中华书局1965年版，第917—918页。
⑥ 《汉书·惠帝纪》，第90页。
⑦ 《汉书·文帝纪》，第124页。
⑧ 孙筱：《汉代"孝"的观念的变化》，《孔子研究》1988年第3期。

论者指出，"《孝经》一书，两汉时捧得最高。……汉人这样做是有原因的，因为要巩固'家天下'的统治，必须通过'孝'来维系宗法血缘的纽带，'以孝治天下'。"①

汉王朝"以孝治天下"还突出表现在以"孝"字入帝王的谥号上。汉朝 26 个帝王中，有 21 个以"孝"为谥，如孝惠、孝文、孝景、孝武、孝昭等，对此，《汉书·惠帝纪》颜师古注曰："孝子善述父之志，故汉家之谥，自惠帝已下皆称孝也。"②《汉书·霍光传》也记大司农田延年之言曰："汉之传谥常为孝者，以长有天下，令宗庙血食也。"③

东汉更是涌现典型孝子较为集中的时期，且多被后人纳入"二十四孝"之中。其中以"姜诗孝亲，涌泉跃鲤""田真叹荆""董永葬父""黄香扇枕""孟宗哭竹"等为代表。

孝泉镇的得名。"姜诗孝亲，涌泉跃鲤"讲述的是东汉姜诗一家三口以孝行感天的故事。姜诗辞官背母治眼，可谓子孝；庞氏遭百般刁难，但依然买鱼照顾婆婆，可谓妻孝；儿子安安每日从上学口粮中，积攒送母，并代母尽孝，可谓大孝。《后汉书·列女传》载曰："诗事母至孝，妻奉顺尤笃。母好饮江水，水去舍六七里，妻常溯流而汲。"后其子安安代母挑水为奶奶饮用，不慎溺水身亡。姜诗一家孝行感天，"舍侧忽有涌泉，味如江水，每旦辄出双鲤鱼，常以供二母之膳"④。同时《东观汉记》《华阳国志》《水经注》也均记载"涌泉跃鲤"的孝子故事。此地初名姜诗镇，至北宋改名孝泉镇（今四川省德阳市旌阳区孝泉镇）。

孝义镇的得名。孝义镇，作为中国一常见地名，有河南省巩义市孝义镇，陕西省商洛市商州区孝义镇，陕西省渭南市临渭区孝义镇，山西省文水县孝义镇等。河南省巩义市孝义镇的得名，其历史也可上溯至东汉，梁吴均《续齐谐记》载："京兆田真兄弟三人共议分财，生赀皆平均，惟堂前一株紫荆树，共议欲剖三片。明日，就截之，其树即枯死，

---

① 沈善洪、王凤贤：《中国伦理思想史》，人民出版社 2005 年版，第 359 页。
② 《汉书·惠帝传》，第 86 页。
③ 《汉书·霍光传》，第 2938 页。
④ 《后汉书·列女传》，第 2783 页。

状如火然。真往见之，大惊，谓诸弟曰：'树木同株，闻将分斫，所以憔悴。是人不如木也。'因悲不自胜，不复解树。树应声荣茂，兄弟相感，遂为孝门。"① 隋称孝义驿，唐称孝义乡，宋称孝义保，清代及民国年间称孝义镇。而其他三个孝义镇，也流传着或相近或相异的孝义故事。

孝里镇的得名。今山东济南市长清区孝里镇，因境内有孝堂山即古巫山而得名。《水经注·济水》："今巫山之上有石室，世谓之孝子堂。"② 《太平寰宇记》卷十三"郓州平阴县"："巫山一名孝堂山。……山上有石室，俗传云郭巨葬母之所，因名孝堂山。"③ 因东晋干宝《搜神记》卷十一记有"郭巨"④，有人认为郭巨是西晋人；实误，郭巨为东汉人。孝堂山因孝子堂而得名。⑤

因产生孝子而以"孝"命名的地名，是时代赋予的特殊含义。两汉时期，虽没有出现正式的以孝命名的地名，但由于"以孝治天下"的结果，孝子众多，孝道盛行，可以说，两汉"以孝治天下"是后世以"孝"命地名的渊源。

二 "孝昌"的得名是魏晋南北朝孝道强化的结果

经过两汉魏晋以孝治国的实践，孝观念也被道教和佛教所吸纳。道教和佛教借助其强大的宗教传播功能，使孝德观念植根于广大信众之中。中国土生土长的宗教道教，在东汉中后期形成，"所谓道教，意指'道'的教化和说教，或者说就是信奉'道'，企图通过个人的修炼而成仙得'道'的宗教"⑥。道教所信奉的"道"从一开始就未曾排挤过孝道，早

---

① （梁）吴均：《续齐谐记》，见王根林、黄益元、曹光甫校点《汉魏六朝笔记小说大观》，上海古籍出版社 1999 年版，第 1004 页。
② （北魏）郦道元注，陈桥驿校证《水经注校证》卷八，中华书局 2013 年版，第 198 页。
③ （宋）乐史撰，王文楚等点校《太平寰宇记》卷十三，中华书局 2007 年，第 253 页。
④ （东晋）干宝：《搜神记》，见王根林、黄益元、曹光甫校点《汉魏六朝笔记小说大观》，上海古籍出版社 1999 年版，第 362—363 页。
⑤ 戴均良主编《中国古今地名大词典》，上海辞书出版社 2005 年版，第 1443 页。
⑥ 中国社会科学院世界宗教研究所道教研究室编《道教文化面面观》，齐鲁书社 1990 年版，第 1 页。

期经典《太平经》中就有多处论说"孝""忠孝""孝顺",把"子不孝"与"弟子不顺""臣不忠"视为"天甚疾之,地甚恶之""鬼神甚非之"的"最恶下行也",甚至在其长生不老的基本信仰中,认为"不孝不可久生"①。葛洪说:"欲求仙者,要当以忠孝和顺仁信为本。"② 道教理论家葛洪强调修道成仙离不开忠孝等道德。佛教自汉传入中国,最初教义冲击着传统人伦,释氏有出家削发而无君无父的观念。自魏晋后,佛教不断中土化,《弘明集》等佛教文献认为,孝并非只是事亲,立身修性、出家超度是高层次的孝;作道场为亡灵超度,为众生祈祷吉祥是最大的孝;对佛祖诚心,尊敬命傅也是孝;身在寺庙,心系父母,时刻为父母求福也是孝;等等。魏晋南北朝时期也正是佛教中国化的关键时期,中国化的佛教越来越强调和儒家道德的一致性。

魏晋南北朝时孝道伦理开始向政治靠拢,逐渐规范化、系统化。其间政权更替频繁,统治者纷纷承继两汉"以孝治天下",移风俗,正秩序,以稳定自己的统治。正如鲁迅先生言:"(魏晋)为什么要以孝治天下呢?因为天位从禅位,即巧取豪夺而来,若主张以忠治天下,他们的立脚点便不稳,办事便棘手,立论也难了,所以一定要以孝治天下。"③ 正史上首先给孝子立传也开始于魏晋南北朝时期。从史书的成书时间看,最早立有《孝义传》的是梁沈约所撰《宋书》,其后梁萧子显撰《南齐书》亦设《孝义传》,北齐魏收撰《魏书》设《孝感传》。在唐代官修和私修史书中,《晋书》立有《孝友传》;《南史》《周书》《隋书》均立《孝义传》;《梁书》《陈书》《北史》立有《孝行传》。仅从魏晋南北朝时期人名来看,"孝"字是人们求取嘉名的首选字,表明孝德观念之深入人心。④

不仅如此,魏晋南北朝还开启了以"孝"字入年号、命地名的风尚。封建帝王第一个以"孝"字作为年号的是南朝刘宋孝武帝刘骏,年号"孝建"(454-456年),而历史上以"孝"字立年号的基本出现在这一时期,

---

① 罗炽主编《太平经注译》,西南师范大学出版社1996年版,第701、986页。
② (东晋)葛洪:《抱朴子》,上海古籍出版社1990年版,第18页。
③ 鲁迅:《而已集·魏晋风度及文章与药及酒之关系》,人民文学出版社1973年版,第93页。
④ 吴成国:《从人名看魏晋南北朝的孝道文化》,《光明日报》2008年2月20日第12版《史学》。

其后北魏孝明帝元诩年号"孝昌"（525－527年）、北魏北海王元颢年号"孝基"（529年）。在今河南洛阳市西有条河，名叫"孝水"。《水经注》卷十六称为"俞随水"，出魇山之阴，北流入榖水，又称"榖水"。相传西晋著名孝子王祥曾于此卧冰取鱼以奉母，因改名"孝水"，俗称王祥河。晋著名文学家潘岳《西征赋》云："澡孝水而濯缨，嘉美名之在兹。"① 其中"孝水"即指此河。湖北孝感被誉为"孝子之乡"，东汉"董永卖身葬父感动七仙女"的传说、"黄香温衾扇席"、"孟宗哭竹生笋"三大孝子故事就发生在这里。孝建元年（454年），孝武帝刘骏闻奏安陆郡孝子辈出，命从安陆郡划出土地分置"孝昌县"，以褒扬此地孝道之昌。五代后唐改孝昌为"孝感"，意指孝亲之情感动天地。另，同样在孝建元年，刘骏还做过改"轪县"为"孝宁县"的事情，据《宋书·州郡志三》："〔郢州刺史西阳太守属领〕孝宁侯相，本轪县，汉旧县。孝武自此伐逆，即位改名。"② 这个"孝宁县"在今湖北省浠水县西南长江边，北周废置。孝顺镇（今浙江省金华市金东区东），传晋元康中出孝子许考庐，邑人号其居地为孝顺。宋称为孝顺镇。③ 而魏晋南北朝各政权为嘉奖孝子的孝义、孝行，改其故里为"孝义里""孝行里"一类的记载频见于这一时期的正史，如"孝义里"见于《宋书·孝义传》之《贾恩传》《余齐民传》④；"孝行里"见于《南齐书·孝义传·王文殊传》⑤。

由此可知，"孝昌"县名的得名与魏晋特别是南朝刘宋政权推行孝治关系密切，是真正意义上由帝王以"孝"命地名的开始。

三　集孝文化之大成的孝感应为中华孝文化再书新篇

从历史上看，隋唐及以下历代朝廷，均偶有褒奖孝行之举，因而历

---

① 《水经注校证》卷十六，第373页。
② （梁）沈约：《宋书·州郡志三》，中华书局1974年版，第1128页。
③ 《中国古今地名大词典》，第1444页。
④ 《宋书·孝义传》，第2243、2256页。
⑤ （梁）萧子显：《南齐书·孝义传·王文殊传》，中华书局1972年版，第962页。

代均有以孝命名的地名产生。如，今河北省赵县有个孝敬村，源于隋代李德饶"性至孝"。"纳言杨达巡省河北，诣其庐吊慰之，因改所居村名为孝敬村，里为和顺里"①。今山西省孝义市，原为孝义县，是因为唐人郑兴"割股奉母"的纯朴孝行而得名"孝义"。唐贞观元年（627年）以邑人郑兴孝行闻名于朝，敕赐名孝义县，改郑兴所居的故里为"孝义里"。《太平寰宇记》记载，孝义县"因县人郑兴有孝义，故以为名"②。再如，明代立有孝廉镇和孝丰县。孝廉镇（今云南省鹤庆县孝廉镇）是由于明正德年间，村人赵德宏乡试中举，因为官清廉，孝敬父母，故朝廷立孝廉坊予以表彰而得名。孝丰县（今浙江省安吉县）是明代统治者为了彰显孝道而设。③

　　从全国范围来看，打上孝文化历史印记的地名不少，但孝感则堪称集孝文化之大成的地方。据有人统计，"以'孝'字冠名的市、县、乡（镇）地名就有27个，其中地级市1个（孝感市）、县（市、区）3个（湖北孝昌县、孝感孝南区、山西孝义市）、建制镇16个（如四川绵竹市孝德镇等）、乡7个（如安徽怀远县孝仪乡等）"④。根据《中国历史地名大辞典》⑤《中国古今地名大词典》⑥《中国地名辞源》⑦等工具书的收录，我们统计，带"孝"字的地名达31个。何以说孝感是集孝文化之大成的地方？一是千百年来孝感大地上产生的有名有姓有事迹的孝子就达81人⑧，至于民间的无名孝子更是数不胜数。二是著名的"二十四孝"中，孝感占有其三，孝文化在孝感源远流长，具有深厚的土壤和根

---

① （唐）魏征：《隋书·孝义传·李德饶传》，中华书局1973年版，第1670页。
② 《太平寰宇记》卷四十一，第868页。
③ 《中国古今地名大词典》，第1442、1443页。
④ 余学明：《论孝文化对中国地名的渗透与影响》，载李友清主编《中华孝文化研究》，湖北长江出版集团、湖北人民出版社2007年版，第205页。
⑤ 史为乐主编《中国历史地名大辞典》，北京：中国社会科学出版社2005年版，第1197—1199页。
⑥ 《中国古今地名大词典》，第1442—1444页。
⑦ 贾文毓、李引主编《中国地名辞源》，华夏出版社2005年版，第437页。
⑧ （清）朱希白修，沈用增纂《中国地方志集成·湖北府县志辑7·光绪孝感县志》影印本，江苏古籍出版社2010年版，第237—243页。

基。三是从打上孝文化历史印记的地名看，孝感市也占有全国范围的1/10，拥有1个地级市孝感市、2个县（区）孝昌县和孝南区，坚持在地名上高扬孝文化的旗帜。四是孝感市委市政府大力开发和利用孝文化资源，提出了建设"中华孝文化名城"的城市定位。几年来，孝感市兴起研究孝义、弘扬孝德、评选孝子、征集孝址、举办孝节、拓展孝商、繁荣孝艺、建设孝景的热潮①，在打造中华孝文化名城中取得了有目共睹的可喜成绩。

立足当前，与时俱进，孝感应为中华孝文化书写新篇做出新的贡献，可考虑做好以下几个方面的工作。

首先，孝感应为新时代设计和制定孝的标准，提出"孝感标准"。

新时代、新社会，怎样才算"孝"？哪些表现归为"不孝"？这需要鉴古知今，重新设计和制定。在孝感市境内，许多地方成立了"孝子协会"，把诸如"不孝不是中华好儿郎"的警句名言写进《村民公约》，把"不孝不配入团入党"写进规章制度。② 但仅有这些还不够，党的组织部门应当把是否孝敬父母纳入干部考核与提拔的范围，形成制度化的条例。试想，一个党政干部，如果连养育自己的父母都不关心、不照顾、不尊敬，怎么能去爱他人、爱集体、爱祖国呢？正如冯天瑜先生所指出的："古人求廉吏于孝子之门，是有一部分道理的，因为父慈子孝、兄友弟恭、君义臣忠的良好家庭及社会氛围，是造就决不苟且的刚健、正直之士的环境条件。当然，对于任何法则，我们都应当求其神而不必拘其形，论及'孝廉'亦应如此，我们自然不会简单化地把行孝之人与清廉官员打上等号，但不行孝悌、寡廉鲜耻之徒一定要排除在我们选才的范围之外。"③ 因此，孝感应提出这方面的"孝感标准"，成为各级党委选才用才的制度化条例。

---

① 涂洪甫、董想明、尹作华：《孝感打造中华孝文化名城》，http://www.hb.xinhuanet.com/2007zfwq/2007 – 12/17。
② 涂洪甫、董想明、尹作华：《孝感打造中华孝文化名城》，http://www.hb.xinhuanet.com/2007zfwq/2007 – 12/17。
③ 冯天瑜：《孝廉溯源》，《光明日报》2014年4月29日第16版《国学》。

其次，孝感应当整合力量，优化资源，为中华孝文化学术研究贡献"孝感作为"。

孝文化是孝感市的城市文化名片，建设"中华孝文化名城"是孝感市的城市定位。位于城区内的湖北工程学院建有湖北省高校人文社科重点研究基地中华孝文化研究中心，湖北职业技术学院则建有中华孝文化学院，关于孝文化的国际学术研讨会一直坚持在办。下一步可以考虑整合力量，优化资源，组织学者撰写出高质量、高水平的《孝感孝文化史》和《中华孝文化通史》。孝感应该拿出与其身份相称的"孝感作为"，真正使孝感不辜负"中华孝都"美名！

最后，应当结合培育和践行社会主义核心价值观，在落细落小落实上下功夫，打造"孝感群星"。

近年来，湖北省先后涌现出吴天祥，荆州"10·24"舍己救人英雄群体，"信义兄弟"孙水林、孙东林，"小处方医生"王争艳，"大别山师魂"汪金权，"志愿者楷模"赵小亭，"轮椅天使"董明，"英雄父子"王天喜、王盼和"孤岛医生"江志国，黄来女，徐本禹，武汉"犟妈"易勤等一大批有着全国性影响的道德楷模，呈现出群星争辉的局面。① 至今已经评选表彰了四届全国道德模范，其中第一届和第三届，湖北成为入选全国道德模范人数最多的省份，引起了社会广泛关注。② 在这种"群星耀荆楚""荆楚群星耀神州"的可喜局面中，孝文化名城孝感不应缺席。当前应结合培育和践行社会主义核心价值观，在落细落小落实上下功夫，努力在"孝老爱亲"全国道德模范评选方面寻求零的突破，打造"孝感群星"。

---

① 吴成国、张敏：《湖北道德群星现象的文化思考》，《炎黄》2014 年第 1 期。

② 蒋南平：《道德群星耀荆楚——湖北省道德模范情况新闻发布》，荆楚文明网，http://www.hbwmw.gov.cn/zyyl/201109/t1837256.html。

法治社会的公德、私德与
伦理秩序构建

陈焱光[*]

（湖北大学政法与公共管理学院）

【内容提要】 公德和私德是建构一个社会伦理秩序的重要基石，在法治
社会里社会公德和私德有着丰富的意蕴，同时也存在冲突和悖论。
通过法律对社会公德和私德进行适度规范，既对公德和私德提出了
不同要求，也为社会公德和私德的发展提供了恰当的保护。在走向
法治的中国，通过社会公德和私德间的合理调适可以建构起良好的
伦理秩序。

【关键词】 法治社会 公德 私德 伦理秩序

一 公德与私德是构建伦理
秩序的两大基石

公德，一般指社会公德，也有人称之为国民公德[①]，又称公共道德，

---

* 陈焱光（1967—），湖北大学政法与公共管理学院副院长、教授、博士生导师，中国宪法
学研究会理事，中国宪法学教学研究专业委员会委员。

① 如魏英敏在探讨公民道德建设问题时，从国民公德的视角论述了公德建设的问题。具体参
见魏英敏《关于国民公德建构的思考》，《北京大学学报》1997 年第 2 期。

是道德体系的基础层次，是为社会的全体公民所公认和共同遵守的道德规范，是人们在长期的社会生活中共同形成的，用以维持公共生活，调节人与人之间、个人与社会之间关系的一系列准则。① 社会公德是一种存在于社会中间的道德，一般与私德相对而言。在我国，"公德""私德"一直是中国传统伦理道德的重要内容。前者包括人们在涉及对社会整体负有相应义务和责任的行为活动中应遵循的道德准则；后者通常指人们在不直接涉及对社会整体负有义务和责任的私人生活中应遵循的道德规范。在封建伦理道德里，"公德""私德"往往与义利相连。如北宋理学家程颐说："义与利，只是个公与私也。"在中国漫长的封建社会里，"重义轻利"成为衡量道德的基本准则，在中国传统社会影响至为深远，成为构筑传统中国伦理秩序的基石，不仅深深影响着国家的立法和政策，而且深深影响了国人的公私观念和行为的价值评价。公德与私德在学理上的正式划分和系统研究始于梁启超，其研究不仅开启了近代以来对我国传统公德和私德的反思和批判的先河，也为伦理道德研究提供了良好的范式。当时中国资产阶级代表人物认为，封建社会关于"公德"和"私德"的思想和观念的弊端主要有：其一，公私对立。其二，真假公私难辨。其三，重私德，轻公德。梁启超甚至得出国民公德缺乏的结论，认为人们"皆知有私德，不知有公德"。刘师培则比较客观、辩证地得出私德为重、公德为轻的结论。其四，重私德、轻公德在实践中存在诸多弊端。② 如梁启超指出，一方面，社会上流行的"束身寡过主义""独善其身主义""自了主义""不与闻公事以为高""畏国事之为己累"等私德和"五伦"体现的私德导致个人对群体、社会和国家缺乏应尽的道德责任与义务。而古人看重的家族伦理也是弊害丛生。因为仅以家族聚民，导致民众上不与国接，中不与群接，仅受范于一族之中。以己身为家族之身，一若舍孝弟而外别无道德，舍家族而外别无义务。

---

① 秦前红主编《新宪法学》，武汉大学出版社 2005 年版，第 244 页。
② 赵炎才：《20 世纪初资产阶级"公德""私德"思想刍议》，《贵州社会科学》2002 年第 6 期。

而另一方面，梁启超又认为，私德与公德存在内在逻辑联系，"私德亏缺者，安能袭取公德之微名"。强调私德是公德之基础，公德是私德的发展。新中国成立后，尊重社会公德作为我国公民的基本义务在宪法中作了规定，全社会也一直大力提倡树新风、讲公德的风尚。"文革"期间，公民的公德建设遭受重创，被不断的"批斗"、派系斗争和丧失理性的"打、砸、抢"毁损殆尽。改革开放后，民主法制建设和社会伦理的重建使公德和私德重回学界和实务界的视野。如李泽厚通过提出和区分"宗教性道德"与"社会性道德"，来指称宗教性私德和社会性公德，并认为传统中国是政教合一，亦即"宗教性道德（私德）涵盖、包摄、吞并社会性（公德）"[①]。同时，随着应用伦理学的勃兴和思想道德、法制建设的纵深推进，法治社会中公德、私德与伦理秩序的建构超越了传统的单一维度，进入到政治规范、法律规范、社会规范与伦理秩序的多维时空中的续造和变革中。

法治社会的秩序不是单凭法律规范和暴力强制形成的秩序，而是一种符合人性和人道、尊重人权和爱护自然、政治文明的优良伦理秩序。正因如此，古希腊亚里士多德将政治学、法学归于伦理学的统摄之下，前二者的目标是实现公正的社会，及符合他的理想的优良伦理的社会。所以，在其学说中，政治学、法学是包含在伦理学中的，共同的目标是建立和维系一个良好的城邦于久远。当然，伦理秩序是社会秩序的一部分，它是指按照一定的道德要求规范化了的社会秩序。[②] 基于研究的视角和伦理秩序的价值指向，伦理秩序概念可做广义与狭义的区分，狭义的伦理秩序指称合伦理性的善的秩序，广义的伦理秩序指称具有伦理属性的秩序。[③]

伦理秩序首先是一种客观性关系结构，这种结构自身具有客观交往的规则系统，这就是伦理关系的内在秩序。对这种客观交往关系及其交

---

① 李泽厚：《论语今读》，安徽文艺出版社 1998 年版，第 114 页。
② 曹望华、任幼兰：《道德整合探究》，《韶关学院学报》2004 年第 4 期。
③ 高兆明：《"伦理秩序"辨》，《哲学研究》2006 年第 6 期。

往规则系统的自觉意识与主观表达，即为伦理规范要求。这种内在秩序及其规范要求通过人的行为活动表现于外即为现象性的交往秩序，这就是日常生活中的伦理秩序。伦理秩序在本质上是自由的秩序。对此，黑格尔做过精辟阐释，在他看来，德"是一种伦理上的造诣"，当伦理实体要求变为行为者自由意志的一部分时即为德。当伦理秩序表现为"个人的普遍行为方式"时即为风尚，成为人们的"第二天性"时，即为习惯。[①] 当伦理秩序通过思想被"明确规定，并作为法的东西和有效的东西予以公布"时，即为实在法。[②] 哈耶克在研究社会自由秩序时说，"自生自发的秩序"不仅在物理领域中发现，而且也可以在社会领域中发现。对自发的社会秩序而言，其依凭的机制由两个部分构成：一是人们对某些行为规则的遵守，二是个人对具体情势的调适。而规则的性质对整个社会秩序的一般特征起决定性作用。伦理秩序属于自生自发的秩序这一类。[③] 在法治不发达的社会，伦理秩序的建构主要依赖于自生自发的传统；在法治社会，通过实在法的形式或确认道德传统的作用范围或有效性，或规定基本的法律原则和规范来形成伦理秩序，主要的路径是制度。如中国古代的三纲五常、四维八德是中国古代社会伦理关系的客观结构或伦理秩序，这既是传统的，也是被制度确认和固化了的。在当代，我国宪法关于公德的相关规定和公民基本自由和权利的规范构成了伦理秩序的最根本基础。

当然，生活中有秩序并不能证明这种秩序本身就是合理的和良善的。更为重要的是，社会结构转型时期同时也就是新旧伦理关系更替时期，在这个时期中不仅充满了冲突与斗争，甚至还会伴随着某种暂时的秩序紊乱。社会公德和私德的缺位、错位和越位常常交织在一起。要消除这种紊乱状态，有赖于法治从根本上在其中做适度的介入和界分，从而形成符合法治精神的新的伦理关系及其秩序。

---

① 〔德〕黑格尔：《法哲学批判》，范扬、张企泰译，商务印书馆 1961 年版，第 170 页。
② 〔德〕黑格尔：《法哲学批判》，范扬、张企泰译，商务印书馆 1961 年版，第 218 页。
③ 〔英〕哈耶克：《自由秩序原理》，邓正来译，生活读书新知三联书店 1997 年版，第 26 页。

二　法治社会公德、私德的意蕴、
冲突与悖论

从词源上讲，"私"，一是指称具体的人、事或物。有学者考证，自西周末年起"私"字就开始盛行，那时多针对卿、大夫或士之个人的事物或行动而言，与针对国君而言的"公"构成对比。二是指抽象意义上的偏爱、偏袒。如天无私覆，地无私载，日月无私照，表示的是对待人、事或物的态度和行为，也兼指称一种德行意义上的私昵。从法治的意蕴上看，"私"表达一种与单个或少数主体相关的情况，代表与个体无法分离或不便分离的权属范围，意指对个人拥有优先权的确认、支持；"公"则代表两个以上主体共同拥有权属的情况，凡是划归公的范围，有发言权、支配权、所有权的就不止一个主体，而是两个以上多主体共同拥有这些权属。

公私关系一直是人类社会伦理秩序建构的核心。如何看待公与私的关系归结起来主要有三种观念：一是崇公抑私，甚至立公去私，以公克私，这可以说是我国历代都极力倡导的传统，绵延至今。公在起着榜样和教化的双重功能的同时，也产生了长期忽视私权和私域的消极影响，以至于人们耻于谈私。二是存私灭公。如果说前一种是统治阶级和本人对他者的要求，那么现实中不乏存在的是反向的极端。其表现是只服从自我的意志，无限地放大自我，无视社会群体与他者的存在，成为唯我独尊的极端利己主义，尊奉"人不为己，天诛地灭"的处世哲学。三是承认、允许私，并限制引导私。主要通过法律和合乎人性、人道的道德规范，平衡公德与私德，倡导"人人为我，我为人人"，这是法治社会的基本要求。

法治社会中，由于对公德和私德采取平衡和尊重的理念，通过适度的规范和价值指引来处理二者的关系。由于不同利益诉求的个体、道德的自律属性、复杂的社会场域及有限的规范等因素的交互作用，使二者之间不可避免会产生冲突。一般而言，可通过道德行为必然具有的行为主体身份、行为目的的利益指向和行为发生的场域三个要素作为向度来划分公德与私德的范围、边界和不同要求。公德主要是个人以社会成员身份在与他人的交往中体现的德性、个人在公共场域的行为中体现的德性、个人在利他行为中体现的德性。私德主要是个人以私人身份在与他人的交往中体现的德性、在私人领域行为中体现的德性、在利己行为中体现的德性。①

政治国家和市民社会的分野是形成法治的社会基础。法治社会的伦理秩序由公共生活的国家法调整和社会生活及个人生活的自治性构建。市民社会的自治性表现为,在社会中形成了一套自己的规范体系,用以调整市民社会中的各种行为,作为市民社会成员的基本行为准则。这一套规范体系就是社会公德,它是在社会中自发自觉产生的,是市民社会自身的产物,随着市民社会的不断发展而逐渐成熟和完善起来。一个健全的市民社会,必须有一套良好的公德体系,社会中的每个成员都是遵守公德的人,从而摆脱私域的局限性,甘愿在公域中为社会公共利益服务。② 因此,社会公德在市民社会中是不可或缺的,是市民社会中的基本道德规范。

社会公德适用于全体社会成员,是对所有公民提出的一般标准和基本要求。社会公德就是公民社会中的一部"真正的法",它"既不是铭刻在大理石上,也不是铭刻在铜表上,而是铭刻在公民们的内心里;它形成了国家真正的宪法;它每天都在获得新的力量;当其他的法律衰老或消亡的时候,它可以复活那些法律或代替那些法律;它可以保持一个民族的创新精神,而且可以不知不觉地以习惯的力量代替权威的力量"③。社会公德是个相对独立的领域,与私德形成对照。公德是社会公共生活的一种内在的要求,它不仅仅出于某个人或社会的提倡。在现代社会,公共场所是十分广泛的。为了保证它们能正常地使用,就需要所

---

① 张建英、罗承选、胡耀忠:《公德与私德概念的辨析与厘定》,《伦理学研究》2010 年第1 期。
② 秦前红主编《新宪法学》,武汉大学出版社 2005 年版,第 243 页。
③ 〔法〕卢梭:《社会契约论》,何兆武译,商务印书馆 2011 年版,第 73 页。

有的使用者自觉地爱惜它们，因而涉及大量的公共守则。自觉地遵守各类公共守则，以利于他人和自己使用公共场所是社会公德的基本要求。公德还涉及公共秩序的问题。既然是公共场所，就意味着任何个人都不能独自占有，但任何人都有权在其中施行或不施行一定的行为，由于每个人的目的不一样，就必须有共同遵守的底线。要用法律规范和道德规范来约束个人，否则没有秩序，必然出现混乱。社会公德对于每个人的社会生活，对于他们的幸福都是非常重要的。一般而言，社会公德涵盖了三方面的内容：人与人之间的关系、人与社会的关系和人与自然的关系。在人与人之间的关系上，社会公德主要包括：①个体文明举止；②人际关系交往中自尊与尊重他人；③社会交往中的诚实守信等。在人与社会的关系上，社会公德主要包括：①遵守公共秩序；②尊重与维护社会公益；③尊重与维护他人的劳动成果等。在人与自然的关系上，社会公德主要是：保护自然环境。保护自然环境是维护人类共同利益的体现，亦是每个地区、国家、民族长远利益的体现。

社会公德是社会共同利益的反映，是社会文明程度的表征，是法治社会伦理秩序建构的主导因素。它是社会道德体系的最低层次，是维持社会生活最起码、最基本的行为规范。而且其要求一般都十分明确、具体，所有社会成员都很容易识别、理解和遵循。它是社会整体利益的反映，是社会大众普遍认可的公共生活准则。它是社会公共规范体系，在公共生活中，人们不再扮演原来的社会角色，而是承担新的暂时性的社会角色。

法治社会需要按照法治的要求对公德进行规范，同样也需要按照法治的要求对待和保护私德。私德是一种德性，从法律上讲也是一种个人的自由，是人们在谋取私人利益、私人之间相处或在私人领域行事时以先人后己、利人损己的行为体现出来的节操，它内在要求对私的恰当定位和客观评价。因为一方面，如果对私不予以承认和保障，那就无所谓私德。另一方面，如果在承认人的利己心基础上对私的理解过于宽泛，势必导致人情泛滥，影响他人利益，就与德相背离了，也与法不容。因而私的范围和界限必须确定。对此，英国约翰·密尔的观点很好地道出了法治社会私德应有的场域。他认为，第一，个人的行动只要不涉及自身以外什么人的利害，个人就不必向社会负责交代。他人若为着自己的好处而认为有必要时，可以对他忠告、"指教"、劝说以至远而避之，这些就是社会要对他的行为表示不喜或非难时所仅能采取的正当步骤。第二，关于对他人利益有害的行动，个人则应当负责交代，并且还应当承受或是社会的或是法律的惩罚，假如社会的意见认为需要用这种或那种惩罚来保护它自己的话。① 所以，私德的现代意蕴体现在它对"私"的恰当定位和客观评价上：在日益扩大的公共领域里尊奉责任伦理，在私人领域寻觅个人安身立命的终极关怀。②

在当下社会生活中，私德与公德的多样性、复杂性、边界的相对性和模糊性、法律规范的组线条等，时常导致私德与公德的混淆和冲突。突出表现为私德越位引致的问题。由于中国传统社会公德的先天不足及其历史惯性，当代人在公共领域中依然借助私德来规范自己的行为，造成了私德的越位。用传统的私德伦理来解决民主法治社会的公共生活伦理问题，必然带来一系列不协调。首先是延宕了公民公共理性的养成、公德意识和公德素养的培养，从而拉长了公共生活从无序到有序的历程。特别是在社会主义市场经济条件下依然用私德来调节公共领域的社会关系，用传统的人情伦理来阻碍人们培养基于契约思想的公共理性，势必影响公共道德的养成。其次是导致一部分人的利益受损，社会不公平问题加剧。私德本身是人精神自律的体现，反映自由意志的理性选择，是私人关系中特有的对他人的关爱和支持，本质上属于非理性的东西，天然具有无限性、无边界性。当私德越位来处理公共领域的伦理关系时，人们就会自然地按照是否有情感联系而把对象区别对待。如对待陌生人，公事公办，对待熟人或亲戚朋友则可能放弃公共规则。由于公共资源永远是有限的，因此，区别对待就成为常态，社会公平因此不会存在。如我国正在完善中的市场经济中普遍存在的市场主体道德水准滑坡、选择

---

① 〔英〕约翰·密尔：《论自由》，许宝骙译，商务印书馆 2005 年版，第 112 页。
② 张建英、罗承选、胡耀忠：《论私德建设的困境与出路》，《江西社会科学》2011 年第 3 期。

性执法等问题，导致对陌生人的制假售假，对有私人关系者的特许和选择执法。在政治活动中体现为权钱交易、以权谋私；在司法活动中呈现出"先打关系，再打官司"、情大于法等乱象。再次，私德越位也导致私德的扭曲，妨碍了私德的建设。私德有其内在特征，有决定其特征的一系列条件，不顾人性和现实，普遍推广私德，试图让整个社会都做到"老吾老以及人之老，幼吾幼以及人之幼"，其愿望无可厚非，但这种道德理想主义在一个世俗化的社会中，是难以实现的。只有通过公德，取其最低限度的关爱和法律给予最低限度的保障，才可能接近这一理想状态。所以，与公德相比，私德属于较高的道德要求。用过高的道德标准要求公民，既容易产生大量的伪君子，又会导致道德要求在实践中走样，妨碍人们对于私德的边界意识的形成，私德与公德在不知不觉中产生持续的冲突。如当今社会某些人，不仅不克己，反而把经济领域的求利原则不恰当地引入道德领域，奉行"人不为己，天诛地灭""人人为自己，上帝为大家"的处事原则，造成道德混乱。

不仅私德和公德存在冲突，而且社会公德本身也存在悖论现象，即在弘扬一种德性的同时，相伴滋生了另一种败德行为，选择善的同时也选择了恶。如助人为乐的同情心和行为通常也带来利用这种善良和善行贪利和不劳而获的恶果。过度保护野生动物导致人与自然的矛盾、受保护动物野性的丧失、野生动物本能的退化和天敌减少带来的大自然的报复。

特别值得关注的是，我国当下正处于社会转型时期，由于法治尚未完善，法律对于公德的保护不充分，对于私德的指引态度不明确，公民的私德与公德冲突时常带来社会的困惑，导致公德的滑坡和私德的畸形发展，尤其是在国家权力领域，许多公职人员缺乏对公德与私德的合理把握和边界的坚守。

改革开放以来，在科学技术发展和市场经济推进的过程中，中国人创造财富的才能和智慧被有效地激发出来。但是，在积累物质财富的同时，社会公德和私德建设没有及时跟进，出现了不少为了一己私利不惜坑害他人和公众、破坏和污染环境的事件。几乎在社会生活的各个领域，都有大量的为了私人利益而损害他人与社会利益的情况。更有甚者，抛弃公德，崇尚私德，认为损人利己的自私自利是天然的、正当的，是私德。也有相反的情况，即否认私德的正当性，将私德视为本能和无益社会的表现。这些偏激的观点在实践中都导致私德和公德间的冲突。

三 公德与私德的合理调适与法治社会伦理秩序的形成

法治社会首先是一个有着优良伦理的社会，在公德和私德冲突时，法律需要在保留核心和底线的同时在私德方面做出规定。此举不仅有利于法律的人性化，更有利于法律的实施和权威的树立。古代法制中的亲亲相隐的原则，其本质是为私德留下必要的不可侵犯的空间。新中国法制曾经较长时间废除了这一原则，规定"凡是知道案情的人都有作证的义务"，理论上反映了法律面前人人平等、公民权利义务的平等性和建设新的社会主义伦理秩序的要求。但它同时忽视了私德在法治和伦理秩序建构中的基础性作用。对于非重大的危害社会的犯罪的亲属的举报，尽管在公德上符合大义灭亲和弘扬社会正义的价值准则，但这种情形下的公德和法律义务的履行，产生的后果是私德的灭失，特别是家庭和亲属间伦理关系根基的动摇。而法律不仅是为国家和社会秩序的延续而产生和存续，它还承载着维系家庭这一社会细胞、这一最小也是最基本的组织体的存在及家庭幸福和谐的功能。而没有家庭的伦理性存续，国家就失去了最重要的根基，法律的正当性、连续性和有效性也岌岌可危。事实证明，完全忽视私德的存在，不仅公德受损，而且法治也难以深入公民心中，法律规范也难以在现实中转化为公民自觉遵守的准则。所以，一个完全抛弃亲情的社会，也无法建构一个值得人们生活于其中的法治和伦理社会。法律在必要范围内留给亲情伦理合理的空间，是为让公民在公德和私德两个场域中实现分离和交互的有机统一，从而保障公民的自由、责任、尊严，同时也是对国家和社会能力有限性的有益补充。毕竟，完全脱离家庭的公民生活不仅在事实上是不存在的，而且即使存在也是非常危险的。不难想象，一个没有家庭的社会和国家将会变成一个由彼此游离的原子组成的、完全不可控进而必然是恐怖的世界。到那时，法律的存在还有意义吗？因此，在法治精神的指引下和宪法的统合下，合理调适公德和私德才是当代伦理秩序顺利建构的必由之路。

社会公德是人类在社会公共生活中形成的最基本的道德规范体系，是伦理秩序形成的首要支柱。因其是公共领域中的最基本准则，对于共同体的存续具有根本意义，因而是国家根本法的调整对象之一。我国宪法第二十四条规定：国家提倡爱祖国、爱人民、爱劳动、爱科学、爱社会主义的公德。把提倡"五爱"的社会公德放在"总纲"的重要位置。还把"尊重社会公德"条款作为公民的基本义务置于《公民的基本权利和义务》一章之中，要求每个公民都把尊重社会公德当作自己的义务来履行。对此，《公民道德建设实施纲要》进一步细化，指出：在现代社会，公共生活领域不断扩大，人们相互交往日益频繁，社会公德在维护公众利益、公共秩序，保持社会稳定方面的作用更加突出，成为公民个人道德修养和社会文明程度的重要表现。其中，社会公德要求做到：文明礼貌、助人为乐、爱护公物、保护环境、遵纪守法。

社会公德不会自动由宪法规定变成公民自觉的行为，只有通过培养才能内化为公民自觉自愿的行动，因此培育对于社会公德具有重要意义：只有大家遵守社会公德，才能保证全体社会成员正常地生活、学习和工作，保证整个社会生活的正常进行。马克思说，要"努力做到使私人关系间应该遵循的那种简单的道德和正义的准则，成为各民族之间的关系中的至高无上的准则"[1]。列宁也把"自动地遵守""数百年来人们就知道的，数千年来在一切处世格言上反复谈到的、起码的公共生活准则，作为国家消亡的条件之一"[2]。在伟大导师的理想社会图景中，伦理秩序的最高境界是国家消亡，伦理秩序长存。

从以下更具体的方面着力对公德和私德间的关系进行合理调适，必

---

[1] 《马克思恩格斯全集》（第21卷），人民出版社2003年版，第15页。
[2] 列宁：《列宁选集》（第3卷），人民出版社1995年版，第247页。

将有利于建构法治社会的伦理秩序。

（一）确立合乎法治精神的社会公德建设基本原则。这些原则包括：第一，集体主义原则。集体主义与利己主义相对立。这既是反映社会主义本质特征的道德原则，也是解决公德和私德冲突的最基本原则。该原则的内涵至少包括：一是不损人的利己是合理的，也是合乎道德的。社会鼓励正当劳动的致富行为，保护个人的合法权益，正如我国宪法第六条规定的"实行各尽所能，按需分配的原则"。二是在维护、发展集体利益的基础上，实行个人利益、集体利益、国家利益的兼顾和协调。对此，我国宪法第五十一条规定：中华人民共和国公民在行使自由和权利的时候，不得损害国家的、社会的、集体的和其他公民的合法的自由和权利。一般情况下，当个人利益与集体利益或国家利益发生矛盾时，应把集体利益或国家利益置于优先地位，即个人利益自觉地服从集体或国家的利益。为了集体或国家利益而放弃或牺牲个人利益，则是高尚的道德行为。三是一切侵犯个人正当利益的行为，一切侵害他人、集体、社会或国家利益的行为都是违法的、反道德的，都应无例外地受到法律的制裁或道德舆论的谴责。第二，人道的原则。它要求以符合人性的方式对待人，要求社会对每个成员的利益、权利和价值的尊重以及公民之间的相互尊重，以平等的态度待人，恪守"己所不欲，勿施于人"的准则，关心人，爱护人。人道原则不仅适用于处理人与人之间的关系，而且延伸至自然界的生命个体，善待他人，善待自然。第三，公正原则。公正与偏私相对立，公正大致与中国传统德目中的"义"相当，是现代法治社会中的公德精神的精炼表达，它要求对人对事持公正无偏的态度和对公共事务的理性参与。第四，诚信原则。人无信不立，诚信与欺诈、背信弃义相对立。

（二）坚持经济基础对人们社会关系建构起基础性作用的分析立场。从社会主义的初级阶段这一基本的国情出发，分析我国现有的多种所有制的现实和分配制度的多种样态，这是建构伦理秩序的出发点。任何超越现有经济阶段的理想化伦理秩序都会变成空中楼阁和海市蜃楼，不能成为公民社会生活的行为规范。

（三）从传统伦理文化中吸收营养。几千年的中华文明史也是一部绵延不绝的伦理秩序的发展史，留下了极为丰富的中华民族的传统美德和优秀的伦理文化典籍等宝贵的道德遗产。这些传统美德不仅在历史上发挥过重要作用，在今天和未来同样具有普遍性、永久性意义。[①] 所以，对诸如仁、义、礼、智、信的传统道德的继承、发扬和现代性转换，对古代知识分子"先天下之忧而忧，后天下之乐而乐"的公德情怀的现代诠释，都有利于伦理秩序的建构。

（四）对西方历史上符合人类文明进步的伦理资源的借鉴和利用。以古希腊为代表的探寻理性、法治和公正的伦理思想，中世纪的宗教伦理中的合理因素，近代以来的资本主义的伦理文化，是人类伦理文化发展的几种模式，其中含有人类道德生活中许多有价值的东西，特别是伴随着资本主义产生和发展而形成的诸如自主意识、功利观念、平等思想等，经过改造之后可以成为我们伦理道德建设的一部分。

（五）从时代的发展中提炼出新的伦理精神和丰富的伦理内涵。2012 年 11 月，我国对新时期社会主义核心价值观从国家、社会和公民三个层面进行了系统建构，即国家层面的富强、民主、文明、和谐，社会层面的自由、平等、公正、法治，公民层面的爱国、敬业、诚信、友善，社会主义核心价值观建构也是我国伦理秩序建构的基本维度。在科技迅速发展的时代，在东西方经济文化相互激荡和交流的时代，我们建构伦理秩序应体现时代的特征和中国特色并有所超越。

（六）采取法律和道德双剑合璧的方式推动法治社会伦理秩序的建构。法律是成文的道德，道德是内心的法律。对于公民来说，起码的公德要求是避免损害公共利益和其他社会成员的利益，在获得自己的利益和便利时不伤害陌生人和社会。在利己方面，能修养性情、洁身自好的就是有私德的人。解决公德悖论，不但要有爱人之心，还要有判断是非

---

① 王怡：《传统美德与当代社会公德建设》，《东岳论丛》2000 年第 4 期。

的智慧；社会加强监督机制；提高社会公民的整体素质。① 当然，采取整体论和重点论的认知、评价方法及实践策略也是重要路径。另外，公德的发展首先是官德的提升，只有提升官德，才可能制定出更加良善的法律，法的执行才更合乎社会的道德期盼，公民之间在道德判断和取向中的善意才更可能获得司法裁断的共鸣。当下，助人者的公德心和行为屡屡遭受受助者的伤害和司法误判的伤害，这对社会公德建设产生了不可小视的负面影响。无论私德还是公德都有高标和底线之别，我们提倡人们对更高的道德价值理想的自我追求，但当务之急是依法确保人们遵循最起码的德性要求。

总之，近代以来，中国社会经历过几次重大转型，无论是自愿还是不自愿，每一次都带来对伦理秩序的冲击和转型，一代又一代的中国人既在不断地反思自身的伦理传统，又在与西方的伦理碰撞中迷茫、迷失和挣扎。在如何继承传统、如何吸纳西方合理的伦理资源和创新伦理方面仍未获得满意的答案。但法治社会依然有基本的伦理诉求和内容可以确定。当下我国正在进行法治国家、法治社会和法治政府的建设，这一目标要求建立与之相应的伦理秩序。同样，实现法治目标的较长过程和艰难历程也决定了社会公德和私德建设任重道远。新的适应社会主义市场经济和人的全面发展的优良伦理秩序还需要国家、社会和公民做较长时期的努力，正如列宁所指出的："我们将为此坚持不懈地工作几年以至几十年。我们将努力消灭'人人为自己，上帝为大家'这个可诅咒的准则""努力把'人人为我，我为人人'和'各尽所能，各取所需'的原则灌输到群众的思想中去，变成他们的习惯，变成他们生活的常规。"② 法治中国目标的实现之日也即法治社会伦理秩序的形成之日。

---

① 王玉华：《社会公德悖论现象及消解策略》，《齐齐哈尔师范高等专科学校学报》2010 年第 3 期。
② 《列宁全集》（第 39 卷），人民出版社 1986 年版，第 100 页。

论主流价值文化建构和
发展的社会环境

陈　俊　柳丹飞[*]

（湖北省道德与文明研究中心、 武汉大学哲学学院）

【内容摘要】　主流价值文化的构建过程同时也是建立起公众对主流价值
文化认同的过程。一种价值文化要得到大众的认可，除了需要理论
自身的科学合理性外，还需要外在传播条件的有效性，而这种合理
性和有效性的获得都必须以良好的社会环境的营造作保障。主流价
值文化的建构和传播必须坚持"二为"和"双百"方针；弘扬主旋
律，提倡文化多样性；深化文化体制改革，建构有利于主流价值文
化发展的体制机制；改革培养和评价机制，促进优秀文化人才脱颖
而出。

【关键词】　主流价值文化　文化多样性　文化体制改革　人才培养

主流价值文化的构建过程同时也是建立起公众对主流价值文化认同
的过程。一种价值文化要得到大众的认可，除了需要理论自身的科学合
理性外，还需要外在传播条件的有效性，而这种合理性和有效性的获得

---

*　陈俊（1976—），湖北省道德与文明研究中心研究员、湖北大学哲学学院副教授、中央编
译局战略部博士后；柳丹飞（1992—），女，武汉大学哲学学院硕士研究生。本文系国家
社科基金重大项目"构建我国主流价值文化研究"（11 & ZD021）成果之一。

都必须以良好的社会环境的营造作保障。一个良好的社会环境，首先能确保各种文化发展的正确方向。一个和谐的社会在承认各种矛盾存在的同时，往往要有自己基本的思想指向，这种指向是有效化解各种矛盾、保证社会稳定的根源，主流价值文化的提出正是以此为依据的，我们甚至可以说，主流价值文化所代表的正是这种指向。而指向在以主流价值文化的具体形式确立之后，进而又会引导社会各种非主流文化朝着正确的方向发展。其次，一个良好的社会环境往往还能实现各种文化的充分发展，而理论要有活力，就必须是丰富多彩的。主流价值文化的构建离不开社会这块大土壤，承认各种文化的存在、发展，使各种文化在碰撞、冲突中相互借鉴和吸收，这正是主流价值文化获得长足发展的文化源泉。另外，尊重各种文化的充分发展，还能把各种文化力量聚集到建设中国特色社会主义文化的实践轨道上来，即全民共同构建主流价值文化，从而最大限度地形成全社会的思想共识。

一　坚持文化生产的"二为"和"双百"方针

文化为什么人的问题，是一个"根本的问题，原则的问题"，只有处理好这个问题，才能保证文化发展的正确方向，也才能使文化的发展获得持久的生命力。我国主流价值文化是中国特色社会主义文化，作为社会主义的意识形态，它必然也必须是自觉为广大人民群众服务、为社会主义建设事业服务的。"二为"方针是中国特色社会主义文化建设的根本指导方针，也是我国文化发展的根本方向。如果偏离这个根本方向，文化建设就会走入歧途，导致文化自身价值的失落。

文化为人民服务，即要求文化建设必须是对人民有益的。文化建设是为了满足人民群众多样化的文化需求，提高人民群众的精神文化生活水平，最终实现人的全面发展。而要实现这些要求，文化工作者必须深入群众，自觉地在人民群众的生活中汲取文化创作的素材。群众生活是"一切文学艺术的取之不尽、用之不竭的唯一源泉。这是唯一的源泉，因为只能有这样的源泉，此外不能有第二个源泉"①。文化创作只有以群众生活为其创作源泉，才能避免所谓"灵感枯竭"的状态。群众需要文化，文化更需要群众。邓小平也曾说过："人民是文艺工作者的母亲。一切进步文艺工作者的艺术生命，就在于他们同人民之间的血肉联系。"② 文艺工作者只有扎根于人民群众中，深切地了解人民群众的愿望和要求，反映人民的喜怒哀乐，才能创作出符合人民根本利益的作品，这种作品也才能受到广大人民群众的欢迎和认同，并最终起到启发和教育人民群众，激发人民群众建设中国特色社会主义文化的积极性的作用。

这里实际上揭示了一个有生命力的文化作品所必须具备的根本要素，即深刻把握主体与客观世界的关系。然而，我国目前很多作品却日益呈现出"单向度"特点，即无边张扬主体的个体意识，将主体与现实、群众疏离开来。这些作品往往囿于一己的悲欢而不能感受到群众的喜怒哀乐与现实的呼唤，因此，作品的语言与形式也随之落入晦涩或失范。文化创作只为了作者个人欲求与情绪的表达，文化作品也就成了作家个人的玩物，这些作品自然也难以获得广大人民群众的普遍认同和共鸣。这种现象的兴起主要是由于有些文化创作者对个体价值的过分强调，这种个体倾向走向极端，甚至会导致个体价值与社会、群体价值的对立，使文化作品成为荼毒人民大众、反对社会主义的武器。市场经济中为"金钱"而艺术，即为最好的证明。因此，我国文化作品的创作必须以"二为"方针为根本指导，将"二为"方针作为评判、检验我们一切文化作品是非的基本准绳，即将内容上是否反映广大人民群众的需求，形式上是否采用群众喜闻乐见的表现方式，以及总体上是否符合广大人民群众的利益作为根本的评价标准。只有这样，文化作品才能保证自身发展的正确方向，也才能从自身的"小圈子"，从"纯文学"中跳出来，把握时代生活的脉搏和群众真实、丰富的情感世界，拓宽自身的艺术视界和创作的美学品格，最终被广大人民群众接受和认可。

---

① 《毛泽东选集》第 3 卷，人民出版社 1991 年版，第 860 页。
② 《邓小平文选》第 2 卷，人民出版社 1994 年版，第 211 页。

文化为社会主义服务，即要求文化建设必须是对中国特色社会主义建设有益的。而人民群众最根本的利益就是搞好社会主义建设，因此，为人民服务和为社会主义服务就其实质而言是一致的。只是前者是目的，后者是手段，我们需要通过建设好社会主义来达到为人民服务的目的。然而，在处理文化与社会主义的关系上，由于对意识形态的过分强调，在我国历史上，文化成为政治附庸的现象时有发生，特别是在"文革"时期，许多文化作品呈现出公式化、概念化倾向，而文艺自身的文化价值却被忽略，甚至被阉割。文化只为政治而存在，文化自身的活力和感染力被政治挤压出去，这极大地束缚了文化的发展。"二为"方针的提出，使文化从"单向度"面对政治走向面对群众和生活，文化从政治的束缚和羁绊中摆脱出来，这极大地拓宽了文化反映现实生活的领域和空间，为社会主义文化的发展繁荣开辟了广阔的发展道路。然而，这并不是说文化可以摆脱政治。邓小平就曾经指出："不继续提文艺从属于政治这样的口号，因为这个口号容易成为对文艺横加干涉的理论根据，长期的实践证明它对文艺的发展利少害多。但是，这当然不是说文艺可以脱离政治。文艺是不可能脱离政治的。任何进步的、革命的文艺工作者都不能不考虑作品的社会影响，不能不考虑人民利益、国家的利益、党的利益。培养社会主义新人就是政治。"[①]

在解决"为了谁"的方向问题后，我们要进一步解决"如何为"的途径问题。当前，中国的思想领域呈现多样文化交汇、冲突、碰撞的境况，这使我国主流价值文化面临着被破坏、被侵蚀的危险。面对这种思想文化的混乱局面，我们不能简单地作出非此即彼的判断，因为完全的排斥只会带来文化的自我封闭，而简单地"拿来"则会使文化失去其自主性和独特性，成为无根的浮萍。所以，问题的关键在于，如何对各种文化进行筛选过滤，并对其精髓加以吸收，以丰富主流价值文化。"双百"方针就是为了解决这一矛盾而提出的策略。

"百花齐放、百家争鸣"，即倡导艺术上不同的形式和风格可以自由

① 《邓小平文选》第 2 卷，人民出版社 1994 年版，第 255—256 页。

发展，科学上不同的学派可以自由争鸣。这是在遵循文艺发展客观规律的基础上提出的方针。首先，从作为主体的文化工作者来看，文化工作者对客体的反映总是积极能动的，而每个文化工作者的生活境遇、知识储备以及创作方式等都是各不相同的，这就决定了其创作出来的文化产品必然也是各有其特色的。坚持"双百"方针，鼓励不同学派、不同观点的自由发展，尊重文化工作者的文化成果，能极大地调动广大知识分子的积极性和创造力。而且，文化作品的创作是以满足文化消费的文化需求为目的的，不同层次、不同方面的消费需求必然也使文化产品的创作呈现多样化的特征。另外，"双百"方针作为民主政策在文化领域的体现，它在肯定知识分子有创作自由的同时，也肯定了广大人民群众对文化作品所享有的发言权和参与权。文化作品应该以是否符合群众利益为判定是非的根本准绳，这显然能极大地调动广大人民群众建设中国特色社会主义文化的积极性。其次，从作为客体的反映对象来看，文化是主体对客体的反映，而客体的表现形态总是千姿百态的，因此只有贯彻"双百"方针，才能多角度多层次地反映对象，最终，使主体的反映尽可能符合客观世界的原貌。在"双百"的环境下，不同的理论、观点不是被压制，也不是完全"拿来"，而是在自由的交锋中明辨是非、相互补足，对合理的意见加以吸收，对错误的意见做到以理服人，这显然在保证我国主流价值文化独立性的同时，还为主流价值文化的丰富、发展提供了广阔的发展空间。"双百"方针对我国主流价值文化的构建是至关重要的。"一种价值文化要成为主流的价值文化有两个条件：其一，一个社会必须是价值多元的……其二，在多种价值文化中，有一种文化真正能起主导作用，其他文化不与之相对立、相抗衡，相反与之共荣共存，并接受它的引领和指导。"① 多元价值文化并不是与主流价值文化相对立的存在，相反，主流价值文化的构建需要以价值文化的多元发展为其基本前提。一种排斥他者的文化创作，往往并不能使该文化取得其所设想的主导地位，相反，它还有可能引起人们的逆反心理。主流价值文

---

① 江畅：《我国主流价值文化构建的三个问题》，《光明日报》2012 年 6 月 21 日第 11 版。

化只有在同各种不同的价值文化的较量中，努力展现自身的独特魅力，并从其他文化中吸收养分来不断丰富自身、完善自身，才可能使人们在诸多价值文化中，通过对比、参照，自愿去了解主流价值文化，并最终形成对其的自觉情感认同。因此，在主流价值文化的构建过程中，我们必须充分尊重文化发展的多样化。思想的真空是无法构建主流价值文化的，真正的认同只能在一种宽容的文化氛围中才能建立起来。

在我国历史上，曾对知识分子采取了"左"的政策，这极大地挫伤了文化工作者创作的积极性和创造性，文化界也因此陷入一家独鸣、百花凋零的萧条局面。新时期，我国实行"双百"方针来调动一切积极因素建设中国特色社会主义文化，这是值得肯定的。但需要注意的是，"双百"方针的执行必须以"二为"为根本前提。"二为"是"双百"的灵魂，偏离了"二为"来实行"双百"，只会使文化界陷入毫无意义的混战。这是因为，"双百"的提出旨在通过健康的学术争鸣来发扬真理，实现文化领域的"优胜劣汰"，以确立中国特色社会主义文化的主导地位，并促进社会主义文化的发展。它并不是让各种思想文化无原则地共存，更不是给那些腐朽、落后的文化以存在的借口。在全球化的浪潮中，各种资本主义的意识形态不可避免地渗透于人们的生活中，这更要求我们旗帜鲜明地坚持"二为"方向，提高辨识能力，不然只会陷入思想上的混乱与价值选择上的迷茫。

"二为"方针与"双百"方针是辩证的统一。"二为"方针规定了社会主义文化的方向，"双百"方针规定了发展社会主义文化的途径。"二为"方针是"双百"方针的前提。离开"二为"谈"双百"，可能使文化的发展陷入资产阶级自由化的境地，而"双百"方针是实现"二为"方针的手段，离开"双百"，"二为"也不能实现自身的目的。总之，"'二为'方向和'双百'方针，深刻反映了我国文化事业的发展规律，是对精神产品生产的基本要求，是宣传文化事业繁荣的重要保证。"[①]

---

① 江泽民：《论党的建设》，中央文献出版社 2001 年版，第 134 页。

二　弘扬主旋律，提倡文化多样性

"二为"与"双百"方针的实行要突出弘扬主旋律、提倡多样化的原则。有人可能会问，既然实行了"二为"与"双百"方针，为什么还要提出弘扬主旋律、提倡多样化的方针？实际上，这两个方针的偏重点是有所不同的。"二为"与"双百"方针是针对所有文化作品而言的，要求文化作品在坚持"二为"方向的前提下实现多样化的发展；而弘扬主旋律提倡多样化则是针对主旋律作品而言的，它强调在所有文化作品中，主旋律作品是最重要的，要实现主旋律作品的多样化。

那么，究竟什么是主旋律，什么是多样化呢？文化在发展的过程中，总要形成各种各样的创作潮流，在同一时代的各种潮流中，又总会有一种占主导地位的主潮流，这就是我们所说的主旋律，它决定着自身所处时代文化的性质，并影响着这个时代文化发展的整体面貌。在我国多层次、多样化的社会主义文化中，表现社会主义文化本质特征的中国特色社会主义文化，即我国的主流价值文化是社会主义文化的灵魂和主导，它决定着社会主义文化的性质和方向。在当代中国，"弘扬主旋律，就是要求在建设有中国特色社会主义的理论和党的基本路线指导下，大力倡导一切有利于发扬爱国主义、集体主义、社会主义思想和精神，大力倡导一切有利于改革开放和现代化建设的思想和精神，大力倡导一切有利于民族团结、社会进步、人民幸福的思想和精神，大力倡导一切用诚实劳动争取美好生活的思想和精神"①。因此，所谓主旋律，并不是如有些人所说的只是简单的一种题材的界定，而应当是一种时代精神，即代表进步的思想和人物精神在作品中的体现和渗透，即文艺的社会性和人民性。任何作品，不论何种题材、风格，只要体现出这种时代精神，展现了为社会主义服务和为人民服务的性质，那它就是弘扬主旋律的作品。

---

① 江泽民：《论党的建设》，中央文献出版社 2001 年版，第 134 页。

任何一种文化体系都必须有其主旋律，这是维持文化生态平衡的关键所在。随着市场经济的发展和全球一体化的不断推进，不同质的文化观念和价值观念都被挤到同一个历史平台，社会价值多元化趋势日益明显，这直接影响了人们对文化价值的取舍。因此，要整合民族文化、凝聚人心就必须坚定自己的文化立场，建立起科学合理的、为人民大众所需的思想文化，也就是要弘扬主旋律。另外，缺乏统一的多元文化，是无序的杂多，它必然导致文化相对主义的盛行。任何一个社会的存在，必须以某种文化价值的统一性为前提，如果没有一种主导的思想体系或价值一致性，它必然是离散而无方向的。无数的"多"总是统一于整体的"一"中，因为有"一"，才有了自身完整性的存在。因此，中国社会要增强其向心力和凝聚力，就必须建立起多元的统一，也就必须弘扬主旋律。

但社会主义文化的主旋律并不是中国特色社会主义文化的唯我独尊。实际上，文化主旋律的发展是离不开文化共同发展这个大前提的。因为无论什么形态的文化，只能在与其他文化的相互碰撞和交流中实现自身的发展。固步自封是不可能获得长久生命力的。因此，我国文化的主旋律所代表的先进性应在于它善于将人类的一切优秀文化加以吸收，不论是本土的还是异域的，不论是传统的还是现代的，只要它对社会主义事业有益，对提高广大人民群众的精神生活水平有益，就应该将其吸收到我们的文化成分中，丰富文化的主旋律，最终使其成为科学的、现代的、人民喜闻乐见的、具有强大吸引力和感召力的文化。

这种思想表现在弘扬主旋律的作品上，就必须"倡导多样化"。所谓多样化是指文化作品在创作题材、方式和风格等方面必须是多种多样的。正如邓小平所说："文艺的路子要越走越宽，在正确的创作思想的指导下，文艺题材和表现手法要日益丰富多彩，敢于创新。要防止和克服单调刻板、机械划一的公式化概念化倾向。"① 对于文化作品在表现形式上的这种多样化倾向，我们首先应该以开放的理念来看待。文化的多

---

① 《邓小平文选》第 2 卷，人民出版社 1994 年版，第 211 页。

样化趋势是遵循文化发展客观规律的表现。尊重、弘扬文化的多样性，对整个文化体系的发展是必不可少的，"文化多样性对人类来讲就像生物多样性对维持生态平衡那样必不可少"①。在文化创作的过程中，我们应承认并尊重文化创作风格、形式的多样化趋势，这是文化永葆活力的必要条件，也是文化获得可持续发展所不可或缺的。"反映主旋律的精神产品不仅思想内容要健康向上，艺术表现也应多种多样、生动活泼、精益求精，具有强烈的吸引力和感染力，在文化市场竞争中赢得优势。"② 另外，无论对文化工作者来说，还是对人民群众来说，文化的多样化也都是必然而且必需的。每个文化作品都是文化工作者自身风格的体现，文艺家主体因素的差异必然导致文化创作上表现方式的差异。文化发展的宗旨在于满足最广大人民的文化需求，因此，文化的多样化是否应该得到提倡，必然得看它是否于人、于社会有益。而文化为人民服务、为社会主义服务，需要通过题材、形式的多样化来增强其吸引力和感染力。显然在弘扬主旋律这一层面上，文化创作的多样性也是应该被允许的。在弘扬主旋律的同时提倡多样化，是对艺术的尊重，对作家创作个性的尊重，对广大人民群众多样性文化需求的尊重，总之，是对文化自身发展规律的尊重。只有倡导多样化，主旋律的活力才能有所保证，社会主义文化的繁荣也才能有所保证。

当前我国文化作品在弘扬主旋律上存在的主要问题是"人学空场"，即主流价值文化的宣传没有融入大众，这很大程度上就是因为文化作品缺乏多样性所致。"目前我们有些主旋律的思想宣传报道、理论文章、文艺作品之所以受欢迎的程度不高，主要是因为不同程度地存在着公式化、概念化、粗糙化、说教式的弊病。"③ 现有的主流价值文化宣传更多是一种简单刻板的灌输和宣讲，这种简单化的传播方式不仅收效甚微，甚至还有可能引起民众对其的逆反、抵触情绪。形式的

---

① 参见联合国教科文组织《世界文化多样性宣言》。
② 江泽民：《论党的建设》，中央文献出版社 2001 年版，第 134 页。
③ 童世骏：《意识形态新论》，上海人民出版社 2006 年版，第 98—99 页。

不当"拖累"了文化作品合理的内容。实际上，主流价值文化的传播在一定意义上是一个"传心""交心"的工作。我们要知道，主旋律作用的发挥必须以广大人民群众的接受为前提。这就需要我们认真去了解广大人民群众的文化心理和他们的所喜所好，要善于采取灵活多样的方法和群众喜闻乐见的形式，把主流价值文化的宣传融入到文化产品的创作中，以便人们能多途径、多渠道地接触到主流价值文化，从而获得润物无声的效果。同时，我们要多运用生活化、通俗易懂的语言，阐述主流价值文化的深刻内涵和精神实质，将抽象的理论通俗化、明朗化，把写在纸上的理论变为写在心上的理论，使人们获得对主流价值文化更深层次的认知。但需要注意的是，社会主义文化的多样化是在整体方向一致基础上的多样化。没有主旋律或文化的主旋律不突出，文化的生态平衡就会被破坏，继而会形成文化混乱的局面，甚至会导致各种文化的支离破碎。

"弘扬主旋律，提倡多样化"是我国文艺工作的指导方针，也是我们应长期坚持的文化战略。文化的主旋律越是鲜明，就越能体现"二为"方针，文化也就越能沿着正确的方向发展。而正确把握多样化的内涵，有利于正确贯彻文化创作"百花齐放""百家争鸣"的方针。因此，可以说"弘扬主旋律，提倡多样化"是"二为"与"双百"方针的进一步深化和具体体现。而主旋律和多样化就其实质而言也是密不可分的。没有主旋律，多样化就会失去指导，文化产品就会变成缺乏深刻思想、没有灵魂的文化产品；而没有多样化，主旋律也会失去其活力，文化产品就会变成一些晦涩、生硬的概念，也就不能受到广大人民群众的欢迎。二者缺一不可。强调主旋律，并不排斥多样化，恰恰相反，主流价值的体现需以尊重文艺创作内在规律为前提，而且，主旋律往往在多样化中得到体现，多样化本身就是主旋律的特点。文艺创作必须坚持弘扬主旋律和提倡多样化的辩证统一，即在文艺创作的过程中，文艺作品既要着力体现并弘扬主流价值，又要遵循文艺创作自身的发展规律。只有将二者辩证结合起来，才能打造出好的精品力作，在保证文艺创作活力的基础上，促进文艺作品对主流价值文化的弘扬。

三 深化文化体制改革，建构有利于主流价值文化发展的体制机制

主流价值文化的构建除了需要政策的制定和执行外，还需要实现制度上的革新。前者的关注点更多在文化领域内，力图通过营造一个自由、宽容、合作的文化氛围来确立主流价值文化的主导地位，促进社会主义文化的繁荣和发展。后者则着重从文化与文化外其他要素的关系的角度，通过制度的革新，排除不利于主流价值文化构建的体制机制。随着我国社会主义市场经济的发展，文化的发展已不能再局限于自身的范围和领域内，而必须面向市场，以市场的活力调动文化创作的积极性。深化文化体制改革，也就是将构建主流价值文化的目标融入到社会主义市场经济的运行之中。具体来说，主流价值文化建设就是要全国一盘棋，即在政府的领导下，推动文化走向市场，努力构建公平、公正、公开的文化市场环境，破除文化发展的体制障碍，使各种文化在市场条件下获得充分的发展。

"长期实践已经证明，以市场的手段发展经济，以计划的手段发展文化，在体制上保持'两张皮'不仅不利于缓解，而且只会加剧矛盾；不仅不利于提高发展速度，还会抑制发展速度的提高。过分强调文化的上层建筑和意识形态特点，是使文化的建设脱离经济和社会生活，发展受到抑制的主要原因。"[1] 随着全球化的推进，文化的市场化更是大势所趋。作为中外文化交流的平台，市场在与国际接轨的过程中，日益受到他国模式，其中尤其是美国模式的主导。这些模式在给我们带来发展机遇的同时，也以意识形态渗透的形式不断蚕食着我们民族的文化之根。在这种情况下，空喊抵制西方资本主义价值文化的侵蚀是毫无意义的，关键在于发展我国文化的多样性，增强我国主流价值文化的感染力，而

---

[1] 张晓明、胡惠林、章建刚编《2004年：中国文化产业发展报告》，社会科学文献出版社2004年版，第14页。

这就需要实现文化的市场化。需要注意的是市场文化在人们的生活中往往是以"中性"的姿态出现的，繁荣本国的文化事业，发展本国的文化产业，显然能使本国文化在市场占有中潜移默化地赢得广大人民群众的青睐。只有繁荣本国文化，才能有效抵制西方腐朽文化的侵蚀，从而将国家文化安全落到实处，也只有在这一基础上，才能谈一个国家或民族的文化认同问题。

然而，社会主义文化的市场化并不是只听命于文化这一种声音。从全球化的视角看，不管文化的价值维度，单单凸显文化的经济维度是极度危险的。经济维度的凸显虽然更易与国际"接轨"，但因文化向度的萎缩，往往使我国在与他国的文化交流过程中，成为他国文化"同质化"的牺牲品，或直接以"弱者"形象来印证他国文化的强势。文化在交流的过程中失去了自身之根，最后只能亦步亦趋于强势文化之后，依附于他者而存在。从国内市场来看，只考虑文化的商品属性，而不管文化的社会属性也是极度不合理的。以低级趣味来招揽文化消费者，这种行为虽然能够带来短期的利益，但长此以往却可能导致文化精神的枯萎，甚至造成崇高价值文化生产能力的丧失。因此，文化的市场化必须有一个基本语境。文化市场化与上文所述的"二为"方针和"主旋律"其实是一致的，即它必须服务于社会主义事业，必须以符合最广大人民群众的根本利益为基本准绳。文化市场化的最终目的是为了在市场配置文化资源时能够满足人民大众不同层面的文化消费需求，而这也是市场文化得以存在的根本依据。因此，文化在市场化的过程中也不应与这个根本目的相背离。

那么，文化市场化的限度如何来把握呢？这就需要处理好文化与政治的关系，即加强政府对文化市场的引导和管理。"去意识形态化"的想法显然是不现实的。在人们面临多种价值选择的今天，如果没有一种主流价值文化的精神支撑，必然陷入理想信念的迷失中，甚至可能导致"文化失范"的现象，即人民的行为及价值观念由于缺乏明确的准则而导致的混乱无常的状态。文化体制改革必须加强政府对文化市场的引导和管理，这是确保文化市场化沿着正确方向发展的保证。

文化市场化的过程中，政府"缺位"的问题需要加以解决。但这并不代表着政府可以"越位"包办文化事业和文化产业发展中的一切事务。"在新生的人民政权尚不巩固的情况下，注意对思想文化工作，对意识形态领域加强管理、严格要求，以至在某种特定的条件下实行一些必要的控制是需要的、正确的，但是不能乱加行政干预，不能违反文化事业的发展规律。"① 在文化产业化迅速发展的今天，旧的体制的弊端更是暴露无遗：首先，文化的行政管理必然导致文化市场受到压制，文化建设的各种积极因素自然也无法充分调动起来，文化的活力也就无法得到充分显现。其次，政府陷于各种微观的文化事务之中，其宏观调控职能必然要受到极大削弱。因此，深化文化体制改革还必须在政府的管理方面作出革新和转变，即逐步实现由办文化向管文化转变，由微观管理向宏观管理转变，也就是实现从行政管理到依法管理。

党的十六届三中全会曾明确指出我国文化体制改革的方向，即"按照社会主义精神文明建设的特点和规律，适应社会主义市场经济发展的要求，逐步建立党委领导、政府管理、行业自律、企事业单位依法运营的文化管理体制。转变文化行政管理部门的职能，促进文化事业和文化产业协调发展"②。转变政府职能，是我国文化体制改革的核心。在文化市场化的过程中，政府具体可以充当以下四种角色。

一是规划者，即从整体上制定文化发展的战略。要实现社会主义文化与经济的一体发展，仅仅依靠市场的力量显然是不够的，这种前瞻性的工作必须由政府来担任。尤其是在全球化的过程中，涉及的是市场与市场的竞争，这就需要政府站在文化发展的前端，对自身文化的特质以及国外文化发展趋势有个基本的把握和科学定位，这样才能做出合理的文化设计，从而使我国文化的市场化能够朝着战略目标有序进行。

二是导向者。市场经济条件下，政府对文化的管理应该是一种导向

---

① 薄一波：《若干重大决策与事件的回顾（修订本）》下卷，人民出版社1997年版，第1287页。
② 参见党的十六届三中全会通过的《完善社会主义市场经济体制若干问题的决定》，资料来源：新华网。

式管理，即在确保方向的正确性的基础上实现文化市场化的自由运作。这也就需要在文化市场化的过程中有所突出，即在文化市场化的过程中加强主导价值文化建设，加强主流价值文化的声音，并以此来统领社会主义文化发展的全局，从而使人们能在文化市场化的过程中自觉抵制腐朽文化，共同为构建主流价值文化贡献力量。

三是规范者。市场总有其不可避免的缺陷和弊端，这就需要政府对市场秩序加以规范。在文化市场化的运行中，政府要相应制定和健全文化市场的运行规范与法规制度，努力整顿文化市场秩序，最终保证文化的市场化有序推进。

四是统筹者。市场于文化的基本作用在于其资源的配置和整合。然而，有分配就必然会有不公平，市场经济条件下，完全的公平是很难做到的。这就需要政府发挥其统筹者作用，弥补市场分配的消极作用，兼顾各个群体的利益，在公共文化服务设施建设等方面，做到向弱势地区、弱势群体倾斜，尽力保障广大人民群众文化权益的平等享有，维护社会公平。

总之，深化文化体制改革就是在政府引导性管理的基础上实现文化市场化的自由运作。这二者对主流价值文化的构建都是不可或缺的。有些人可能会认为文化的市场化发展不利于主流价值文化主导地位的建立，因为文化的市场化是给予各种文化以充分发展的空间，这必然在客观上增加了主流价值文化在获取其主导地位时的竞争力度。这种观点实际上走入了一个认识误区。文化的市场化虽然使社会呈现文化多元化的局面，但在使各种文化获得充分发展的过程中，受益最大的是广大人民群众，因此，文化的市场化的目的与主流价值文化为人民服务的意旨就其根本而言实际上是一致的。另外，文化在市场化的过程中使人民享受到多元文化的实惠，进而使人们感受到主流价值文化的人文关怀，这自然也会增强人们对主流价值文化的认同感。

如古人所说，"各美其美，美人之美，美美与共，天下大同"。多元文化与主流价值文化实际上是一种"共美"的关系，实现多元文化的充分发展不仅不会剥夺主流价值文化的主导地位，反而会使其从各种各样的文化中凸显出来，被人们所认知和认同，最终形成由主流价值文化主导，各种其他文化和谐共处的"大同"景象。我国目前文化发展的基本态势可以用"和而不同"来形容，实际上，它也应成为我国主流价值文化构建的一条基本原则。所谓"和"并不是指代一种无差别的绝对统一，相反，它是指在承认"不同"，即承认差异性与多样性基础上建立起来的一种统一。主流价值文化在构建的过程中就应在保证自身文化的主体性以及主导性的前提下承认"不同"的存在，尊重"不同"个体自身的独特性，既不屈己于人，也不强人从己，在平等交流的基础上相互吸收融合，最后达到各种价值文化的"共美"状态。"当前，我国改革发展已进入关键时期，呈现出许多新的阶段性特征，社会思想观念和价值取向复杂多样，主流和非主流的同时存在，先进的与落后的相互交织，呈现出多元、多样、多变的特点。社会思潮越是纷繁复杂，越需要主旋律，越需要用一元化的指导思想引领多样化的社会意识，牢牢掌握我国意识形态领域的主导权、主动权、话语权，最大限度地凝聚社会思想共识。建设社会主义核心价值体系，在多元多样中立主导，在交流交融中谋共识，在变化变动中一以贯之，既肯定主流又正视支流，有利于形成既有国家统一意志又有个人心情舒畅、既包容多样又有力抵制各种错误思潮和腐朽思想、既坚守基本的思想道德又向着更高目标前进的生动局面。"①

四 改革培养和评价机制，促进优秀文化人才脱颖而出

文化人才队伍是文化建设事业的主体，在整个文化建设中居于支配地位，"是社会主义先进文化的生产者、传播者，是党的宣传文化事业

---

① 参见党的十七届六中全会通过的《中共中央关于深化文化体制改革推动社会主义文化大发展大繁荣若干重大问题的决定》，资料来源：新华网。

的主力军"①。繁荣人民群众文化生活、发展文化事业与文化产业，归根到底要靠队伍、靠人才。作为社会主义文化发展繁荣的最重要的资源，文化工作者在整个文化建设中都有着不可替代的作用。文化建设是一个从文化创作、文化传播到文化消费的漫长过程，在这个过程中，文化工作者也相应经历着从创作者、传播者到引导者角色的转变。然而，无论处于哪种角色，文化工作者始终是联系国家与广大人民群众的中间环节，起着沟通二者的纽带和桥梁作用。因此，能否建设一支宏大的高素质文化人才队伍也就成为中国特色社会主义文化发展繁荣的关键。

社会主义文化大发展大繁荣必须有大批德艺双馨的文艺工作者。文化工作者应该成为时代风气的先觉者、先行者、先倡者，通过更多有筋骨、有道德、有温度的文艺作品，书写和记录人民的伟大实践、时代的进步要求，彰显信仰之美、崇高之美。所谓"德艺双馨"，就是说一个优秀文化工作者必须具备两个基本素质：一是要有高超的"艺"，即文化工作者必须具备较高的文化素养和专业素养，能创作出有影响力的精品力作。时代呼唤更多的精品，人民期待更多的佳作。打造无愧于历史、无愧于人民、无愧于时代的文化精品，是文化工作者义不容辞的责任。这就需要文化工作者不断提升自身的艺术创作水平，坚持以人民为创作对象，关注现实生活，关注时代精神，创作出无愧于历史、无愧于人民、无愧于时代的文化精品。文艺本身是源于生活又高于生活的，如果只是停留于"纯文艺"的圈子内谈论一己之思，而不从群众生活中汲取资源，这样的作品必然是缺乏感染力和感召力的。所谓精品力作是艺术观赏性和思想性兼具的作品，如果只是脱离生活的空谈，没有任何思想性，文化作品也就失去了灵魂与生命力，形式上的标新立异往往只能引起短暂的喝彩，唯有在思想内容上充实的作品，才能得到广大人民群众的普遍认同和共鸣。二是要有高尚的"德"，即文化工作者必须具备"为人""化人"的思想觉悟。"才高行厚"是文化工作者的内在素质，用自己的才识服务人民、服务社会则是对文化工作者的内在要求。作为国家与广

---

① 刘云山：《实施"四个一批"人才工程加快培养优秀宣传文化人才》，资料来源：党建网。

大人民群众之间的纽带，文化工作者要及时反映人们的愿望和要求，建立起群众生活与文化作品之间的密切联系。这是由文化工作者的性质和属性决定的。一切优秀的文化作品，从本质上说，都应该既反映群众精神世界又引领群众精神文化生活。因此，"化人"也相应体现在两个方面。其一，文化工作者应在文化创作中以广大人民群众为出发点，时刻感知群众冷暖，关注群众诉求，说老百姓的事，叙老百姓的情。其二，文化工作者还应积极地传递正确思想观念，用积极向上的思想文化引导教育群众。文化工作者才德兼备、德艺双馨，才能担当起建设社会主义先进文化的使命。有才无德，文化的发展就失去了正确的导向；而有德无才，文化产品的质量得不到提升，文化的繁荣也就无从谈起。文化工作者在构建主流价值文化的过程中，要以德为先，以广大人民群众的精神文化需求为要旨，努力做服务人民群众的"精神粮食生产者"，并应自觉、努力创作、传播这样的文化产品：既能满足广大人民群众多样化的文化需求，又能体现当代中国的时代精神和民族精神；既能以社会效益和经济效益的同时实现，促进社会主义精神文明建设和物质文明建设，又能鼓舞广大人民群众自觉参与到构建主流价值文化的活动中来。

近年来，随着文化体制改革的不断推进，我国文化人才队伍也不断在扩大。然而我们必须看到，新形势下，我国文化队伍建设总体上还存在着一些问题。这主要体现在一些文艺工作者在"德"上偏离社会主义文化的基本方向，在"艺"上缺乏创新能力。

文化为什么人的问题，是一个"根本的问题，原则的问题"，只有处理好这个问题，才能保证文化发展的正确方向，也才能使文化的发展获得持久的生命力。然而，在当今市场经济条件下，有些文艺工作者忘记了自身所担负的历史责任，在经济利润的刺激下乐此不疲迎合市场上的低级趣味，文艺在市场大潮中迷失了自己的方向。

改革开放以来，我国文艺创作产生了大量脍炙人口的优秀作品。但我们也应看到，在文艺创作方面，也存在着有数量缺质量、有"高原"缺"高峰"的现象，存在着抄袭模仿、千篇一律的问题，存在着机械化生产、快餐式消费的问题。这表明，我国文化工作者在文化创作上还缺乏较强的创新能力。实践证明,创新是文化的本质特征,是推动文化繁荣发展、提高国家文化软实力的不竭动力。目前,我国的创新能力总体上落后于发达国家,据波士顿咨询公司的研究结果,中国的创新能力居全球第 27 位,落后于新加坡(第 1 位)、韩国(第 2 位)、美国(第 8 位)、日本(第 9 位)等。① 作为更加重视内容和创意的文化,文化人才的原创力成为文化最重要的发展因素,文化人才创新能力的高低是影响国家文化现状和未来发展潜力的重要因素。现阶段,我国文化人才原创能力的欠缺主要表现为:高端文化人才尤其是大师级文化创意人才匮乏;文化产品的科技含量低,附加值不高,具有世界性影响的文化产品稀缺;文化业态创新不足,尚处在"拿来"阶段。

因此,现阶段,我们必须采取有力措施,改革培养和评价机制,促进优秀文化人才脱颖而出。一方面,通过营造良好的创作环境和文艺作品评价机制引导文艺工作者努力成为时代风气的先觉者、先行者、先倡者,通过更多有筋骨、有道德、有温度的文艺作品,书写和记录人民的伟大实践、时代的进步要求,彰显信仰之美、崇高之美。文艺工作者要自觉坚守艺术理想,不断提高学养、涵养、修养,加强思想积累、知识储备、文化修养、艺术训练,认真严肃地考虑作品的社会效果,讲品位,重艺德,为历史存正气,为世人弘美德,努力以高尚的职业操守、良好的社会形象、文质兼美的优秀作品赢得人民的喜爱和欢迎。文艺工作者在创作过程中要坚持为人民服务、为社会主义服务这个根本方向,把满足人民精神文化需求作为文艺和文艺工作的出发点和落脚点,把人民作为文艺表现的主体,把人民作为文艺审美的鉴赏家和评判者,把为人民服务作为文艺工作者的天职,以充沛的激情、生动的笔触、优美的旋律、感人的形象创作生产出人民喜闻乐见的优秀作品,让人民精神文化生活不断迈上新台阶。文艺工作者要虚心向人民学习、向生活学习,从人民的伟大实践和丰富多彩的生活中汲取营养,不断进行生活和艺术的积累,

---

① 蔡尚伟、李志伟、曹旭:《文化产业:破冰扬帆正逢春——当前我国文化产业的机遇、挑战与政策建议》,《光明日报》2010 年 1 月 7 日第 11 版。

不断进行美的发现和美的创造。要始终把人民的冷暖、人民的幸福放在心中，把人民的喜怒哀乐倾注在自己的笔端，讴歌奋斗人生，刻画最美人物，坚定人们对美好生活的憧憬和信心。在市场经济中，文艺工作者要始终把文艺创作的社会效益放在首位，文艺作品不能当市场的奴隶，不要沾满了铜臭气。为此，文艺工作者要高扬社会主义核心价值观的旗帜，把社会主义核心价值观生动活泼、活灵活现地体现在文艺创作之中，用栩栩如生的作品形象告诉人们什么是应该肯定和赞扬的，什么是必须反对和否定的，做到春风化雨、润物无声；要把爱国主义作为文艺创作的主旋律，引导人民树立和坚持正确的历史观、民族观、国家观、文化观；要通过文艺作品传递真善美，传递向上向善的价值观，引导人们增强道德判断力和道德荣誉感，向往和追求讲道德、尊道德、守道德的生活。

另一方面，要改革不合理的人才培养机制，实施科学的文化人才发展战略，提升文化工作者的创新能力。一是要完善文化人才的任用制度。在深化文化事业改革中，要遵循文化事业发展的内在规律和文化人才的特点，从文化生活的需求出发，更新观念，创新机制，加大我国文化人才资源开发力度，为提升文化软实力提供人才和智力保证。为此，我们必须改革不合理的用人制度，制定吸引文化人才的优惠政策以及建立有利于激发文艺人才创作积极性的分配制度。二是改善文化人才成长的社会环境。文化人才的成长，不仅要靠个人的努力，还需要有良好的社会条件。为此，要创新人才观念。要珍惜文化人才、爱护文化人才、用好文化人才，努力建设一支宏大的文化人才队伍。要坚持"二为"方向，认真贯彻"双百"方针，在学术研究中提倡不同观点的自由讨论，在艺术创作中提倡不同风格的自由发展，努力形成尊重文化、尊重艺术的浓厚氛围；创造有利于文化人才工作的条件；要通过多种方式对优秀的文艺作品进行宣传、推介，扩大社会影响，在全社会营造不仅能让优秀文艺作品能"生存下来"，而且能"生存得好"的社会氛围和制度环境。三是健全文化人才管理机制。为此，我们要健全文化人才服务机制，坚持以人为本，采取各项有力、有效措施为文化人才发挥作用创造良好的工作环境；要健全文化人才激励机制，坚持公平原则，做到多贡献多获得，让每个文化人才都能在各自的岗位上积极贡献，从而获得相应的物质激励与精神激励；要健全文化人才评价机制，即能力评价体系和业绩评价体系，前者根据文化人才对岗位的胜任情况来确定其职位，后者根据文化人才在其岗位上为本单位所做的贡献和为社会所创造的价值大小去衡量业绩。总之，我们要把培养文化人才、引进文化人才、使用文化人才作为一个有机的整体，不断改革阻碍文化人才脱颖而出的体制机制，尊重文化创作自身的发展规律，营造良好的社会环境，造就大批优秀的文化人才。只有这样，才能真正构筑起文化人才高地，为社会主义文化大发展大繁荣提供源源不断的人才。

实施生态补偿制度，建构
生态伦理秩序

孙友祥　李齐凡[*]

（湖北大学政法与公共管理学院）

【内容提要】　建立生态补偿制度，推进生态伦理秩序建设是促进我国经济社会可持续发展、创建生态文明社会的重大现实课题。文章通过对生态文明、生态伦理、生态伦理秩序与生态补偿关系的梳理，从表现和原因两个维度对生态伦理失范与生态补偿制度缺失及生态伦理秩序与生态补偿制度的关系进行了分析，提出完善生态补偿制度、推进生态伦理秩序建设的对策。

【关键词】　生态文明　生态伦理　生态伦理秩序　生态补偿制度

一　生态文明、生态伦理秩序与生态补偿

1. 生态文明与生态伦理秩序

生态文明是调整人与自然、人与人、人与社会关系的物质成果与精神成果的总和，是人类与自然协同进化、经济—社会与生物圈协同进化

---

　　* 孙友祥（1965—），湖北大学政法与公共管理学院副院长、教授、博士生导师；李齐凡（1988—），女，湖北大学行政管理专业 2012 级硕士研究生。

的文明，是一种人与自然和谐发展的文明境界和社会形态。自然环境和生态资源是人类生存和发展的前提条件。"人本身是自然界的产物，是在他们的环境中并且和这个环境一起发展起来的。"① 日益严重的生态环境问题已经成为危及地球生命和人类社会的"全球问题"。我国人口众多，资源相对不足，生态环境承载能力弱，特别是随着经济快速发展和人口的不断增加，能源、水、土地、矿产等资源不足的问题越来越突出，生态环境形势十分严峻。加强生态文明建设，统筹人与自然和谐发展，建设良好的生态环境，增强可持续发展能力，是关系中华民族生存与长远发展的根本大计。生态伦理是构建生态文明的基础，生态伦理秩序是维系良好生态环境的保障。建设生态文明，必须变革传统的生产方式、生活方式和思维方式，建构生态伦理秩序。

2. 生态伦理秩序与生态补偿

生态伦理源于人类对现代工业文明导致的人类困境的反思，通过反思，建设生态伦理秩序，规范人的行为，调适人类社会与自然的关系。从资源开发层面看，经济社会发展在一定程度上会给资源与环境带来破坏甚至是永久性的损害。因此，只有兼顾相关主体利益，并确保各方介入到资源环境的保护中，促使资源环境的修复、恢复，才能保证其能得以永续利用。从伦理规范看，生态伦理的本质是协调人类在生态环境利用、资源占用过程中人与人之间的生存矛盾及利益冲突，这种矛盾与冲突的协调最终与人类共同利益的实现具有一致性。生态伦理把人类道德关怀对象由原有的人类范围扩大到非人类生命或整个自然界，是一种新伦理思想。通过建设生态伦理秩序，促使人们改变利用资源环境的观念，增强人们的资源环境责任感，促使他们合理使用资源环境，进而将经济活动、生态环境和社会发展融为一体，促进人与自然的和谐，最终促成资源环境的持续利用和经济社会可持续发展。

生态补偿是以保护和可持续利用生态系统为出发点，通过经济手段

---

① 〔德〕恩格斯：《反杜林论》，《马克思恩格斯选集》（第三卷），人民出版社 1995 年版，第247 页。

调节相关者利益关系的制度安排。它既是对生态系统本身保护（恢复）或破坏成本的补偿，也是对个人或区域保护生态系统和环境的投入或放弃发展机会的损失的补偿。其实质是对生态系统和自然资源保护所获得效益的奖励或破坏生态系统和自然资源所造成损失的赔偿。通过生态补偿进行生态建设，协调相关方的经济利益，调整人与人之间的生态经济关系，维护生态平衡，促进人与自然的和谐，最终达成生态和谐，构建生态伦理秩序。生态补偿实现了社会、经济和生态的共生互动，夯实了和谐社会构建的生态基础，促进了生态伦理秩序建设。

二 生态伦理失范与生态补偿制度缺失

1. 生态伦理失范的表现和原因

生态伦理失范的最直接的表现就是因人类的生态破坏、环境污染而引发的生态失衡和人与自然关系的失调。随着工业化、城镇化的发展以及人口数量的膨胀，我国面临着十分严峻的生态环境形势。以水环境和大气环境为例，据调查，全国主要流域的劣五类水质断面占 17.2%，其中，海河流域为重度污染，黄河、淮河、辽河流域为中度污染；湖泊（水库）富营养化问题突出，56 个湖（库）的营养状态监测显示，中度富营养的 3 个，占 5.2%，轻度富营养的 10 个，占 17.2%。据统计，近几年国内每年水污染事故都在 1700 起以上。2013 年 1 月山西天脊集团的苯胺泄漏事故、2012 年 2 月的广西龙江镉污染事件、2010 年 7 月的紫金矿业水污染和吉林松花江污染等事件，都是严重的水污染事故。[①] 就大气污染而言，我国是世界上污染比较严重的国家之一，城市大气污染特别严重。据世界卫生组织在 20 世纪 90 年代末对全球 270 多个城市的调查，世界十大污染城市中我国就占了 8 个。2013 年以来，"雾霾"更成为年度热词，国内 25 个省、市 100 多个大中城市为雾霾所困扰，全国平均雾霾天数达到 29.9 天，较往年同期偏多 9.43 天，创 52 年之最，持续

---

① 《我国水污染现状分析》，中商情报网，http://www.askci.com，2014 年 2 月 12 日。

性雾霾增加显著。①

　　与此同时，人类无节制的生态开发利用，使得生态平衡被破坏。我国的草原退化与森林锐减、水土流失和土地沙漠化问题严重。我国草原退化以每年近 2000 万亩的速度扩展，20 世纪 70 年代我国草原退化率为15%，80 年代中期达到 30% 以上，90 年代末上升到 57% 左右。② 我国的森林覆盖率远低于全球 31% 的平均水平，人均森林面积仅为世界人均水平的 1/4，人均森林蓄积只有世界人均水平的 1/7。③ 据统计，全国水土流失总面积 357 万平方公里，占国土总面积的 37.2%。全国年均土壤侵蚀总量 45.2 亿吨，约占全球土壤侵蚀总量的 1/5。全国主要流域年均土壤侵蚀量每平方公里 3400 多吨，黄土高原部分地区甚至超过 3 万吨，相当于每年 2.3 厘米厚的表层土壤流失。侵蚀量大于每年每平方公里 5000吨的面积达 112 万平方公里。④ 全国沙漠、戈壁和沙化土地普查及荒漠化调研结果表明，我国荒漠化土地面积为 262.2 万平方公里，占国土面积的 27.4%，近 4 亿人口受到荒漠化的影响，据统计，70 年代以来仅土地沙化面积的速度，每年就达 2460 平方公里。⑤ 日益严重的环境污染和生态失衡表明，生态伦理失序已经怵目惊心。

　　尽管生态伦理失范的诱因众多，但都与生态行政观、生态经济观和生态社会观的缺失密不可分。缺乏生态行政观的政绩考评体系是造成生态伦理失范的基本政治原因。"生态保护不是政绩"、"生态利益劣于经济利益"、在生态问题上的地方保护主义是生态伦理失范的重要诱因。长期以来，GDP 成为官员政绩的主要考评工具，考评很少考虑环境成本、资源成本，也没有反映资源浪费、环境污染程度。生态行政观的缺失诱发生态伦理失范。近几年我国虽然实施了可持续发展战略，并将环

① 《目前我国大气污染现状》，中国节能网，http://www.zgjn365.com，2014 年 2 月 26 日。
② 邢旗：《内蒙古草原荒漠化问题及其防治对策研究》，内蒙古大学出版社 2002 年版，第45 页。
③ 《我国森林资源现状》，中国网，http://www.china.com.cn，2014 年 4 月 7 日。
④ 《我国水土流失问题及防治对策》，中国人大网，www.npc.gov.cn，2010 年 10 月 29 日。
⑤ 中国土地沙漠化概况，中国政府网，www.gov.cn，2011－06－13。

境保护作为重要的发展要求，但要将环境保护完全贯穿于经济社会发展中，实现经济社会与自然环境的协调发展，任重而道远。生态伦理构建中政府起着主导、引导、示范和推进作用，建构生态伦理秩序必须实现政府角色由"管制者"向"服务者"的转变、由"政府本位"向"人民本位"的转变，必须将促进人与自然和谐发展列入政府政绩考核范围，并成为绩效测评的重要指标。同样，缺乏生态经济观的传统经济发展模式是生态伦理失范的基本经济原因。事物的发展是一个复杂的矛盾过程，涉及并要求处理好人与自然、人与人、人与社会的关系。在传统经济发展模式下，经济速度、效率、效益至上，环境保护淡漠，促生了"采矿热""开发区热""房地产热""开垦热"等一系列破坏生态环境、违反生态伦理的现象。自然环境具有一定的承载能力阈值，任何违背自然规律、忽视生态环境承载力和超过承载能力阈限的行为，都会造成生态环境的退化，甚至恶化，也就滋生生态伦理的失范。此外，缺乏生态社会观的认识论误区和社会价值观错位，也是生态伦理失序的重要诱因。习惯上，人们总是认为人类是主导、自然是附属。如普罗泰戈拉的"人是万物的尺度，是存在的事物存在的尺度，又是不存在的事物不存在的尺度"的命题；柏拉图以人的"理念"为最高价值，并以人的"理念"构造整个世界的观点；亚里士多德提出"大自然是为了人的利益而创造出来的"；等等。占主导地位的人类中心主义生态伦理观视人是自然界唯一具有理性的存在物，这种理性使人自在地是一种目的，自在地具有内在价值，人是唯一的道德顾客，是唯一的道德代理人，也只有人才有资格享有道德关怀。随着人类工具理性的张扬、主体性的成熟，而渐次强调人类征服自然、战胜自然的能力，强调主体的能动作用。这种价值观错位不仅是人类破坏自然环境的罪魁祸首，也是人们忽视生态平衡的深层原因，最终导致了人与自然关系的恶化、人与自然关系的失衡，造成了生态环境危机和生态伦理失序。

2. 生态伦理秩序与生态补偿制度

生态伦理建设的目标就是培养和确立人们正确的生态意识和生态伦理价值取向以及生态伦理道德规范，协调和处理好人与自然的关系；保持生态平衡，保护生态环境，提高资源利用效率；促进和实现人与自然的和谐统一，推动社会走上生产发展、生活富裕、生态良好的协调发展道路，实现可持续发展。因此，建构生态伦理秩序必须建设和确立生态行政观、生态经济观和生态社会观，基本路径就是要建立资源环境有偿使用制度和生态补偿制度。

生态补偿制度是以防止生态环境破坏、增强和促进生态系统良性发展为目的，以从事对生态环境产生或可能产生影响的生产、经营、开发、利用者为对象，以生态环境整治及恢复为主要内容，以经济调节为手段，以法律为保障的新型环境管理制度。迄今为止，我国已经实施了退耕还林、天然林保护、矿产资源税及补偿费等生态补偿政策。尽管如此，这些政策仍然比较凌乱、分散，难以形成一个耦合的系统来保障整个生态系统、生态服务功能的持续发挥和利用。其局限性主要表现为：

第一，缺乏长期有效的政策支持。从我国已经实施的生态补偿政策来看，普遍缺乏一种持续有效的生态补偿政策支持。像退耕还林、退耕还草、生态公益林补偿等最具生态补偿概念的政策，其核心应该是通过对为生态保护做出牺牲和贡献的农民、牧民等直接利益相关者的经济补偿而达到平衡利益关系、保护和改善生态环境，但事实上这些政策大多以项目、工程、计划的方式组织实施，政策时限短、延续性不强，给实施效果带来较大的变数和风险。农、牧民一旦利益得不到补偿，前面的努力就会付诸东流。

第二，政策制定缺乏广泛参与。生态补偿政策的根本目的是调节生态保护背后相关利益者的经济利益关系，涉及众多利益相关者。但是，现行政策的制定却缺乏相关利益者广泛参与的机制和实现途径，更多地体现为政府统领，它不能广泛代表和有效体现生态保护相关利益方的意志和利益。①

第三，生态补偿标准偏低。相关方利益是否均衡、自然环境是否能够得到有效保护的关键在于补偿标准。现行的补偿标准制定没有充分考

---

① 杜万平：《完善西部区域生态补偿机制的建议》，《中国人口、资源与环境》2001 年第 3 期。

虑农民、牧民、企业团体和各级地方政府的意愿和希望。如退耕还林的补偿标准，在黄河上游地区，每亩退耕还林土地补偿粮食 100 公斤或 140 元，并补助种苗费 50 元、管护费 20 元。[①] 这一补偿标准事实上造成退耕农民所获得的经济补偿低于、甚至远低于其在同一土地进行农业生产的经济效益，其结果必然导致农民响应、参与生态保护的积极性不高。如果这种情况普遍存在，生态补偿制度就难以产生应有的效应。

总之，建立生态补偿制度，不仅能够约束生态环境消费，而且可以激励生态环境保护行为。生态补偿制度缺失制约了生态伦理秩序的建设，生态伦理秩序建构必须强化并完善生态补偿制度建设。

三　建立并完善生态补偿制度，推进生态伦理秩序建设

1. 建立统一的生态补偿组织体制和一致性的生态补偿政策体系

首先，加强生态补偿组织体制的统一性。我国现行的生态补偿组织体制是一种部门分立、责任分担、职能分使的分割性体制，具有纵向上的"部门主导"特征和横向上的"地方分使"特征。为了避免分立、分担、分使的分割性体制带来生态补偿政府失灵问题，必须建立统一的生态补偿管理体制。①在中央层面，可以考虑由发改委牵头，环保部门、财税部门、水利部门、林业部门和农业部门等相关部门参与的生态补偿委员会，由其负责生态补偿的统一领导、统筹管理、协调运行和重大决策咨询建议等。②在地方层面，考虑到生态环境问题的跨区、跨界性，而地方生态补偿迫切需要协调机制和体制，可以尝试跨界治理。如成立生态补偿区域合作委员会，包括建立区域首长联席会议、建立各部门负责人的直接沟通制度和协调制度，形成一个包括各层级政府、超政府机构和非政府组织在内的共同治理体系等。其主要职责是负责区域重大决策制定与政策选择，协

---

① 钱水苗、王怀章：《论流域生态补偿的制度构建——从社会公正的视角》，《中国地质大学学报（社会科学版）》2005 年第 5 期。

商和协调地方政府行为，协调区域合作运转并监督执行。①。

其次，强化生态补偿政策体系的整体性。生态补偿政策是若干个法律法规政策构成的整体体系。我国虽然已经拥有了一系列与生态环境补偿相关的法律法规，但总体上讲，我国生态补偿政策主要还是零散地分布在部门政策、地方政策中，缺乏协调性、整体性和系统性，其结果往往使得生态补偿难以摆脱短期性和低效性。

事实上，生态补偿具有跨界性，需要许多政策主体的共同参与和行为协调。因此，必须整合现有政策资源，构建相对统一的生态补偿政策体系。①建构生态补偿的国家层面的专门法。生态补偿制度法律化、生态补偿机制法制化是建设生态补偿机制的重要保障，然而，当前我国专门的生态补偿法律、法规体系基本空缺。因此，必须在系统梳理我国有关的法律法规基础上，重构生态补偿法律体系。包括明确生态补偿的宪法地位、修订环境保护综合性基本法、完善相关部门法以及配套的《生态补偿条例》。②对现行的生态环境保护政策法律制度中有关生态补偿的政策进行汇总、整理分析，使其条理化、系统化，实现立法政策体系、内容的统一。③健全生态补偿的技术政策和配套政策。必须建立生态资源与效益的量化技术和货币化技术以及统一的生态补偿技术规范、指标体系和方法，强化生态补偿的技术支持。必须完善财政转移支付政策，建构生态补偿的产业扶持政策，绿色 GDP 政策，地方官员绿色政绩政策，区域统筹协调发展政策，生态补偿市场化、社会化政策，资金管理使用与监督政策以及生态补偿的激励与责任政策等，提升生态补偿的"造血功能"和执行力。②

2. 健全生态补偿的财政政策工具，积极探索生态补偿的市场化工具

首先，完善财政政策工具体系，夯实政府生态补偿政策工具基础。从理论上讲，生态补偿分为政府补偿和市场补偿，但从现实来看，政府始终是生态补偿的主导者，实施生态补偿、建构生态补偿机制最直接的

---

① 李荣娟：《生态补偿中的政府协同创新研究》，北京大学博士后报告，2011 年。
② 李荣娟、孙友祥：《完善我国生态补偿机制的几点建议》，《宏观经济管理》2011 年第 8 期。

任务就是建立并完善财政政策工具。包括：①改革财政体制，将包括生态建设和保护投资在内的生态补偿内容直接纳入中央预算体系并置入中央对地方的纵向财政转移支付制度中；地方政府的财政体制构建也依此进行。②调整财政支出政策，根据生态环境治理的跨界情况，建立地方政府间生态补偿的横向财政转移支付制度。③完善税费制度，内化外部成本和收益。在整合现有的生态补偿财税政策的基础上，实行财税政策创新，如国家开征生态补偿费和生态税，国家和地方对被补偿地实行税收优惠、发展援助和经济合作支持等。④调整财政收入政策，建立生态补偿专项基金。①

其次，探索生态补偿的市场化工具，丰富生态补偿的工具选择。尽管我国的生态补偿主体是政府，但市场机制仍然是社会环境成本或效益内部化的最有效手段。借鉴国际经验，结合国内生态补偿现实，探索生态补偿的市场化工具，促使生态补偿的市场化和产业化成为必然。包括：①建立环境产权交易市场。市场主体按照市场交易规则，参与环境产权交易，通过购买或出售资源产权调整区域内的资源产权交易量，实现生态补偿。如碳排放交易市场。②开展一对一交易。在交易者基本确定且只有一个或为数极少交易方时，交易方可以直接谈判或者通过中介来确定交易条件与金额，实现生态服务交易。如流域上下游之间的生态服务交易。③实施生态标记。可以参考欧盟做法，以生态保护的友好程度为序，建立消费者信赖产品认证体系，如农产品和食品生态标签体系。④尝试生态彩票。发行生态彩票不仅能化解我国生态补偿资金来源不足问题，而且能较好地解决生态服务的受益主体不确定性、受益大小的模糊性和受益范围的发散性等复杂的生态补偿技术经济问题。⑤实行绿色保证金制度。②

总之，政府机制不排除市场机制，市场工具需要借助政府引导，实

---

① 李荣娟、孙友祥：《生态文明视角下的政府生态服务供给研究》，《当代世界与社会主义》2013年第4期。

② Rongjuan Li, Youxiang Sun, Research on market: based policy instruments for eco-environmental protection, *Chinese Journal of Population Resources and Environment*, 2013 (2).

现政府机制与市场机制的协调，发挥政府和市场双重机制作用，协调两种工具效应是合理配置生态补偿资源、确保生态补偿持续运行的基本条件。

3. 完善资源产权制度、建构计量技术模型和标准化体系，强化评价体系建设

资源产权边界不确定往往引起补偿对象与补偿主体的模糊性，继而诱发生态补偿的"公地悲剧"和"搭便车"现象。完善环境资源产权制度是实现生态补偿的必要社会制度条件和最基本的制度前提。作为一种权利，环境资源产权体现着产权主体对产权客体的占有、所有关系和在产权交易中的受益关系以及产权主体对产权客体支配、处置的权利关系。作为一种规则，环境资源产权合理安排具有激励约束作用和资源配置作用。如水资源产权虚置和水资源产权主体缺位是水权制度安排难以保护水环境的重要原因。虽然《水法》明确水资源归国家所有，但由于缺乏具体的资源所有权主体代表，也没有建立专门机构对水资源资产进行管理，水资源产权实际上虚置；虽然《水法》规定地方政府或流域机构可以代表国家行使所有者的权利，但它反而诱发地方政府、流域机构在水资源利益分配上的矛盾和冲突，何谈开展水资源生态补偿。

生态经济计量模型和标准化体系建构是实现生态补偿的技术基础。西方国家非常重视计量经济技术方法在生态补偿中的应用，如美国学者Larson、Mazzarse（1974）的"湿地快速评价模型"、德国学者Johst（2002）的"生态经济模拟程序"和瑞士学者Herzog的"生态补偿效应模型"等。提高生态补偿效率必须加强生态服务的计量、技术研究，建构生态补偿的计量经济技术模型和标准化体系。包括：①规范生态补偿标准的指标体系。补偿标准是生态补偿的核心和难点，尽管不可能有一个全国统一的标准，但必须给出标准制定的依据和主要参考指标。②建立环境资源数据库和环境资源管理信息系统，强化生态补偿标准制定的技术基础。③建构生态环境资源价值的量化技术模型和货币化技术模型，完善生态服务供给成本和效益计量分析，构建生态补偿的计量模型，强化生态补偿的技术支撑。④统一生态补偿操作平台设计与一致化生态补偿规则体系建设。

生态补偿评价是对生态补偿效果的评判和生态补偿问题的集中反馈，建立生态补偿评价体系、开展生态补偿制度绩效评估是完善生态补偿机制的基本途径。增强生态补偿的可行性、有效性和绩效，必须建立健全生态补偿评价体系。包括：①建立相对独立的生态补偿政策评价组织，健全官方的生态补偿政策评价组织，发展民间的生态补偿政策评价组织，重点开展第三方评价。②建立健全生态补偿政策评价信息系统。③建立政策评价指标体系。生态补偿评价指标体系在视角、效果上应该是社会、经济、生态环境效应指标的统一，在内容上应该是生态补偿政策的绩效评价指标和补偿资金使用的效率和效果指标的统一。④创立科学的生态补偿评价理论、方法和技术。

大众传媒社会主义核心价值观传播策略谈

廖声武　杨翠芳*

（湖北大学新闻传播学院）

【内容摘要】 大众传媒传播社会主义核心价值观，对动员和鼓舞全体人民实现中国梦具有重要的意义。在当前新媒体普及的背景下，社会主义核心价值观传播面临复杂的传播环境：社会表达语境变化导致众声喧哗，传播的碎片化、无序化现象严重。这种状况使得社会共识的达成，成本越来越高。大众传媒有其特殊的社会功能，在社会主义核心价值观传播中具有不可替代的重要作用。因此要充分利用大众传媒的传播功能，从宏观、中观和微观等不同层面着手，做好社会主义核心价值观的传播工作。

【关键词】 核心价值观　大众传媒　媒介环境　传播策略

　　党的十八大报告提出："倡导富强、民主、文明、和谐；倡导自由、平等、公正、法治；倡导爱国、敬业、诚信、友善，积极培育社会主义核心价值观。"2014年初，各大媒体集中刊发了中共中央办公厅《关于培育和践行社会主义核心价值观的意见》，由此掀起宣传社会主义核心

---

　　* 廖声武（1961—），湖北大学新闻传播学院院长、教授、博士生导师；杨翠芳（1971—），女，湖北大学新闻传播学院副教授。

价值观的热潮。

社会主义核心价值观分别在不同层面提出了国家、社会和个人的价值愿望和价值追求，反映了我们党对社会主义核心价值观问题的最新认识，也是对中国特色社会主义认识的新境界，是对社会主义核心价值体系的进一步升华。宣传社会主义核心价值观对建设有中国特色社会主义，对动员和鼓舞全体人民实现中国梦具有重要的意义。

一　社会主义核心价值观传播面临的媒介环境分析

1. 社会表达语境变化带来复杂的传播环境

当前，"中国同时面对全球化、社会转型和媒介化三重变革。在这过程中，中国又同时面临三种力量的崛起：一是中国力量的崛起，二是社会力量的崛起，三是新媒体力量的崛起。三种力量的同时崛起，带来了中国社会表达语境的深刻变化。这些变化主要表现在：表达主体多元化、表达诉求多样化、表达渠道复杂化、表达秩序无序化。"[1] 表达诉求的不同，体现出表达者所处社会阶层的不同、利益诉求的不同、价值观及人生追求的不同，等等。这些"表达"，从社会整体看，有一致的地方，比如道德价值观与社会法律秩序等方面，即表现出相当程度的一致性，但在诸多细节与具体内容上，更多地表现为一种差异性。这些差异，在新型媒介生态中，在全新的媒介语境中，显现出众声喧哗的特点。不能否认的是，这些表达，潜存着个人主义内容，潜存着拜金主义倾向，潜存着享乐主义价值诉求，等等，这显然不利于社会的进步，更不利于文明社会的建设。加之媒介生态带给媒介管理的挑战，一些网友在传播真实信息的同时，将自己个人的评价夹杂进来，这些评价可能是非理性的，甚至是个人的某种怨气，这让信息在传播过程中，慢慢演变成消极情绪的载体，信息本身不再重要，真实性也不再为人们关心，反而让社

---

① 童兵：《关于当前新闻传播几个理论问题的思考》，《新闻与传播研究》2013 年第 1 期。

会戾气成了主流。虽然信息接收者最感兴趣的可能是其中具有真实性的信息，但这时的信息已经与真实相距甚远。这种已经演变为"虚假事实"的"信息"，反过来又成了某种情绪的载体，这样滚雪球式的传播，最终导致某种不良情绪的形成，对社会主流价值观建设构成负面影响。

2. 新媒体导致传播碎片化、无序化严重

新媒体环境中，新闻信息的接收与传播已经发生了巨大变化，这种变化，是传统媒体语境中无法想象的。尤其是自媒体诞生以来，新闻信息既有的传播者与接收者的边界，更是日益模糊起来。

美国媒介理论家保罗·莱文森在他的《新新媒介》里，把电子邮件和网站等称作"古典"的"新媒介"，把博客、微博、微信、优视网、维基网、脸谱网等称作"新新媒介"。人们在使用新媒介时，可以不受媒介本身的限制，用户有了一定的时间上的自主权，但内容仍受媒介本身的控制。到了新新媒介，比如博客、微博等，用户不仅在一定程度上脱离了媒介的控制，甚至对媒介本身有了一定的控制权。用户不仅可以随时随地去获取媒介提供的文本，更可以为媒介本身提供文本。这些文本，包括文字的，也包括图片的，甚至包括视频、动漫等。这就是说，新新媒介环境中，媒介消费者不仅是媒介文本的使用者，同时也是媒介文本的创造者。① 某种程度上，信息"传播者"与信息"接收者"已经融为一体了。

在新媒介空前发达的背景下，在具体的传播中，过去的信息传播被分散化、多元化、小众化了，人们为读一篇文章去买份报纸杂志、为得到一条消息去守一个电视频道的情况越来越少了。手机的使用，使得人们可以随时上网，手持手机，轻触按键，即可浏览新闻，接收资讯，这种接触媒体的方式，使得人们的接收和理解习惯变得支离破碎。当人们打开微博或微信关注新闻时，关注点不在事情怎么发生、为什么发生，而在事情是否发生。过去建立的文本解读和文本分析逻辑已被瓦解，一切都是碎片化的。信息碎片化，社会碎片化，文化碎片化，这个世界也

---

① 〔美〕保罗·莱文森著，何道宽译《新新媒介》，复旦大学出版社 2011 版，第 5 页。

成为碎片化的了。多元文化和多元价值观，在按键的跳跃中得以迅速传播，人们的价值观呈现出碎片化的状态。

这种碎片化状态，让社会共识的达成、社会价值观体系的形成，成本越来越高，社会也就变得越来越复杂，人心也变得越来越浮躁，人们的精神生活也处于低层次水平。这反过来促使大众传播进行自我反省：大众传播的碎片化的结果造成了无序传播，而我们的大众传播不应该在这样低层次的状态下运行。社会主义核心价值观的提出，就是社会普遍要求建立共同价值观的表现。大众传播在促成社会达成共识、形成健康积极良性的社会风尚方面，应做出更多的努力。

二 大众传媒在传播社会主义核心价值观中的作用

大众传播的社会功能主要有：文化传递功能、社会协调（联系）功能、环境监测功能等。[①] 在建设社会主义核心价值观的宣传与传播方面，大众传播所起的主要作用有以下几点。

1. 增强社会主义核心价值观宣传教育效果

大众传媒是传播社会主义核心价值观的重要力量。特别是主流媒体，在长期的传播中建立起"权威发布"的优势，在受众中有很好的公信力，因此，媒体要充分利用这些优势。

媒介要扮演好社会正能量的传播者的角色，坚持不懈地宣传社会主义核心价值观。"新闻工作者要有'铁肩担道义'的精神和勇气，要在与党和人民的利益保持高度一致的立场上，通过准确及时的新闻事实，发振聋发聩之声、作真伪善恶之辩、颂高尚纯真之情。"[②] 通过日复一日的宣传和倡导，使社会主义核心价值观深入人心，并成为全社会的普遍

---

① 吴文虎：《传播学概论》，武汉大学出版社 2000 年版，第 99 页。
② 何宝庆：《找准自我定位 强化责任意识——湘赣新闻工作者踊跃参与"我是建设者"大讨论》，《湖北日报》2013 年 5 月 20 日。

共识。

2. 通过社会整合协调社会的价值差异

新媒介语境带来众声喧哗，有学者研究表明，如果社会交往缺乏的话，破坏性力量就会增长。[①] 因为社会是由不同的个体组成的，他们有着不同的利益和不同的世界观与生活态度。这些差异是因为人们所处的经济地位和政治地位的不同，因而直接表现为不同的价值主体。协调这些不同主体间的关系，媒体负有不可替代的责任。"只有基于交往理性的主体间商谈和人际沟通可以达成共识，进而可在多元互动的基础上形成新的同一性"[②] 在互联网海量信息可能遮蔽主流价值观声音的大背景下，大众传媒要有强烈的社会责任意识与强烈的职业使命感，成为协调大众利益、沟通不同价值判断的重要工具。"人们通过讨论、交换不同的看法和认识，协调彼此的态度和信念，往往可以缩小乃至消除分歧，达成社会各种价值判断的最大公约数，形成共识，强化社会规范，维护或创新社会共同的价值观念"[③]。

3. 对社会主义核心价值观进行引导与强化

现时代，拍客满街走，微博随时刷，人们对社会各种现象做即时传播，同时对一些原本没有意识到的问题，也开始质疑追问。新媒介语境引发的"去中心化"思潮呈现出日益严重的态势。面对自媒体的无序传播，大众传媒可以充当好舆论引导的发声器：正视社会转型期的问题，实事求是地进行报道，加大解释力度，引导人们对这些问题的认识，影响人们对待这些问题的态度，消除不同价值观主体间的分歧，有效化解社会主义核心价值的认同危机。

大众传媒要充分利用在引导舆论、形成社会主流价值观等方面的优势，凝聚人心、倡导共识，使社会主义核心价值观成为人们的行动指南。

---

① Eldon E. Snyder, A Study in the Development of Social Integration in a New Social Group, *Journal of Educational Sociology*, Vol. 36. No. 4（Dec. 1962），p. 163.

② 吴晓林：《社会整合理论的起源与发展：国外研究的考察》，《国外理论动态》2013 年第 2 期。

③ 王传宝：《大众传媒对社会主义核心价值观的塑造》，《南京政治学院学报》2008 年第 1 期。

三　大众传媒加强社会主义核心
价值观传播的策略

如前所述，当前大众传播面临复杂的社会形态和全新的传播环境，在传播社会主义核心价值观时就不应因循守旧，而要创新思维，创新方法，做好传播工作：

第一，从宏观角度着眼，大众传媒可以从政治、思想的高度，从打造国家软实力的高度，及时传播党在培育和践行社会主义核心价值观方面的方针、政策及重大工作部署，包括各级党委、政府在培育和践行核心价值观方面提出的具体工作抓手。充分发挥大众传媒的议程设置功能，设计好议题，将符合社会主义核心价值观的事实和观点，形成传播内容。议题设计好后，还需要精心策划实施步骤。如在推出社会主义核心价值观时，《人民日报》《光明日报》等大众媒体组织的系列评论和文章，不管是专家解读，还是重要评论的刊发，在满足受众的知情权的同时，在宏观上为传播社会主义核心价值观构建了有效的舆论平台，为核心价值观深入人心，提供了舆论引导。

第二，从中观角度看，大众传媒在传播社会主义核心价值观方面，可以通过重大典型报道，通过专题讨论，将核心价值观的培育与践行，融入到人们的生活实际中去，让受众感觉到核心价值观是看得见、摸得着的，从而促进核心价值观的有效传播。

中央电视台春节期间推出的"走基层·家风是什么"节目，之所以受到广大观众的追捧，受到社会广泛的热议，就是通过一个与核心价值观的培育和践行密切相关的"话题"，让核心价值观"看得见、摸得着"。中央电视台之外，《光明日报》推出了"家风系列谈"，一些网络也开辟了"家教"讨论，一些微博圈也就"新时代如何建设幸福家庭"开展了热烈的、具有建设性的讨论。这些讨论，让人们从切身的经验层面，感受到社会主义核心价值观建设的重要意义。

大众传媒的报道手段还可以不断创新。用可感的、生动的典型报道，积极营造培育和践行社会主义核心价值观的社会氛围。这方面有许多成功的案例，就目前媒体报道情况看，有全国劳动模范报道、全国及地方道德模范先进事迹的展示、感动中国人物报道，等等。通过典型报道，让人们从他们的身上看到核心价值观在现代生活中的重大意义，从而让受众产生模仿、学习的欲望，由此在全社会培育和践行核心价值观。

大众传播从中观角度着眼，除了通过典型报道与话题讨论等方式，为培育和践行社会主义核心价值观营造积极舆论氛围外，还应从文化学、价值多元走向等角度，通过文化讨论，如中外民主政治之比较、中外社会风尚传统流变的过程，梳理不同国度的不同价值观，通过这些讨论，协调各种价值诉求，协调不同利益阶层的价值分歧，使整个社会在国家层面、社会层面及个人价值层面达成共识，形成核心价值认同。

第三，从微观角度看，大众传媒通过一个个具体的新闻及各种资讯的传播，从不同角度，站在相应的思想高度，以生动可感的传播手段，将社会主义核心价值观以润物细无声的方式，贯穿于整个传播过程之中，从而让受众在潜移默化中接受和践行社会主义核心价值观。

比如对社会新闻的传播，选择什么样的角度很重要，是从发现人的善良出发来着眼，还是从展示人性恶的一面来着墨，都体现着大众传播的思想高度。大众传播正是在一个个具体的传播行为中，一个个微观传播过程中，甚至在一篇篇具体的稿件中，将培育和践行核心价值观，很巧妙地融入其中，从而给人们的价值观建设，提供正能量。

总之，随着传播技术的高度发达，大众传播对人的影响是全方位、全覆盖式的。从以上的分析可以看出，宏观上，大众传播可以让人们在"知"的层面及时了解核心价值观的体系与思想内涵；中观上，大众传播可以从"意"的层面，将核心价值观分解给受众，让受众从各个层面深入了解核心价值观的不同侧面；微观上，大众传播通过一个个具体新闻资讯的传播，让受众从"情"的层面，受到核心价值观的熏染。这样，大众传播就为受众达成社会共识营造了积极的舆论氛围，为社会主义核心价值观传播贡献了自己的力量。

论坛专题

孝文化的弘扬与文明湖北建设

田寿永*

（湖北职业技术学院）

【内容摘要】 湖北在推进社会主义核心价值体系建设的进程中，要注重中华孝文化的传承与创新；要大力弘扬孝文化，加强学术研究，加大孝老爱亲类先进典型宣传，发展孝文化产业，推进孝文化领域的公益创业，大力开展孝文化实践活动，在理论与实践层面建设伦理秩序，推进孝文化的现代化、大众化、科学化，建设文明湖北。

【关键词】 孝文化 典型 产业 实践

中华民族传统"二十四孝"中，有五大孝子董永、黄香、孟宗、老莱子、丁兰出自湖北，其中董永、黄香、孟宗出自孝感。孝感是中华孝文化中一块具有坐标性质的热土，孝感被国内外朋友誉为"中华孝都"。在老龄化日益加重的新形势下，以孝感为支点，湖北弘扬孝文化的良好格局已经形成。原中共中央政治局常委李长春、中共中央政治局常委刘云山等先后就湖北孝子事迹和弘扬中华孝文化工作作出重要批示；中央主流新闻媒体对湖北弘扬中华孝文化的工作进行了深入报道，在全国产生了良好的反响。湖北在推进社会主义核心价值体系建设的进程中，要注重中华孝文化的传承与创新；湖北在孝文化方面有优势，要大力弘扬

---

* 田寿永（1970—），湖北职业技术学院校长助理、副教授。

孝文化，加强孝文化的学术研究，加大孝老爱亲类先进典型宣传，发展孝文化产业，推进孝文化领域的公益创业，大力开展孝文化领域的实践活动，在理论与实践层面建设伦理秩序，推进孝文化的现代化、大众化、科学化，在全国打响孝文化的品牌，构建湖北的精神高地。

一　学术高度：中华孝文化研究的特色地位

孝文化是中国文化向人际与社会历史横向延伸的根据和出发点，孝文化包括"敬养父母、珍爱生命、善待自然、感恩奉献、忠诚廉洁、继承遗志、爱国建功"等内容，是中国传统伦理型文化的基础和核心。孝文化是我国传统文化中最具特色的一部分，经过近代以来历次文化论争、改革开放以来数波文化热，国人对传统文化的历史和现实价值有了更加全面、更加客观的认识。湖北在全国率先成立中华孝文化研究机构，以历史的眼光、人类的视野来审视中华孝文化，从培育现代公民的高度、实践的角度来研究中华孝文化，打造了湖北在中华孝文化研究领域的学术特色，在传统与现代、历史与现实的有机融合中设计孝文化现代化的路径。

第一，形成研究合力。湖北的中华孝文化研究可追溯到 20 世纪 80 年代。湖北是国内最早开展中华孝文化研究的省份之一，先后建设了湖北省孝文化研究会、中华孝文化学院，初步形成了立足湖北、联系全国、面向世界的中华孝文化研究工作格局。在民族文化复兴的潮流中，在人口老龄化日趋加重的形势下，中华孝文化的当代价值日益彰显。湖北要整合孝文化研究资源，需全面分析新文化运动、新中国成立前后、20 世纪后半叶、21 世纪以来四个历史时段孝文化的历史"境遇"，总结弘扬孝文化的经验和教训，以创新的勇气推进中华孝文化的当代重构。

第二，举办高端论坛。从 2000 年起，孝感每年举办一次中华孝文化论坛，规模逐步扩大，范围逐步延伸，影响逐步扩大。孝感市第四次党代会正式确定"中华孝文化名城"的城市发展目标，从此，中华孝文化论坛进入了新阶段，孝感多次举办国际研讨会、中华孝文化产品博览会。

今后要进一步推进孝文化节的改革创新，提高质量与影响。

第三，发挥成果效应。湖北省孝文化研究会、中华孝文化学院大力开展中华孝文化的理论研究，先后承担了中国社会科学基金会重点课题、教育部教育科学重点课题等科研课题二十多项。在推进民族文化复兴的进程中，中华孝文化如何走综合创新的路子，成为时代命题。我们要发挥研究成果作用，用孝文化的研究成果指导实践，在传统与现代、历史与现实的有机融合中设计孝文化现代化的路径。

二 典型亮度：中华孝文化的价值引领

湖北构建以中华孝文化为特色的公民道德教育工作体系，加强和改进典型宣传工作，推出了首届全国道德模范黄来女，第二届全国道德模范谭之平，第四届全国道德模范——"孝义兄弟"刘培、刘洋，"拥军慈母"罗长姐，全国首届中华孝亲敬老楷模余汉江，全国第二届中华孝亲敬老楷模刘芳艳，全国首届中华慈孝人物鞠爱彬，全国第二届中华慈孝人物魏迪仁等先进典型，形成了中华孝文化领域的"道德群星"现象。湖北要进一步加强和改进典型宣传工作，推出在全国有影响力的孝老爱亲典型，以榜样的事迹引领风尚，以道德的力量优化风气，打造道德的高地。

一是创新思路，弘扬孝道，培育发现典型。湖北涌现孝老爱亲道德群星，不是偶然的。其必然性，是由湖北丰厚的孝文化积淀等因素决定的。湖北发掘厚重的人文积淀，发掘、整理、研究和开发荆楚文化资源，发掘中华孝文化资源，并列入思想道德教育范畴，为先进典型的涌现提供了良好的人文环境。湖北以中华孝文化为坐标开展公民道德教育和文明湖北建设，促进公民素质的提高，推进"两型社会"建设，成立了"武汉城市圈志愿者联盟"，打造了"老年护理"等22类义工工作品牌。湖北职院的"义工行天下"被评为湖北省文明创建十大品牌。孝感是改革开放以来我国最早开展"十大孝子"评选的城市。从全省来看，湖北省先后开展了"十大敬老好儿女"的评选、"感动荆楚十大孝亲敬老楷模"评选，为孝老爱亲楷模的脱颖而出搭建了平台。湖北要进一步整合、规范楷模类评选，打造孝文化领域楷模评选的品牌。

二是深度挖掘，准确定位，总结提炼典型。湖北新闻媒体全面挖掘孝老爱亲楷模事迹；湖北省孝文化研究会、中华孝文化学院召开系列孝老爱亲楷模事迹座谈会，协同全省各地，安排孝文化专家与孝老爱亲楷模联系，解决其实际困难，加强其心理咨询，对其进行个案指导，对年青的孝老爱亲楷模从职业生涯规划的角度提出建议，让其自强、孝悌、感恩的品质展示得更加充分。湖北要加强宣传系统与社科系统的合作，深度挖掘、总结提炼典型，开创典型宣传的新局面。

三是整合资源，科学策划，宣传推广典型。要为孝老爱亲楷模制定宣传计划，明确宣传的基调和风格，掌握宣传的广度、深度和节奏，形成舆论合力。不断加大中央媒体的宣传力度，力求人物宣传体现高度和深度。坚持推荐表彰与领导批示相结合，坚持新闻宣传与社会宣传相结合。崇文重德是湖北的人文追求，我们要关心爱护典型，优化环境，建设平台，发挥典型效应，不断增强先进典型的生命力和影响力。湖北要进一步发挥先进典型的示范作用，引领时代风尚，优化社会风气，全力打造道德的高地。

三　产业广度：中华孝文化形态的地域集成

孝文化产业链潜在市场巨大。湖北在发展孝文化产业的理念上要实现五个转变，即由公众意愿到政府意志、资本意图、公众意愿、专家意见的深度融合的转变，由立足资源到创意引领的转变，由单一开发到构建孝文化产业链的转变，由说湖北（孝感）到游湖北（孝感）、养老在湖北（孝感）、消费在湖北（孝感）的转变，由被市民认可到经市场验定的转变。特别是孝感市与湖北省孝文化研究会、中华孝文化学院，要加大文化整合能力和创新能力建设，硬件与软件齐抓，再现与新建并举，整合与创新同行，使中华孝文化元素在湖北充分显现，使中华孝文化形态在湖北集约展现。

一是建设中华敬老园。2005 年，全国老龄办、中宣部、教育部、共青团中央和全国妇联等发文，同意在湖北孝感建设全国唯一的中华敬老园，作为全国敬老爱老助老主题教育活动基地。该项目落户天紫湖生态旅游度假区，斥资 10 亿元。中华敬老园是集休闲养老、医疗康复、娱乐健身、孝文化景观和老年用品会展于一身的多功能、综合性养老机构。该项目在建设目标上要坚持"两个结合"（公益性和经营性相结合），突出"四个特性"（项目建设上体现养老性、文化性、公益性、教育性），完成"六个项目"（老年公寓、老年活动中心及老年大学、老年医疗康复中心、居家养老服务中心、老年用品会展中心、孝文化馆等），建设"五大基地"（全国示范性养老基地、孝文化传播基地、全国敬老爱老助老主题教育基地、孝文化人文景观基地、老年用品会展基地），达到"四化要求"（环境景观化、设施现代化、品位文化化、服务规范化）。孝感市、湖北省孝文化研究会要加大中华敬老园建设项目的宣传力度和协调督办力度，高质量完成中华敬老园的建设。

二是打造孝道胜景。在孝感市，要依托三河连通建设孝道观光带。在槐荫公园二期、三期建设以及老澴河改造中，凸显孝文化元素；在河的两岸适当地段，展示孝文化浮雕。在槐荫公园，拟建设中国古代"二十四孝"塑像、中国当代全国道德模范（孝老爱亲）塑像；建设董永（纪念）馆。建设孝文化的公共服务体系。整合孝感地区旅游资源、孝文化资源，打造孝文化旅游圈。在云梦兴建了黄香大道、黄香园等文化旅游景点，黄香陵园暨黄香产业园于 2011 年在义堂镇黄孝村奠基兴建。在孝昌建设孟宗纪念馆。在汉川建设善书博物馆。在应城汤池、天紫湖、双峰山等景区增建孝文化设施和景点，提升老龄服务功能。实现孝文化与旅游景点的融合，一线串珠，门票互通。做好文昌阁重建的论证和规划工作，启动文昌阁重建的相关准备工作，发挥民智，利用民力，建设好孝感的人文标志性工程。建设孝文化（通史）博物馆；把文昌阁重建与孝文化博物馆及其配套工程建设统筹考虑，发挥综合效应。展示名人文化，深入发掘孝感籍历史文化名人的资源，建立熊赐履研究所。

三是繁荣孝德艺术。2006 年 6 月，以劝人行善为内容的汉川善书和董永传说同时入选国家首批非物质文化遗产名录，使得孝感的国家首批非物质文化遗产名录项目达到 5 个。孝感民间文艺植根于人民群众之中，孝感楚剧、孝感剪纸、汉川善书、应城膏雕、云梦皮影、安陆漫画大都以孝德思想为基本题材，以人民群众喜闻乐见的表现方式，不断推陈出新。目前正在筹建汤文选艺术馆，建设楚剧博物馆和楚剧院。楚剧是形成于黄陂、孝感一带，成熟、发展、兴盛于武汉的地方花鼓戏剧种，是目前湖北的第二大剧种，也是演出市场较大、观众拥有量较多、代表性较强的湖北地方戏曲剧种之一。大型原创楚剧《云梦黄香》荣获全省首届地方戏曲汇演编、导、演、音、舞 14 项大奖，并荣获全省第六届"屈原文艺奖"；《吊子卖鞋》摘得中国戏剧奖；楚剧《人在福中》《可怜天下父母心》等富有时代气息的新剧目，赞颂爱家庭、爱家乡、爱国家的新时期孝子。安陆漫画拥有广泛的群众基础，创作的作品多次在国内外漫画大赛中获奖。云梦开发了黄香挂画、竹简挂历等"黄香"系列工艺品，推出了皮影画册《黄香》、连环画《孝子贤臣黄香》、皮影戏《孝子黄香》，创作了长篇历史小说《千古孝子黄香》。新编大型现代孝文化题材大戏《冬日荷花》作为第五届湖北省"福星杯"楚剧艺术节开幕式演出剧目，获广泛好评。湖北职院大力推进中华孝文化与书法的融合，全国高校唯一的、由中国硬笔书法协会授牌的"中国汉字硬笔书写教学基地"落户该校，2008 年，首届中国汉字书写节在该校成功举行，以"文"和"字"两个途径面向全国弘扬中华孝文化，百万人次参加，万人现场书写。中国汉字书写节获湖北省第三届宣传思想文化工作创新奖。

四是推进孝文化产业。湖北省孝文化研究会、中华孝文化学院积极参与中华孝文化的产品开发和产业发展，促进中华孝文化与旅游休闲、食品养生、老年用品、楚剧、剪纸、漫画、动漫等融合。充分发挥智囊参谋、咨询论证、实际运作的功能，协同举办了"孝文化与传统节日""双峰山与中华孝文化""汤池与旅游休闲""麻糖米酒与孝文化""孝文化礼品、产品开发""孝文化与企业文化"等研讨会和论证会，有力地支持了以中华孝文化为主题的产品开发和产业发展。湖北要加快推进社会养老服务体系建设。坚持以居家养老为基础、社区服务为依托、机构养老为补充，加快构建机构养老与居家养老相结合、福利养老与产业养老相结合，投资渠道多元化、管理服务标准化、服务队伍专业化、服务方式多样化，覆盖城乡可持续发展的社会养老服务体系。加快基本养老服务机构建设，积极探索公办民营、合作经营、委托管理、服务外包等运行模式，完善管理机制，降低运行成本，提高服务水平。依托社区为居家老年人提供生活照料、家政、康复护理和精神慰藉等服务。湖北地方政府要制定建设补贴和运营补贴政策，吸引和鼓励社会资本投资兴办老年公寓、老年康复中心、托老所、老年护理院等养老服务机构。要推进养老服务规范化。着力培育老年服务龙头企业，打造老年服务产品知名品牌。将发展养老服务产业与拉动消费、增加就业结合起来，推进全省养老服务业发展，使之成为湖北服务业发展新亮点。鼓励和扶持开发老年产品，引导企业生产满足老年人各种需求、门类齐全、品种多样、经济适用的老年用品。优先发展养老服务、老年护理、康复保健、老年文化娱乐、健身休闲和老年特殊用品等产业。大力发展老年旅游业，推出适宜老年人的旅游线路和服务项目。大力发展老年教育，加强老年人心理疏导服务，扩大老年人社会参与。

四 实践效度：弘扬中华孝文化的创新示范

湖北要把弘扬中华孝文化纳入经济社会发展的总体规划中，以中华孝文化育人，以中华孝文化为路径推进实践教育，培养具有"感恩、责任、忠诚、奉献"品格、"资源节约、环境友好"理念和创新创业精神的现代公民。

第一，孝道教育。推进中华孝文化进教材、进课堂、进学生头脑，推进中华孝文化"进家庭""进学校""进社区""进农村""进机关""进企业""进军营"。要推出一批中华孝文化理论读本和中华孝文化通俗读物，分门别类作为青少年阅读指定书目和参考书目。把中华孝文化纳入思想品德课。以中华孝文化为坐标开展感恩教育，引导青少年感激党和国家的培养之恩、感激革命先烈的奉献之恩、感激父母前辈的养育之恩、感激老师先贤的教导之恩、感激学校社会的关爱之恩、感激大自然的哺育之恩，引导青少年读写感恩心得、讲说感恩故事、创作感恩文学、常行感恩之举，莘莘学子在孝道文化的氛围中形成健康道德人格。

第二，志愿服务。中国特色的志愿服务的理论基石是中华孝文化。要将传统文化与时代精神结合起来，将小孝与大孝结合起来，将校内活动与校外活动结合起来，注重中华孝文化的实践。各地可成立中华孝文化讲师团、义工社、志愿者联盟等组织，引导广大青少年传承美德当孝子，一专多能做义工。中华孝文化系列的社团组织合力推进中华孝文化实践，打造"老年护理""结对帮扶空巢老人""资源节约""环境保护"等义工工作品牌。

第三，评选表彰。湖北省各地可把孝老爱亲领域评选表彰纳入社会主义核心价值体系建设的总体规划之中，规范优秀志愿者、志愿服务集体评选，规范优秀义工、志愿者组织评选，为孝老爱亲楷模的脱颖而出搭建平台，引领和谐社会建设，引领"两型社会"建设。

五　创业深度：中华孝文化领域的公益创业

公益创业需要一定的文化理念，公益创业文化不会凭空产生，它需要"文化母体"。中华孝文化具有自然性、人本性，中华孝文化能衍生出感恩品格、生命意识、责任理念、奉献情怀，在当今时代，孝文化是立德树人的重要资源，是生成公益创业文化的"土壤"和"母体"。要大力推进中华孝文化与创新创业精神的融合，进一步整合相关创业资源，打造公益创业的全国性品牌。

一是建设创业平台。全国孝文化领域的第一个创业孵化器——中华孝道创业园诞生在孝感；中华孝文化学院与湖北职院共建了创业学院，与团省委合建武汉城市圈创业学院；中华孝道创业园每年孵化中小企业达一百多家；国家级科技企业孵化器落户孝感。各地可建设创业孵化基地、大学生创业基地。

二是加强配套建设。孝感建设了中华公益创业研究中心、中华公益创业孵化基地，设立了公益创业基金。积极争取政府、成功创业校友和校企合作企业支持，设立大学生创业基金。中华孝道创业园建立健全创业教育制度，加大创业政策扶持，创新创业教育、创业基地建设和创业服务等工作力度。举办大学生创新创业文化节，开展创业大赛，展示创业成果，奖励创业项目，搭建合作平台，营造创业氛围，优化育人环境。

三是发挥素质教育功能。湖北省孝文化研究会、中华孝道创业园统筹大学生创业基地与科技创业园建设。科技创业园、大学生创业基地作为青年实习实训实践的基地，面向社会开放，以"创业项目+青年社团""创业项目+订单培养"等模式，发挥育人功能。湖北省孝文化研究会与湖北孝道大学生创业园大力推进中华孝文化领域的公益创业，2012年6月被评为湖北省首批大学生创业示范基地，2012年8月被评为湖北省首批创业孵化示范基地，2013年12月被评为湖北省首批大学生创业孵化示范基地，正积极争创全国创业示范基地。

伦理秩序建构下孝文化
建设的基本原则

陈朝晖[*]

（湖北工程学院中华孝文化研究中心）

【内容摘要】 孝是一切人伦关系得以展开的精神根基和实践起点，孝文化建设是伦理秩序构建的基本内容和重要保障。加强孝文化建设，对于构建伦理秩序，促进社会主义和谐社会建设有着重要的意义，应坚持三个基本原则：一元主导和多元发展相统一，继承传统和改革创新相统一，以人为本和全面发展相统一。

【关键词】 伦理秩序　建构　孝文化　原则

"百善孝为先""百德孝为首"，孝是一切人伦关系得以展开的精神根基和实践起点[①]，孝文化建设是伦理秩序构建的基本内容和重要保障，建设社会主义和谐社会离不开伦理秩序的构建。因此，加强孝文化建设，对于构建伦理秩序，促进社会主义和谐社会建设有着重要的意义。那么，怎样建设孝文化，建设孝文化又应遵循哪些基本原则，这是我们必须思考的问题。

---

* 陈朝晖（1978—），湖北工程学院中华孝文化研究中心专职研究员。
① 陈朝晖：《从热播家庭剧看影视资源开发中的孝文化传播》，《新闻知识》2010 年第 2 期。

一 坚持一元主导和多元发展相统一的原则

在意识形态领域，我国坚持马克思主义的主导地位。[①] 从指导思想来看，孝文化建设理应遵循这个一元主导的原则。随着社会的发展，人们的思想观念、价值取向、生活方式日趋多样化。如果没有共同的理想信念和奋斗目标，没有思想上、文化上的和谐统一，就难于聚集各方力量。

马克思主义是中国先进文化的核心、灵魂和旗帜。坚持和发展马克思主义，是繁荣发展中国先进文化的关键，也是孝文化建设的根本。要将传统的孝文化建设发展成先进文化，在指导思想上必须坚持和巩固马克思主义在我国意识形态领域的指导地位，坚持用马克思主义中国化的最新成果武装全党、教育人民，用建设中国特色社会主义的共同理想统一思想、凝聚力量，用社会主义荣辱观引领社会风尚，增强全社会的凝聚力和创造力，积极引导人们树立正确的世界观、人生观和价值观，树立孝文化的和谐思想观念、思维方式和行为方式，丰富和发展社会主义和谐文化。

从国内现实来看，由于改革开放的深入和市场经济的发展，出现了经济成分和经济利益多样化、社会生活方式多样化、社会组织形式多样化、就业岗位和方式多样化，从而导致了文化的冲突、观念的碰撞和多种价值观的并行。从社会整体来看，孝文化又是多元的，每个人、每个群体的孝观念可能都不一样。这就要求我们在确立指导思想一元主导地位的前提下，坚持为人民群众、为社会主义服务的宗旨和百花齐放、百家争鸣的方针，围绕中心、服务大局，贴近实际、贴近生活、贴近群众，弘扬主旋律，提倡多样化。

和而不同是文化多元化的价值核心，多元一体是文化多元化的价值

[①] 韩振峰：《坚持马克思主义在意识形态领域的指导地位》，《上海交通大学学报》（哲学社会科学版）2006年第3期。

建构，多元并存是文化多元化的价值追求。[①] 在孝文化建设进程中，必须提倡宽容、尊重不同文化存在的价值，实现社会文化的多样性共存，兼容并包，共生共荣；必须坚持社会主义先进文化的前进方向，更好地建设中国特色的社会主义先进文化，并以此影响和引导多样性的社会文化，实现在社会主义先进文化或主流文化主导下的社会文化和谐。

二 坚持继承传统和改革创新相统一的原则

建设孝文化，离不开对中国古代优秀传统文化的继承和发展。自有人类社会以来，"和谐"就成为人们孜孜以求的一个社会理想。作为古代哲学的核心范畴之一，"和"的思想贯穿于中国思想发展史的各个时期和各家各派之中，体现着中国传统文化的首要价值和精髓。[②] 孔子的弟子有子提出"和为贵"，墨子提出"兼相爱"，董仲舒强调"合者，天地之所生成也"，朱熹强调"中者，无过无不及之名也"。"和而不同"成为中国古典哲学的一大命题，"天人合一"成为中国传统文化的一大特色。这些厚重深远的和谐思想，为我们建设孝文化提供了可资借鉴的宝贵思想资源。

同时，建设孝文化，也离不开对近现代以来中华民族在长期的革命斗争中、在新文化运动中所形成的爱国、科学、民主的优良传统和在党领导下形成的革命文化、社会主义文化传统的继承和发展。如我们党领导人民在长期的革命斗争中形成的井冈山精神、长征精神、延安精神等革命价值观念，在社会主义建设时期形成的大庆精神、雷锋精神、"两弹一星"精神等建设型价值观念，在改革开放时期形成的"六十四字创业精神""九八抗洪精神"等新型价值观念。其中以改革创新为核心的时代精神是中华民族精神在新的历史条件下的发展。这些极其宝贵的精神财富，是建设孝文化的坚实基础。

孝文化建设，还要吸收和借鉴世界优秀文明成果。"在人类社会发

---

① 刘卓红、林俊风：《论全球语境下文化多元化的价值意蕴》，《岭南学刊》2002 年第 2 期。
② 管向群：《传统和谐思想的启示》，《光明日报》2005 年 10 月 18 日第 8 版。

展过程中，不同国家和不同民族独特性文化的存在，使世界文化具有了丰富多彩的内容；每一个国家和民族的文化都有其长处，这是其存在和发展的基础"①。建设孝文化，离不开与世界文化的交流与对话。对于世界优秀文明成果，我们要以宽广的眼界和博大的胸怀积极地吸收和借鉴。

在继承中华民族优秀文化传统和借鉴世界文明成果的同时，建设孝文化，我们还要不断增强文化的创新能力。"创新是一个民族进步的灵魂，是一个国家兴旺发达的不竭的动力，也是建设孝文化的源泉。文化创新，就要坚持与时俱进，促进文化体制及机制的创新，创新文化观念、内容、形式和手段。只有不断增强文化创新能力，才能促进文化和经济、政治、社会的协调发展，促进社会的全面进步"②。因此，我们必须全面贯彻尊重劳动、尊重知识、尊重人才、尊重创造的精神，让一切有利于社会进步的创新愿望得到尊重、创新活动得到支持、创新才能得到发挥、创新成果得到肯定，深化文化体制改革，不断解放和发展文化生产力，建立人们争相创新、善于创新，社会尊重创新、鼓励创新的创新型社会，使全社会的文化创新能力不断增强，促进孝文化建设。

三 坚持以人为本和全面发展相统一的原则

建设和谐社会就是要实现人与自然的和谐、人类社会的和谐和个人身心的和谐，其核心是人的全面发展和各方面积极性的充分发挥。而孝文化正是促进人的全面发展的重要条件。

孝文化的一个重要功能就是教育功能。促进人的全面发展，培养有理想、有道德、有文化、有纪律的社会主义公民，是孝文化建设的目标。孝文化就是以人为本的文化，体现了以人为本的精神。以人为本的孝文化就是要以人为主体，尊重和重视人的价值选择，促进人的全面发展。

① 洪晓楠、郭丽丽：《吸收各国优秀文明成果，提高国家文化软实力》，《思想理论教育导刊》2008年第11期。

② 刘世洪：《创新是一个民族进步的灵魂——弘扬创新精神推动社会进步》，《探索与争鸣》2001年第2期。

具体来说：一方面是人的整体发展，而不是个人的发展。这里，孝文化强调子女赡养孝敬父母的责任与义务，同时也应包含父母对子女的养育与关爱。另一方面就是人的主体性力量的张扬，人的个性的发挥，人的能动性和首创精神的展现，人的内在创造潜能得到越来越大的释放。孝文化让人们感受人文关怀，在百家争鸣、百花齐放的和谐文化氛围中，充分汲取文化营养，接受先进文化特别是孝文化的熏陶和教育，从而获得自由的、全面的发展，不断提高思想道德素质和科学文化素质。

建设孝文化与社会主义和谐社会，最终目的是为了人的自由全面的发展。因此建设孝文化，必须坚持以人为本和人的全面发展相统一的原则。以人为本，归根到底就是以人民群众的根本利益为本。以人为本，体现在孝文化建设方面，就是要自觉地关注以孝文化的发展和进步来促进人的全面发展和完善。在孝文化建设中坚持以人为本，就是要始终坚持孝文化建设为群众服务、为人民服务。孝文化建设突出以人为本，必须坚持"二为"方向和"双百"方针，坚持"三贴近"，努力体现最广大人民群众的文化利益。弘扬主旋律，提倡多样化。坚持以科学的理论武装人、以正确的舆论引导人、以高尚的精神塑造人、以优秀的作品鼓舞人。要为人民群众创造和奉献更多的反映时代精神的好作品，最大限度地满足人民群众日益增长的文化生活需要。

孝文化建设突出以人为本，必须坚持弘扬和培育民族精神。一个民族，没有振奋的精神，没有高尚的品格，没有坚定的志向，就不可能自立于世界民族之林。孝文化建设突出以人为本，还必须大力发展孝文化教育和科学研究事业。我们必须全面贯彻党的教育方针，坚持孝文化教育和科学研究为培育社会主义核心价值观服务，为社会主义现代化建设服务，为提高人的素质服务，坚持教育与生产劳动和社会实践相结合，培养德智体全面发展的社会主义建设者和接班人。

《国语·楚语》对政治伦理秩序
及其挑战的思考

【内容提要】《国语·楚语》记载了楚国贤大夫的思想言论，对政治伦
理关系的思考涵盖了天人、君民、君臣、家国和国国等方面，提出
的问题具有一定的普遍意义。建立政治伦理秩序的难题包括元德之
难、君父之悖、自封之忧、专制桎梏、民曼之扰、楚才晋用等。楚
国的贤人企图建构的政治伦理秩序包括遍祀庇民、均君父、修政德、
宜纳谏、事君尽善。

【关键词】 国语 楚语 政治伦理秩序

　　《国语·楚语》中记载了楚国贤大夫的思想言论，这些言论相对完
整，主要围绕政治话题展开。这些思想家往往有自己的价值观，有自己
的道德操守，对政治有自己独特的看法，对富有伦理内涵的政治秩序充
满期待，并进行了一定的论证。这些贤大夫的言论的主要对象是楚王，

---

* 周海春（1970—），湖北大学哲学学院暨高等人文研究院教授，湖北大学中国文化发展研
　究中心主任、湖北大学国学研究所主任，《文化发展论丛·中国卷》主编。本文是湖北大
　学人文社会科学研究创新团队项目"'子曰'类文献与孔子哲学、先秦儒学史研究"
　（13HDCX04 013－095171）项目成果。

他们在回答楚王的疑问或者是对楚王进行劝诫的时候表达了自己的伦理价值观。楚王的行为倾向和思想构成了一条线索。这条线索可以用"政治"一语来表示。其核心内容是开疆拓土、暴虐专制、蓄货聚马。贤大夫的思想倾向可以用"伦理"一语来表示，其核心是有伦理内涵的政治。二者之间构成了一定的矛盾，这种矛盾也是分工的结果，是"思想家"和"行动者"的分别，二者之间的合理关系对于政治伦理秩序的形成和稳定至关重要。当二者之间的张力关系被破坏的时候，代表着政治和伦理的分离，代表着两条线索的分裂，其结果往往是给国家和社会带来灾难性的后果。政治具有现实性，伦理具有理想性和价值性，对于政治生活而言，二者各有其优点和局限，二者之间形成良性互动和互相补充、互相学习的关系至关重要。

"政治"的思路也反映了某种现实的需要。比如开疆拓土也是形势所迫。如"子西叹于朝"，蓝尹亹问道："今吾子临政而叹，何也？"子西曰："阖庐能败吾师。阖庐即世，吾闻其嗣又甚焉。吾是以叹。"① 为了解决这类问题，当政者往往会通过拓展领土来增强国家的实力。如楚灵王就采用了这种思路。"灵王城陈、蔡、不羹，使仆夫子晳问于范无宇，曰：'吾不服诸夏而独事晋，何也，唯晋近我远也。今吾城三国，赋皆千乘，亦当晋矣。又加之以楚，诸侯其来乎？'"② 结果在鲁昭公十三年灵王之弟平王和陈、蔡、不羹联合叛乱，灵王自杀。对于越来越不稳定的政权，往往会发生一连串的现象，这些不稳定的因素加重了统治者自身的危机感，促使统治者采取更为严厉的统治手段。"灵王虐，白公子张骤谏。王患之，谓史老曰：'吾欲已子张之谏，若何？'"③ 灵王自身暴虐不知反省，反而希望别人不要劝诫，这往往加快了统治者走向覆亡的过程。在暂时还能够维持统治，但已经危机四伏的情况下，统治阶层自然会滋生及时行乐的心态，尽管其中的成员也会对此担忧，但在问

---

① 韦昭注《国语》，上海古籍出版社 2008 年版，第 270 页。
② 韦昭注《国语》，上海古籍出版社 2008 年版，第 256 页。
③ 韦昭注《国语》，上海古籍出版社 2008 年版，第 259 页。

题无法根本解决的情况下，统治阶层中的很多成员也会选择随波逐流。灵王为章华之台，子常问蓄货聚马就是这种心态的典型表现。政治中私利化倾向的持续增长，引起了贤德之士的不安，从而提出"伦理"一途，力求化解诸种矛盾，并建立"尊""贤"之间合理的秩序，共同保证国家的长治久安。

一 政治伦理秩序的挑战

建立政治伦理秩序的难题不仅来自政治现实的挑战，也来自伦理自身的难题。对于贤大夫来说，一方面要面对政治现实，提出伦理思路的价值和意义，另一方面也要面对伦理内在的矛盾和困惑。二者往往是交织在一起，难解难分的。

其一是元德之难。对于政治伦理秩序来说，有美德的人是其中重要的一环，尤其是有美德的领导者。领导者的美德约束了政治向恶的方向发展，并起到示范的作用，把政治导向善。但如何才能使人拥有美德却是一个难题。《国语·楚语》载，"庄王使士亹傅太子箴，辞曰：'臣不才，无能益焉。'曰：'赖子之善善之也。'对曰：'夫善在太子，太子欲善，善人将至；若不欲善，善则不用。故尧有丹朱，舜有商均，启有五观，汤有太甲，文王有管、蔡。是五王者，皆有元德也，而有奸子。夫岂不欲其善，不能故也。'"[1] 美德是通过实践得来的吗？是一种天性吗？苏格拉底认为："那么，根据当前的推理，我们可以说美德通过神的恩赐而来。"[2] "那么美德既不是天生的又不是靠教育得来的。拥有美德的人通过神的恩赐得到美德而无需思索。"[3] 如果能教，就意味着教导者知道什么是美德。可以用语言告诉别人吗？对这一点，苏格拉底是否定的。"但我们同意过不存在美德的教师，所以美德不可教，不是知识。"[4] 美

---

① 韦昭注《国语》，上海古籍出版社 2008 年版，第 248 页。
② 王晓朝译《柏拉图全集》第一卷，人民出版社 2002 年版，第 536 页。
③ 王晓朝译《柏拉图全集》第一卷，人民出版社 2002 年版，第 534 页。
④ 王晓朝译《柏拉图全集》第一卷，人民出版社 2002 年版，第 535—536 页。

德不能教，也就意味着美德不能学。现在和过去没有好人知道如何把他们自身的善传递给别人，或者说这种东西是不能传递和接受的。用塞奥格尼的话说就是："好人的儿子有聪明人的指导不会变坏，但是没有一位教师的技艺能把已经造坏了的心灵变好。"① 好人的父亲能教导儿子技术，却很难使得他比邻居更善良，像有道德的父亲一样有智慧。如果美德不可教授，这就带来了一个难题，政治生活需要选择拥有美德的人来执掌权力，否则将会带来不可逆转的祸患。

子西想要使用白公胜，他的理由是德可以忘怨。"子西曰：'德其忘怨乎！余善之，夫乃其宁。'"② 叶公子高则不这么认为。"不然。吾闻之，唯仁者可好也，可恶也，可高也，可下也。好之不偪，恶之不怨，高之不骄，下之不惧。不仁者则不然。人好之则偪，恶之则怨，高之则骄，下之则惧。骄有欲焉，惧有恶焉，欲恶怨偪，所以生诈谋也。子将若何？若召而下之，将戚而惧；为之上者，将怒而怨。诈谋之心，无所靖矣。有一不义，犹败国家，今壹五六，而必欲用之，不亦难乎？吾闻国家将败，必用奸人，而嗜其疾味，其子之谓乎？"③

德不可忘怨，加深了政治获得伦理属性的困难，因为完全可能存在以道德为政治目的的装饰的情况，道德成为实现丑陋的政治目的的工具，从而失去了自身的价值。叶公子高提出了政治要警惕的"六德"："展而不信，爱而不仁，诈而不智，毅而不勇，直而不衷，周而不淑。复言而不谋身，展也；爱而不谋长，不仁也；以谋盖人，诈也；强忍犯义，毅也；直而不顾，不衷也；周言弃德，不淑也。是六德者，皆有其华而不实者也，将焉用之。"④ 白公胜的品德从个人的角度来看，无疑是一种美德，但这一美德纳入到政治生活中则要重新加以考量。"当一个人谈到道德同政治的关系时，他是在谈论社会的道德，即有关一个人的关系到其他人的活动领域的那些行为的道德。他不是在谈论个人的道德，即关

---

① 王晓朝译《柏拉图全集》第一卷，人民出版社 2002 年版，第 530 页。
② 韦昭注《国语》，上海古籍出版社 2008 年版，第 273 页。
③ 韦昭注《国语》，上海古籍出版社 2008 年版，第 273 页。
④ 韦昭注《国语》，上海古籍出版社 2008 年版，第 273 页。

系到完善个人的个性的那些活动的道德，不论对这样一种完善理想的选择是否影响到其他的人。传统道德经常区分对他人的义务和对自身的义务。"在对于政治道德的问题的讨论中，所涉及的完全是对他人的义务。"① 政治美德关系到他人，尤其是关系到政权的稳定和民众的幸福。从政治的角度看白公胜的美德是有缺陷的。白公胜说到做到看来是诚信，但是却忽略了生命本身的价值；爱人没有错，但是却忽略了长幼尊卑的顺序；善于言辞却缺乏智慧；能够违背自己的内心去忍耐做事，却忽略了听从自己内心的良心的重要性；直爽却忽略了他人的感受；说话周到，但是忘记了是非。上述德性有助于吸引人，得到大家的认可，但这些品德如果用来实现自己的怨恨之心，就是一件非常危险的事情。政治人物的某种美德能够吸引人，但是如果这些美德被用来实现某种特定的功利性的目的，这些美德就失去了自身独立的价值。这种情况使得政治伦理秩序的实现变得愈发困难。

其二是君父之悖，也就是家国之伦理冲突。"吴人入楚，昭王奔郧，郧公之弟怀将弑王，郧公辛止之。怀曰：'平王杀吾父，在国则君，在外则雠也。见雠弗杀，非人也。'"② 在这个文本中涉及臣子是否丧失了自己的政治义务并获得自由的问题。从这个文本来看，怀和辛都没有丧失政治义务，因为昭王出奔，依然在整个诸侯国之内。所以郧公说："夫事君者，不为外内行，不为丰约举，苟君之，尊卑一也。且夫自敌以下则有雠，非是不雠。下虐上为弑，上虐下为讨，而况君乎！君而讨臣，何雠之为？若皆雠君，则何上下之有乎？吾先人以善事君，成名于诸侯，自斗伯比以来，未之失也。今尔以是殃之，不可。"③ 这一思想与霍布斯的思想接近。霍布斯说："如果一个国王在战争中被征服，自己臣服于战争者，他的臣民就解除了原先的义务，而对战胜者担负义务。但如果他是被俘或没有获得人身自由，就不应当认为他放弃了主权，于

---

① 〔意〕诺伯托·巴比奥：《伦理与政治》，廖申白译，《第欧根尼》2000 年第 1 期，第 28 页。
② 韦昭注《国语》，上海古籍出版社 2008 年版，第 269—270 页。
③ 韦昭注《国语》，上海古籍出版社 2008 年版，第 270 页。

是臣民也就有义务要服从原先派任的官员；这些官员不是以他们本身的名义，而是以国王的名义进行统治的。"① 但怀的思想也有他的合理性，因为即便没有丧失臣子的义务，但是从亲情的角度来看，怀也可以把亲情和亲仇放在第一位，采取报复的行动。"家"和"国"二者把哪一个放在伦理的最高准则，兄弟二人的看法是不一样的。

其三是自封之忧。何谓"自封"？当统治阶层获取自我利益已经妨碍了民众的基本利益的时候就是"自封"。"夫从政者，以庇民也。民多旷者，而我取富焉，是勤民以自封也，死无日矣。"② 斗且认为子常问蓄聚积实就像饿狼一样，"积货滋多，蓄怨滋厚，不亡何待。"③ 在斗且看来，如果统治者谋取自身利益已经伤害到民众的利益，就会更加引起民怨，这样民众就有离叛之心，这就会危害国家的安全。"夫古者聚货不妨民衣食之利，聚马不害民之财用，国马足以行军，公马足以称赋，不是过也。公货足以宾献，家货足以共用，不是过也。夫货、马邮则阙于民，民多阙则有离叛之心，将何以封矣。"④ 优良的政治伦理秩序的核心当然是和谐的君民关系，也即统治者与被统治者的和谐关系。其中利益关系居于基础地位。统治者有私人利益和局部利益，但作为公共权力的执行者需要维护公共利益。统治阶层私人利益的追求以不伤害公共利益的发展为最低的界限，超过这个界限，统治阶层就逐步失去了公共属性，从而把自身降低为私人的地位，政治的合法性随之丧失，统治者和被统治者之间变成了私利关系，政治基本的伦理秩序也就被动摇。

其四是专制桎梏。楚灵王暴虐，容不得别人批评，他开始想办法不让臣子进谏。白公子张则指出，领导者的智慧是有限的，需要听取他人的意见以弥补不足。"若武丁之神明也，其圣之睿广也，其智之不疚也，犹自谓未乂，故三年默以思道。既得道，犹不敢专制，使以象旁求圣人。

---

① 霍布斯：《利维坦》，商务印书馆1985年版，第173页。
② 韦昭注《国语》，上海古籍出版社2008年版，第268页。
③ 韦昭注《国语》，上海古籍出版社2008年版，第268页。
④ 韦昭注《国语》，上海古籍出版社2008年版，第267页。

既得以为辅，又恐其荒失遗忘，故使朝夕规诲箴谏，曰：'必交修余，无余弃也。'"① 物质利益的关系在优良的政治秩序形成的过程中具有基础性，精神关系也是非常重要的。政治合法性来源于认同，制度的或者利益的因素会有助于政权的巩固和社会的安定，有助于人理性地采取行动，并达成一定的利益妥协。但一旦心灵的认同下降了，政治秩序就失去了向心力，失去了活力，政治行为往往流于形式，政治秩序迅速滑向追求短暂的私利的轨道。就政治伦理秩序而言，广开言路，民意上达，增进彼此的信任非常重要。

其五是民慢之扰。当民众失去了对崇高事物的敬畏之心和追求之心的时候，就会把权威踩在脚下。相反，"上下有序则民不慢"② "夫民心之愠也，若防大川焉，溃而所犯必大矣。"③

其六是楚才晋用。政治伦理秩序的持续需要有优良美德的政治人物对政治的持续的关心。当这些有智慧有美德的"贤人"远离政治的时候，政治就完全由一群没有智慧和没有美德的人掌管，即便拥有良好的政治制度，也无法保证政治在伦理的轨道上运行。楚国当时就遇到了类似的情况。"晋卿不若楚，其大夫则贤，其大夫皆卿材也，若杞梓、皮革焉，楚实遗之，虽楚有材，不能用也。"④ 除了人才流失以外，还面临有道德的长老不愿意出来关心政治事务的问题。"今子老楚国而欲自安也，以御数者，王将何为？若常如此，楚其难哉！"⑤

政治危机的发生往往都是系统性的，尤其当政治危机已经使得政治伦理秩序崩溃的时候，具体的政策举措往往很难收到扭转全局的效果。周文化累积形成的稳固的政治伦理，经过春秋战国长期的破坏，终于终结，尽管周王朝最后的终结是形式上的、文化上的，秦统一六国，意味着一种政治伦理秩序的终结。

---

① 韦昭注《国语》，上海古籍出版社 2008 年版，第 259—260 页。
② 韦昭注《国语》，上海古籍出版社 2008 年版，第 264 页。
③ 韦昭注《国语》，上海古籍出版社 2008 年版，第 268 页。
④ 韦昭注《国语》，上海古籍出版社 2008 年版，第 251 页。
⑤ 韦昭注《国语》，上海古籍出版社 2008 年版，第 258 页。

二 政治伦理秩序的内涵和价值

楚国贤人的心目中依然保留着周文化系统中政治伦理秩序的基本价值观念。尽管这些观念本身已经打上了楚文化自身的特色，但这种特色依然可以看成周文化系统中的丰富性和多样性。

其一，遍祀庇民。实现政治统治的稳定和持续，总是有两面性：一面是现实性和功利性，当政治偏离了现实性的时候，政治行为就建立在非理性的路线之上，最终会因为过于狂热和幻想而丧失统治的合理性。另一面，由于人是有追求的人，是始终都要问意义的人，信念、理想甚至幻想在政治中永远是起作用的一元。对崇高事物的敬畏，对伟大人物的崇拜，对救赎的渴望，对公共力量的希冀总是存在于政治之中，成为维系政治的因素，尽管这些因素的具体表现多样。天命的敬畏和神道设教就是先秦政治文化中的一个组成部分。"于是乎有天地神民类物之官，是谓五官，各司其序，不相乱也。民是以能有忠信，神是以能有明德，民神异业，敬而不渎，故神降之嘉生，民以物享，祸灾不至，求用不匮。"① 抛开其中的"神"的字样，"各司其序，不相乱""民是以能有忠信""敬而不渎"是有意义的。保持适当的信仰和敬畏感，保持一定的神秘感对政治是有意义的，尤其是对生命本身的敬畏和对生命意义的多样化的理解总是能够开辟出一种政治的空间。

祭祀活动在较长的一个时期内都是中国古代政治生活的一个重要的组成部分。或许祭祀的意义并不在于祭祀本身，而在于伦理秩序，在于平民气。如果有其他的方法实现了这一目的，政治秩序同样也就达成了。"王曰：'祀不可以已乎？'对曰：'祀所以昭孝息民、抚国家、定百姓也，不可以已。夫民气纵则底，底则滞，滞久而不振，生乃不殖。其用不从，其生不殖，不可以封。'"② 在其他的时代，政治依然要实现昭孝

① 韦昭注《国语》，上海古籍出版社 2008 年版，第 262 页。
② 韦昭注《国语》，上海古籍出版社 2008 年版，第 265 页。

息民、抚国家、定百姓的价值，政治总是要"上所以教民虔也，下所以昭事上也"①。合理的上下尊卑秩序不可逾越，高等的价值追求不可被践踏，这是政治伦理秩序的核心。"况其下之人，其谁敢不战战兢兢，以事百神！天子亲春禘郊之盛，王后亲缲其服，自公以下至于庶人，其谁敢不齐肃恭敬致力于神！民所以摄固者也，若之何其舍之也！"② 当政治有合理的价值秩序的时候，民众就有价值导向，知是非所在，知道生命的意义，政治价值和个人的心灵诉求获得了一致。

其二，均君父。"君"与"父"的矛盾的凸显，反映了春秋战国时期，公共性的、独立性的官僚管理体系日益增长的事实。后来的分封制和郡县制之争可以看成家国冲突的制度表现。"王归而赏及郧、怀，子西谏曰：'君有二臣，或可赏也，或可戮也。君王均之，群臣惧矣。'王曰：'夫子期之二子耶？吾知之矣。或礼于君，或礼于父，均之，不亦可乎！'③""修身"和"齐家"在儒家具有伦理的优先性，这种优先性是值得肯定的。在楚文化中，更倾向于二者的均平。修身为什么在政治伦理秩序中具有优先性呢？这可以从几个角度来看，其中一个角度是：政治活动包括国家富强和民族独立，最终的落脚点依然是每个个人的生活和千万个家庭。另外一个角度是"修身""齐家"本身就具有"治国"和"平天下"的价值。就像一个人自身的健康的价值等同于生病所花费的费用的价值加上医生劳务的价值和工作创造的财富的价值，还要加上照顾家庭的价值。还可以从社会的活力源泉和民主精神的培育的角度来思考这一问题。社会的活力终究来自个人和基层的活力，当个人和基层焕发起自主性和协商性的公共性的时候，就形成了一种民主的氛围，并给地方的发展带来持续的活力。当然，私人利益的过度膨胀会累及整体的利益，二者之间需要找到一个良好的平衡点。这是优良的政治伦理秩序的一个重要环节。这里强调"均君父"是很有意义的观点。

---

① 韦昭注《国语》，上海古籍出版社 2008 年版，第 265 页。
② 韦昭注《国语》，上海古籍出版社 2008 年版，第 265 页。
③ 韦昭注《国语》，上海古籍出版社 2008 年版，第 270 页。

其三，修政德，德福平衡。中国智慧中政治伦理秩序的一个基本原理是德和福的平衡。倪德卫研究发现，甲骨文中的"德"还有这样一种意思："在这个仪式中，国王作为居间的占卜者帮助另一个人康复；国王的自我献出，理想地说，具有这样的结果：不仅病人好了，而且国王也没有使自己得病，并且，因为他为了别人而自愿把自己置于危险之中，他的德是值得赞美的。"① 在这里，国王之所以能够让亲人的病好，是因为有德。"德"起到了一种平衡的力量，可以化解不幸。在古人看来，"德"起到的平衡作用可以涉及很多对象，包括对人的使用和支配。在密康公的母亲看来，一个人有德，才可以享受其他人的服务。赵衰也有过类似的表述。"德"平衡的对象还包括国家的繁荣。"吾闻之，不厚其栋，不能任重。重莫如国，栋莫如德。夫苦成叔家欲任两国而无大德，其不存也，亡无日矣。譬之如疾，余恐易焉。苦成氏有三亡：少德而多宠，位下而欲上政，无大功而欲大禄，皆怨府也。"② "德"有如承重的栋梁，想要承担国家大任，需要有德。否则就会"败亡"，如晋国下卿苦成叔家想承担晋、鲁两国的事务，却没有大的德行，他自身也保不住了，败亡就在眼前了。"德"平衡的对象当然包括财富，有德才能平衡和财富的关系。财富、人伦、国家责任等都属于"福"的范畴。"夫德，福之基也，无德而福隆，犹无基而厚墉也，其坏也无日矣。"③ 蓝尹亹对子西说："子患政德之不修，无患吴矣。"④ 从这种思路看来，国家的长治久安在于国家整体的"德"的情况，这就像银行的存款，存款越多，能够使用现金的自由度越大。

楚国的贤大夫提出了具体的政治美德。其政治美德的主要内容是："明施舍以导之忠，明久长以导之信，明度量以导之义，明等级以导之礼，明恭俭以导之孝，明敬戒以导之事，明慈爱以导之仁，明昭利以导之文，明除害以导之武，明精意以导之罚，明正德以导之赏，明齐肃以

---

① 〔美〕倪德卫：《儒家之道：中国哲学之探讨》，江苏人民出版社2006年版，第26页。
② 韦昭注《国语》，上海古籍出版社2008年版，第81页。
③ 韦昭注《国语》，上海古籍出版社2008年版，第197页。
④ 韦昭注《国语》，上海古籍出版社2008年版，第270页。

耀之临。"①

申叔时认为应该让太子知道"耸善而抑恶";要让太子的智慧得到增长,"昭明德而废幽昏";要让太子"知上下之则";要让太子懂得包容他人并和不同的人打交道,避免浮躁,"疏其秽而镇其浮";要让太子知道历史经验,尤其是以德治国的经验,"知先王之务用明德于民";要让太子"知废兴者而戒惧";要让太子"知族类,行比义"。②

其四,宜纳谏。白公子张赞美齐桓公和晋文公成功的经验之一就是"近臣谏,远臣谤,舆人诵,以自诰也"③。谏争所以能达成伦理秩序,其实质是权力和伦理价值的平衡,而二者都尊重应该尊重的合宜的最高价值。谏争含着伦理冲突,谏争的君子占据了道德的或者政见的制高点,而谏争的对象则拥有权力的优势,其中包含着道德与权力的张力关系,包含着士人与君主的分工、合作关系。君子谏争的伦理价值的实现与权力现实有密切的关联,二者之间过度紧张的关系最终会使得君子的伦理追求陷入困境,而无法实现任何现实的价值。

其五,事君尽善。谏争本身就体现了一种君臣伦理关系的样态,这一样态平衡了权力和伦理之间的关系。这种合宜的政治伦理关系要求臣子不能完全听从君主的话,而是要以伦理的准则来加以衡量。当君主出现过错的时候,臣子要及时加以纠正。司马子期欲以妾为内子,问左史倚相的态度,左史倚相不赞同,并认为:"君子之行,欲其道也,故进退周旋,唯道是从。"④ 蓝尹亹曾经在楚昭王落难的时候放弃伸出援助之手,后来又去见楚昭王以观君德,并说"君若不鉴而长之,君实有国而不爱"⑤。事君不仅仅要帮助君主避免恶,更要扬善。"夫事君者,先其善不从其过"⑥。

---

① 韦昭注《国语》,上海古籍出版社 2008 年版,第 248—249 页。
② 韦昭注《国语》,上海古籍出版社 2008 年版,第 248 页。
③ 韦昭注《国语》,上海古籍出版社 2008 年版,第 260 页。
④ 韦昭注《国语》,上海古籍出版社 2008 年版,第 261 页。
⑤ 韦昭注《国语》,上海古籍出版社 2008 年版,第 269 页。
⑥ 韦昭注《国语》,上海古籍出版社 2008 年版,第 250 页。

　　《国语·楚语》对政治伦理关系的思考涵盖了天人、君民、君臣、家国和国国等方面，思想相对系统，提出的问题具有一定的普遍意义。

　　《国语·楚语》以"美"这一概念来说明政治伦理秩序的价值。灵王认为章华之台很美，伍举则认为："夫美也者，上下、内外、小大、远近皆无害焉，故曰美。若于目观则美，缩于财用则匮，是聚民利以自封而瘠民也，胡美之为？夫君国者，将民之与处；民实瘠矣，君安得肥？且夫私欲弘侈，则德义鲜少；德义不行，则迩者骚离而远者距违。天子之贵也，唯其以公侯为官正，而以伯子男为师旅。其有美名也，唯其施令德于远近，而小大安之也。若敛民利以成其私欲，使民蒿焉忘其安乐，而有远心，其为恶也甚矣，安用目观？"① 显然，伍举这里认为的"美"的内容是一个政治伦理秩序。

　　王孙圉还提出了六宝说："明王圣人能制议百物，以辅相国家，则宝之；玉足以庇荫嘉谷，使无水旱之灾，则宝之；龟足以宪臧否，则宝之；珠足以御火灾，则宝之；金足以御兵乱，则宝之；山林薮泽足以备财用，则宝之。若夫哗嚣之美，楚虽蛮夷，不能宝也。"②

　　《国语·楚语》认为修德才是胜败的根本。"夫差先自败也已，焉能败人。子修德以待吴，吴将毙矣。"③ 在《国语·楚语》看来，政治伦理秩序的价值主要集中在上下、内外、小大、远近皆无害，也就是所有的人都有利益，不同等级层次的人都会得到好处；在于自胜，从而能够有胜人的资本；在于德福之平衡，从而拥有持续的繁荣。

---

① 韦昭注《国语》，上海古籍出版社 2008 年版，第 255 页。
② 韦昭注《国语》，上海古籍出版社 2008 年版，第 271 页。
③ 韦昭注《国语》，上海古籍出版社 2008 年版，第 270 页。

关公文化与伦理秩序构建

夏日新[*]

（湖北省社会科学院历史研究所）

【内容提要】 湖北是关羽长年生活的地方，是关公文化形成的重要源头。关公文化是荆楚文化的优秀传统，其核心是忠、义、仁、勇四种精神，是构建当代湖北伦理秩序的文化渊源之一。发掘湖北关公文化资源，不仅有利于继承民族优秀传统文化，而且有利于推动当代文明湖北的建设。

【关键词】 关公 关羽 伦理秩序

关公是人们对三国名将关羽的尊称，在中国社会漫长的发展过程中，关公文化融汇了儒佛道等各种文化，形成了内容博大精深的独特文化，在海内外具有广泛的影响，成为中华优秀传统文化的代表。湖北是关羽长年生活的地方，是关公文化形成的重要源头，关公文化是荆楚文化的优秀传统，也是构建当代湖北伦理秩序的文化渊源之一。发掘关公文化资源，无论对继承民族的优秀传统文化，还是推动当代文明湖北的建设，都具有重要的意义和价值。

一 关羽与湖北

关羽本来是河东解县（今属山西）人，亡命逃难到涿郡（今河北涿

---

* 夏日新（1953—），湖北省社会科学院历史研究所所长、研究员。

县）。黄巾之乱时，随刘备起兵，转战南北，"不避艰险"，成为刘备集团的骨干，与刘备"恩若兄弟"，历为刘备别部司马、下邳太守等。建安六年（201年）随刘备南至荆州，后来刘备夺取益州，留下关羽董督荆州，让他全面负责荆州军政事务。此后一直留在荆州，直到建安二十四年（219年）兵败麦城，命丧黄泉。关羽在荆州前后生活了近二十年，是在一个地区生活最长的时间，至今在湖北各地，都留有与关羽相关的遗迹和传说。

在随刘备驻屯襄阳期间，关羽曾随刘备三顾茅庐争取诸葛亮。

建安十三年（208年），曹操南征，刘表幼子刘琮在权臣的挟持下投降曹操。刘备仓促间无法抵抗，只得向南逃往江陵，关羽带水军万余人顺水路行进。后在当阳，刘备所率部队为曹操追上，几乎全军覆没，只有刘备带几十人逃出来。在汉水渡口追上关羽，遂一起撤往夏口（今武汉），与江夏太守刘琦的部队会合，保存了一支有生力量，这成为刘备联合孙权抗击曹操和收复荆州的主要军队。在诸葛亮出使柴桑（今江西九江）联络孙权期间，关羽又带着这支部队东下鄂县樊口（今属鄂州市），在今鄂州市梁子湖还留有关羽训练水军的遗迹和传说。

关羽后来又率领这支部队参加了赤壁之战。赤壁之战后，刘备占领了荆南四郡长沙、零陵、桂阳、武陵，后又从孙权借得南郡，终于有了自己的一块根据地，关羽也以功劳卓著被任命为襄阳太守、荡寇将军，负责荆州长江以北地区的防务。

建安十六年（211年），益州牧刘璋邀请刘备入川协助防御曹操。第二年，刘备与刘璋发生冲突，又将留守荆州的诸葛亮、张飞等调入蜀地增援，荆州由关羽镇守。建安十九年（214年），刘备占领益州，于是正式任命关羽董督荆州，全面负责荆州的军政事务。

在关羽负责荆州防务期间，荆州作为刘备政权的东境，承受着来自东面孙权和北面曹操的双重压力。建安二十年（215年），孙权以刘备已占有益州为借口，派人索要荆州，并强行向长沙、零陵、桂阳三郡部署官吏，关羽派兵将孙权所任命的官吏全部驱逐。孙权大怒，命吕蒙率二万兵力夺回三郡，并派鲁肃率一万人屯巴丘（今湖南岳阳）防御关羽，自屯陆口（今属赤壁）为援。刘备闻讯，亲自到公安督阵，派关羽率三万人南下与孙权争夺荆州，双方大战一触即发。由于双方在军事上形成对峙，而曹操又发动了汉中战役，刘备担心丢失益州，无心恋战。双方最后商定以湘水为界划分荆州。

关羽人生最辉煌的一笔是北伐襄樊。建安二十三年（218年），刘备赶走了曹操，夺取了汉中。第二年，关羽发动襄樊战役相呼应。襄阳、樊城是曹魏首都许昌的南大门，也是曹魏防范吴、蜀的军事战略要地。因此，曹操十分重视襄阳，以亲信曹仁驻守，并调派将领于禁、庞德率军驻守樊城北面。关羽率水军乘机对曹军发动攻击，于禁束手就擒，庞德战死，于禁率领的数万士兵则成了俘虏。关羽的胜利威震华夏，曹魏的荆州刺史胡修、南乡太守傅方都投降了关羽，不满曹魏统治的中原内地百姓也纷纷起兵响应，接受关羽授予的官爵封号。曹操束手无策，打算迁都避难。

然而正在关羽节节胜利之机，孙权却乘荆州后方空虚，派兵偷袭荆州。为了防止两面作战，孙权首先派遣使节送信给曹操，要求征讨关羽立功，为曹军解围。曹操故意将孙权的信射到关羽军营中，关羽犹豫不决。孙权派吕蒙偷袭公安、江陵，二城守将先后投降，吕蒙兵不血刃占领南郡，留在江陵的关羽将士家属全都成为吴军俘虏。关羽得到消息急忙撤军回救江陵，而士兵已心无斗志，沿途逃散。关羽向西撤至麦城，欲西入益州，但在临沮漳乡为吴军追上，与子关平皆被吴军斩首。

二 湖北的关公信仰

正是在湖北，关羽完成了从人到神的转变，由一员战将成为百姓心目中的保护神。由于襄樊战役的失败使蜀汉完全失去了荆州，因此，关羽虽然身死疆场，但在蜀汉政权内，对他的所作所为评价并不高，一直到后主刘禅时，才追谥为壮缪侯。《谥法》谓："武而不遂、死于原野曰壮；名与实乖曰缪。"其评价也不高。而使关羽命丧疆场的孙吴将其看作破坏吴蜀关系的罪魁祸首。

与官方对关羽的贬损相反，民间却对关羽有截然不同的评价。关羽生前在荆州百姓中就有很高的威望。据《三国志·陆逊传》载，陆逊建议吕蒙袭击关羽时，吕蒙说："羽素勇猛，既难为敌，且已据荆州，恩信大行，兼始有功，胆势益盛，未易图也。"所谓"恩信大行"，当就是指关羽受到荆州百姓的爱戴与拥护。关羽死后，孙权以诸侯礼将尸体葬在当阳西，即今湖北当阳县关陵。据明人的《义勇武安王墓记》载，当地一直有关羽的祠庙。当地人因敬仰缅怀关羽的功德，同情关羽的不幸，自发地在墓前祭祀，无论是关系到国家兴亡的大事，还是年成的好坏，都要借助关羽的神灵保佑。

江陵是关羽的驻守地，江陵在南北朝时也有关羽的神祠。《北齐书·陆法和传》："（侯）景遣将任约击梁湘东王于江陵。法和乃诣湘东乞征任约。召诸蛮弟子八百人在江津，二日便发。……法和登舰，大笑曰：'无量兵马。'江陵多神祠，人俗恒所祈祷，自法和军出，无复一验，人以为诸神皆从行故也。"唐董侹《荆南节度使江陵尹裴公重修玉泉关庙记》载"昔陆法和假神（指关羽）以虏任约"①，就指此事。江陵是关羽的驻守地，江陵至迟在南北朝时已有关羽的神祠。

唐宋以后，关羽信仰在荆州愈发盛行，南宋人陈渊《默堂集》载："臣尝游荆州，见荆人所以事关羽者，家置一祠，虽父子兄弟室中之语，度非羽之所欲，则必相戒以勿言，唯恐关羽之知之也。关羽之死，已数百年，其不能守以害人也，审矣，而荆人畏之若此，以其余威在人，上下相传有以诳惑其心耳。"荆州人崇祀关羽达到"家置一祠"的地步，与其说是"余威在人"，不如说是荆州人已把关羽作为自己的地域神来奉祀敬仰了。同样是在南宋，宋孝宗在封关羽为英济王的诏书中称关羽"生立大节，与天地以并传；没为神明，亘古今而不朽。……名著史册，功存生民，一方所依，千载如在"。荆州百姓在"水旱雨旸之际"，常向关羽祈祷，使关羽成为"一方所依，千载如在"的神灵，皇帝加封关羽为"英济王"，也是顺应荆州"父老之情"，希望今后仍能得到关羽的

---

① 《全唐文》卷684，中华书局影印本1982年版，第7002页上。

"灵助"。可见关羽作为荆州的地域神，得到了朝廷的正式认可。

宋元以后，在历代统治阶级的提倡宣扬下，关羽从地域神的地位上升为全国信仰的神祇，关羽由王而圣，由人而神，并为儒佛道三教普遍接纳，成了中国传统文化的一个集中代表。但荆州仍是关羽信仰最盛行的地区。元人郝经在《汉义勇武安王庙碑》中写道："（关羽）其英灵义烈遍天下，故所在有庙祀，福善祸恶，神威赫然，人咸畏而敬之，而燕赵荆楚为尤笃，郡国州县乡邑闾井并皆有庙。"① 一直到今天，有关关公的遗迹、传说几乎遍及荆楚各地。

荆州市关庙位于荆州古城南门，始建于明洪武二十九年（1396年），相传其地是关羽镇守荆州时的府邸故基。后年久失修，殿宇毁失殆尽。1987年在关庙旧址上重建，占地4500平方米，与山西解州关祠、湖北当阳关陵、洛阳关林并列为全国四大关公纪念圣地。每年农历正月和五月十三日（关公诞辰），荆州关庙都有大型庙会，人们或玩龙灯、划采莲船娱神，或烧香祭奠。此外荆州城内还有春秋阁、刮骨疗毒处、点将台等与关羽相关的遗迹。

宜昌当阳市关陵即关羽陵墓，占地70余亩，最初是个土冢，随着历代帝王为关羽追封，墓地规模逐渐扩大。明成化三年（1467年）创建庙宇，嘉靖十五年（1536）形成陵园建筑群，始名关陵。现仍然基本保持明代建筑风格，沿陵园中轴线上依次排列着神道碑亭、华表、石坊、三圆门、马殿、拜殿、正殿、寝殿等建筑。陵墓在寝殿后，为一大型圆顶封土堆，墓前有碑，上刻"汉寿亭侯墓"五字。整个陵园内殿堂森严，古柏参天，风景幽丽。此外尚有麦城、回马坡等遗迹。

关羽在襄阳留下的胜迹，最著名的还是水淹七军古战场。

关羽水淹七军遗址在今襄阳市樊城西北约6公里处的罾口川、余家岗、团山铺一带。现在，在这一带还留下不少当年的遗迹，如关羽擂鼓台、关羽磨刀石、鏖战岗、马棚的庞德墓等。在襄阳市内明清时期建有规模宏大的关帝庙，其高大雄伟的古碑仍存。

---

① （元）郝经：《郝文忠公集》卷33，同治五年新建吴坤修皖江刊本。

荆门在荆州和襄樊之间，是中原经南阳盆地、襄阳进入江汉平原核心地域乃至荆州城的荆襄古道的重要节点。刘备从新野逃奔江陵、夏口，关羽率水军接应，关羽与曹魏争夺襄樊，都曾经过这里，留下的故迹颇多，如掇刀石、关坡、响岭岗、马刨泉等。明清时期，今荆门中心城区境内就建有30多个关帝庙。掇刀区的关帝古庙虽被拆毁，但石构件和铁铸的关公大刀仍存于相关部门。当时每年的正月和五月十三日，在关帝庙都要举行大型庙会。武汉市武昌伏虎山麓的卓刀泉，相传三国时关羽曾率军驻扎在这里，因天旱缺水，人马无水饮用，关羽以刀卓地，泉水涌出，故名"卓刀泉"。宋时因泉建庙，供奉关羽，香火极盛。现存建筑是一组四合院式的木结构庙宇，由山门、大殿、东西厢房组成。大殿内供奉刘、关、张桃园三结义塑像，井泉位于殿门正中，四周松柏环绕，古色犹然。汉口有为纪念关羽而命名的"武圣路"。汉阳的龟山北麓有关羽洗马口、藏马洞、磨刀石等遗迹。

鄂州市梁子湖水系与长江相通。相传关羽驻军樊口时，曾到过梁子湖，现有与关羽相关的地名"磨刀矶""下马石"等。明清时期，鄂州建有数十处关帝庙或武圣宫，有的至今仍存。

湖北还有许多与关公相关的非物质文化遗产。在汉剧中，与关羽相关的传统剧目有《桃园结义》《温酒斩华雄》《华容道》《单刀会》《刮骨疗毒》《走麦城》《玉泉山》等，促进了关公信仰的流行。在荆门市的钟祥和襄樊市的宜城两县交界之地，还曾流行一种展示关公英勇和三国文化的民间舞蹈"五马破曹"，舞蹈形式活泼生动，富有吉祥意义，深受群众欢迎。当阳有关公祭祀、关公庙会、关公文化旅游节等，关公文化仍然鲜活地存在于湖北大地上，关公信仰经过千百年的流传，仍然有广泛的影响力。

三　关公文化对构建当代伦理秩序的价值

从荆楚地区发源而流布于中国乃至世界的关公文化对我们今天构建伦理秩序有什么价值呢？

关公文化的核心就是忠、义、仁、勇四种精神。"忠"是诚心尽力的意思，古代讲忠是臣民对帝王，是下对上。关羽的忠主要体现在对刘备的忠贞不贰上，而今天忠的内涵则变成了一种民族的向心力和凝聚力，一种对事业、对集体的无私奉献。在现代社会中，忠诚仍是一种需要提倡的人文精神，是一种需要培育的职业道德。一个社会的建设需要每个人在自己所从事的行业或职业上尽心尽力，这个社会才能正常运转。因而对国家社会的忠诚就体现在每个人的职业道德上。

"义"是关羽身上最突出的道德，是关羽最感人的人格力量，也是关羽在民间得到广泛推崇的重要原因。"义"的本义是应当做的事情，含有合理的、公正的含义，由此延伸出情义。因而传统的义常用来指对朋友的情义，朋友之间同心协力，济困扶危。传统中国是一个小农经济的国家，小农经济不稳定，难以抵御天灾人祸。尤其在中国社会转型的时候，传统的农业社会在瓦解，从农业社会分离出来的破产农民来到城市，脱离原来以血缘为纽带聚族而居的宗法社会，因而义正符合脆弱的小农经济下中国传统社会民众的心理需求。而关羽作为义的化身，实际上成了中国人心目中的神，成了大家需要效法的义的典范。今天现代市场经济下仍然需要讲诚信，重然诺，社会上也需要强弱相助。当代社会所提倡的义，跟传统的义有区别，它更强调公正、合理的义，而对不公正、不合理的事则要坚决反对。关公文化中所体现的"信义"是建立现代和谐社会不可或缺的人文精神。

仁者爱人，仁就是人与人之间要相爱，史书载关羽"善待卒伍"[1]。在宜昌远安县有均食沟，据说当年关羽率部行军至此时，因粮食不足，关羽令官兵平均分配食粮，此地由此得名。[2] 一个和谐社会拒绝冷漠，呼唤人们相互关爱，充满爱心，充满善意，关心弱势群体。仁是处理人与人之间关系的基本准则，虽然因时代不同而赋予的内容不一样，表现形式不一样，但骨子里的精神实质是一致的，即对人的关怀，以人为本

---

① 《三国志·蜀书·张飞传》，中华书局1959年版，第944页。

② 湖北省地方志办公室编《湖北地名趣谈》，湖北人民出版社1999年版，第290页。

的精神。

不怕困难，敢于斗争，技艺超群，嫉恶如仇，除暴安良，是关羽文化中"武勇"精神的体现。关羽在历史上就以"万人敌"而著称，出生入死，屡建奇功。建设社会主义和谐社会，同样需要敢为人先、勇于进取的积极开拓精神，精益求精、尽职敬业的奉献精神，维护正气、挺身而出的牺牲精神。

关羽是中国传统社会创造的一个完美人格，历史上的关羽以武勇著称，而经过历代塑造的关公则是集忠义仁勇于一身的传统文化的代表，关公文化实际上是中国传统文化的浓缩，它通过形象的方式集中体现了中国传统文化的精髓。在新的时代，需要创建新的价值准则、新的道德典范，但它只能从传统文化中发展借鉴而来，而不可能凭空产生。人类社会的发展是代代相传的，传统文化为我们今天构建新的伦理秩序奠定了基础，是创立新的伦理秩序的出发点。湖北是关公文化的发源地，在构建当代湖北伦理秩序中，关公文化作为凝聚中国人的一种精神力量，更具有独特的价值和意义，它是荆楚文化丰富内涵的体现，是值得借鉴的传统文化中的积极元素，也是构建今天湖北人文精神的源头活水之一。

关公信仰与中国儒家经济伦理

姚伟钧[*]

（华中师范大学历史文化学院）

【内容提要】 "财神"自产生之日起就存在于中国民众的生活之中。而今，文明的进步使神灵在我们的生活世界中逐渐退化，但财神却反其道而行之。本文以财神关公为例，探讨了中国传统经济伦理对这一现象形成、发展的影响，说明民间信仰具有极强的实用价值，而且，财神信仰与中国传统文化的价值取向是一致的。

【关键词】 财神　关公　儒家　经济伦理

财神文化是中华传统文化的重要组成部分，它通神明之道，类万物之情，包罗万象。作为一个与民众生活息息相关的民间俗神，财神在民间有着广泛的信仰基础。

一般认为，在中国庞大的俗神谱系中，财神是出现得较晚的神灵，财神信仰的起源目前可以追溯到北宋。财神来源复杂，按照地域、风俗的变化不断地吸收着新的成员，不过，民间请的最多的财神要数护法四元帅，即马元帅、温元帅、赵元帅、关元帅，最终形成了一个庞杂的财神谱系。它们作为财富的赐予者与保护者，享受着民众千百年来的敬仰与膜拜。关公本与财富无丝毫关系。关公之所以被奉为财神，普遍认为

---

* 姚伟钧（1953—），华中师范大学历史文化学院教授，博士生导师。

是因为人们敬佩他的忠诚和信义，人们希望用传统道德伦理来规范经济行为，因此民间又称他为"义财神"，是最为道德化的财神。这在中华民族的经济文明史上是非常引人注目的特殊现象。

一 关公如何成为财神

财神是在民间享有崇高地位的神明，大多神通广大，具有保命消灾的力量。被封为武财神的关公，是一位家喻户晓的能驱邪避恶、司命禄、佑科举、保平安的"万能之神"。而关公的忠诚、信义，是人们最为敬佩的美德。商贾们拜关公为财神，不只是希望关公保佑他们发财致富，更多是希望像他一样坚守诚信，在商业交易中维持公平秩序。

关公什么时候成为财神的呢？从宋代开始，就有"关公护驾"的传说。关于关公从全能保护神转为财神，民间流传着《关公乾隆护驾被封财神》的传说。这则关公被封财神的传说，延续了关公生前作为武将为主公护驾的职能，可以看作"关公护驾"传说的变异。民众将关公的财神神格与清朝皇帝相连，这也说明关公被奉为财神可能发生在清代，同时也说明关公不仅是民间百姓的保护神，也是官方的保护神。

在复杂激烈的商业竞争中，经营者面对变化莫测的局面及纷繁复杂的人际关系，并不具备胜算的把握，要想实现利益最大化，就需要有一种内在的精神来弥补智慧与勇气的不足。中国古代社会，儒家思想占主导地位，其价值理念中讲究"忠义诚信"，为历代提倡，这也就是关公财神信仰出现的基础。

大概就是从清朝开始，关公的角色发生了转换。关公的角色之所以在清朝发生了改变，与康熙乾隆时期民间的商业经济活动十分繁荣有着很大关系。当时，各行各业都借"三国"之事奉关公为其行业之神。如相传关公年轻时曾卖过豆腐，豆腐业也就借此供奉关公为豆腐业的神了。蜡烛业则因关公秉烛达旦，恪守叔嫂之礼，而奉其为神。更有趣的是，理发业、屠宰业、刀纸业、裁缝业以及刀剪铺业等，因为他们的工具都是刀，而关公的兵器就是青龙大刀，也把关公奉为了神。

关公形象在民间不断变化，也与一些传说不无关联。杨庆茹在《问吧》一书中写道：几种传说深化了关公的财神的形象。一说关公生前善于理财，长于会计业务，曾经发明计簿法，设计日清簿，清楚明白。另一说关公死后真神常回到人间助战，商人在生意受挫后若能得到关公相助，就会东山再起。可见，商人选择关公当财神，看重的是他的忠义形象和惩恶扬善、祐民护民的万能神格，他们非常希望关公能保护他们的身家性命和财产安全。①

还有一种说法，认为关公成为财神与山西商人有关。山西商人把关公作为出门在外的保护神，在他们遍布全国的会馆里建筑关庙。因为游走天下闯荡江湖也需要彼此照应，共同面对困难，因此，他们就经常仿照"桃园结义"结成异姓兄弟联盟，这也使关公忠诚和义气的美德广为流传。后来，晋商富甲天下，其他生意人也纷纷仿效，关公也就成了公认的财神了。

事实上，民间所信奉的财神全都是智慧、忠诚、公正、无私的化身，被人们供奉的这些历史名人，潜移默化地感染并影响着敬拜者的精神世界，这对于人们正确处理现实生活中复杂的经济问题自然会产生正面的影响，对于维系公平有序的经济秩序也会产生无形见功的暗示作用。在敬拜者心中，财神往往能转化为一种克服困难、增强自信的内在动力与精神依托。凡是以虔诚之心对待财神的信奉者，他们在财神面前上香许愿、顶礼膜拜的信仰实践，实质上是一种精神自我净化与升华的活动，人们在祈求财神保佑的同时也一并设下了发财致富的目标，在心中的神明与发财目标之间建立了一种持久的精神依托，为日后克服各种困难提供了一种原始的精神动力。

二 关公信仰与儒家的经济伦理

中国传统儒家的经济伦理思想具有十分丰富的内容，是一个完整有

---

① 参见杨庆茹等编著《问吧——有关中国文化的 101 个趣味问题》，中华书局 2006 年版。

机的体系。所谓经济伦理，就是人们从事经济活动所必须遵循的伦理道德的基本准则。伦理思想不是一般的经济伦理道德，而是其根本原则、核心和精髓，它是法的哲学内涵，是法形成的伦理道德的原理和依据，是人们认同和内化法律法规的道德基础。

儒家经济伦理的思想出发点是仁者爱人，归宿点是治国平天下，价值尺度是君子爱财，取之有道。儒商经济伦理精神的基础是人道主义。所谓"人道"，主要是指人的活动应该符合人的需要，为了人的目的而进行。随着人的因素在生产过程中的作用越来越突出，必须向管理者提出一个如何进一步实现管理过程人道化的课题，就是要求在管理中讲人性，关心人，满足个人的合理需要。

儒家伦理自身的特点与商业文化人格化特征具有一致性。儒家伦理是以人为本位，仁为纲纪，用来规范人民行为，讲述做人和如何做人的道理。目的是调和人与人、人与社会的关系，最终达到内圣外王的理想境界。总体概括儒家伦理即是以仁为纲纪，信守"仁义礼智信"。仁为儒家伦理的核心，阐述仁者爱人的思想，强调的是人的个性道德修养。礼是儒家的外在的表现形式。信是度量人行为的价值尺度，是与仁、礼相一致的个体表现。内发于仁、外合于礼的行为表现是义。智是个体的知识结构，是人们修养的一个重要方面。

儒家把仁义道德看作比衣食、富贵、功名甚至生命都重要的东西，主张个人在义与利之间的选择上，首先要考虑道德的要求，把"义"放在首位，提倡义利统一的经营价值观。孔子说："不义而富且贵，于我如浮云。"[①] 不贪不义之财，是一个从事经济活动的人最应牢记的经济伦理道德原则。

在义利问题上，孟子基本继承了孔子的以义制利的观点，同时他将孔子仅仅涉及个人道德修养的义利观扩大到一个国家和社会如何处理义利关系这样一个更具普遍性的问题，提出了先义后利的经营价值观。孟

---

① 《论语·述而》，中华书局 1980 年版，第 66 页。

子说："上下交征利，而国危矣。"① 孟子的这种告诫，他所发出的这种理性的呼声，应该引起整个社会的警惕，特别值得今天的商家深思。

儒家伦理是处理人际关系的行为准则，目的是使人"内圣外王"，使人际关系达到和谐的境界。在经济社会中，无论作为社会群体还是经济实体，其经济行为都是具有人格特征的，因而，具有时代性的商业文化完全可以吸取具有民族性的儒家伦理的精华，让时代性和民族性达到完美的统一。

儒家伦理能作为几千年封建社会的主流思想，这说明其时代适应性之强。儒家在不同时期以不同的形态出现，包括先秦的原始儒学、西汉经学、宋明理学、近代新儒学，这说明儒家伦理自身具有应变功能和融化功能。更具说服力的是，儒家伦理深深地影响着东亚及东南亚许多国家，在亚洲的日本、"四小龙"的崛起中发挥了极大作用，这也深刻地说明"仁义礼智信"的儒家经济伦理对在儒家文化圈生活的华人之影响。

关公生前是三国时期蜀国的名将，死后逐渐被神化。关公文化蕴含着"忠、义、仁、勇、礼、智、信"，是包含中华民族优秀道德传统和鲜明民族精神的文化形态，财神只是其功能之一。关公之所以被奉为财神，也是因为人们敬佩他的忠诚和信义，需要用这些传统道德伦理来规范人们的经济行为，因此民间又称他为"义财神"，是最为道德化的财神。关公自身忠义勇武的特质一旦与财富有了关联，必成为人们心中完美的神灵。由此可见，关公成为财神，与中国传统儒家的经济伦理思想有密切关系。

三　关公信仰长盛不衰的原因

如今在全世界任何华人聚居的地方，都不难看到一个赤面长髯、威武正直的人物受到供奉，这就是关公。特别是明清以后，商人行会往往

---

① 《孟子·梁惠王上》，中华书局1960年版，第1页。

奉关公为保护神，又使之成为集团文化的象征。对内它强调忠诚，对外它强调信义，对事业它强调勇敢进取，于是关公作为传统文化的整体象征就被用来服务于新的发展目标，特别是在海外华人中，关公信仰发展迅猛，有成为中国第一财神的趋势。揆其原因，恐怕在于关公不仅是财神，而且也超越了历史上各个阶级、阶层利用关公信仰的有限目的而日益抽象为民族生活方式的、具有宗教意义的本体价值依据。

那么，有人会问为什么到现代社会，关公崇拜仍长盛不衰？王鲁湘先生在2010年5月13日的《南方周末》上撰文认为："中国封建社会到明清形成一个真正的民间社会。民间社会的主体是商贾，他们流动性非常强，总是生活在陌生的区域和陌生的人群中，就是现代社会经常说的一个词叫陌生人社会。在此之前，中国人永远生活在熟人社会，人在村里生活，周围的人非亲即故。但是现在，相当多的人离开了这个固有的社会结构，超出了伦理的秩序。那么他的社会性怎么定义？他怎么去建立他的社会关系？过去社会关系很简单，就是伦理关系，但是现在不是了。我没办法根据血缘关系中间所谓的秩序来定义我在这个关系中的位置，然后再去定义我的义务和责任，那这个时候怎么办？我需要建构一种新的伦理秩序。这是关公崇拜的现实逻辑。"许多人之所以崇信关公，并不管有没有神灵的存在，往往是被其"忠勇盖世"与"义薄云天"的品行与气节所感染。而古之"忠义"，实质上就是我们今人所说的"忠诚信义"。当然，也有更多的信徒也十分确信关老爷是有神灵的。但是，不管它有没有神灵的存在，只因崇信者对关公神灵或关公精神的长期不懈的执着追求，只因崇信者在长年累月的耳濡目染中，在有意无意之间，将"忠诚信义"的关公精神，不知不觉地、潜移默化地融入了自己的骨血中，进而又自觉不自觉地展演在自己的言行上，从而，使得信徒们自自然然、渐渐过渡为一个忠诚守信的好人。

人有了诚信的美德，就会消除人们的戒心，打破心灵的壁垒，就会促使人们相互了解，相互交流，相互合作，相互帮助，相互影响和相互提高。从而，增进友谊，加强团结，增强人脉。

无论是一个人，还是一个企业，只要有了诚信这个金矿，人脉则会自然兴旺，人脉兴旺则生意必然兴隆，财源也便随之滚滚而来。世界上华人成功的经商之道是什么？国内外的许多学者都在探讨这个问题。从本质上来说，这就是世界华人对以关公为代表的、以中华优秀文化为核心的经济伦理文化的成功运用，包括以下三个方面。①

（一）强调"以人为本"的观念

世界华人利用华商之间形成的网络进行经营，即运用"人缘"文化，强调"以人为本"的观念。华商网络以亲缘、地缘、文缘、商缘、神缘为纽带，这"五缘"的本质是具有东方特质的关系。通过"五缘"形成的华商网络是一种社会网络，它可以提供情感、服务、伙伴关系、经济等多方面的支持。世界华人的成功是因为华商网络发挥了重要的作用，这也是"以人为本"观念的体现。

（二）具有"以德为先"的特质

世界华人成功的另一个原因是遵奉"人德"文化，极为重视商德。其内涵可概括为"诚"（以诚相待）、"信"（以信为上）、"和"（以和为贵）。

"诚"是儒家最基本的道德规范，也是华商处理社会人际关系的道德规范。秉承中国优良传统的海外华商，把"诚"字奉为自己为人处世的信条，以"诚"待人，以"诚"处事。不仅对自己的属下讲"诚"，而且在与其他人的经济往来中也是如此。所以，华商又有"诚商"的美誉。"诚"与"信"相伴而生，华商深谙此理，正因为华商以"诚"在先，所以才有了信誉相随。

"信"也是儒家的基本道德规范。在儒家学说的"五常"中，"信"字被恭列其中。一个人要在社会上立得住脚，并且有所作为，就必须为人诚实，讲究信誉。在华商企业中人际信誉有时甚至取代了法律的强制作用。在华商众多的东南亚各地，法律体系尚不健全，市场规范尚未发

---

① 姚伟钧：《管理文化史》，湖北人民出版社 2007 年版，第 99 页。

育，而华商在这种环境下已习以为常，他们在资金运用、企业管理、风险回避等方面自有一套手段，并行之有效。有时，华商强调人情，注重情感而疏于法制。人际信誉成为华人商业信誉的重要基础和依据。诚信实际上成为一种资产，一种保障，道德约束成为法律强制之外的又一重要商业机制。正因为商业网络是华人赖以合作经营、共同发展的天地，人际信誉也就愈显重要。如果缺乏基于诚信的人际信誉，这种网络也将难以维系。

"和"体现了儒家学说中的"和合"思想。"和"即调和、和谐与协调。孔子的弟子有子说"礼之用，和为贵"。孟子更是将"人和"置于"天时"和"地利"之上。"和为贵"为儒家的著名格言。深受中国传统文化影响，信奉"和为贵"处世哲学的华商们，都很善于处理令许多西方老板很感棘手的雇主与员工的关系。从新加坡华侨代表陈嘉庚先生的亲力亲为，到马来西亚"种植大工"李莱生汗流浃背地与工人们一起干活，都体现了华商极为重视"人和"。华商的成功与华商奉行"和为贵"的思想是分不开的。

（三）体现"人为为人"的影响

世界华人在其创业过程中坚持"人为"文化思想，充分体现了"人为为人"的价值。华商管理中的"人为"文化具体表现在"搏""善"，即拼搏、善义。拼搏体现了华商的人为，善义体现了华商的为人。

拼搏是华商艰苦创业的真实写照。华商创业成功，需克服许多令人难以想象的困难。从华商的家庭出身看，多半是生活窘迫的农民和小商人等下层劳动者，他们多数在生活极为艰难时前往海外，开始充满荆棘的异国生涯。他们缺少资金，没有退路，只有拼搏，白手起家。可以说，华商的成功是靠勤劳、拼搏和血汗换来的。

华商成功后非常注重善义。他们的慷慨与勤俭形成鲜明的对照。例如，李嘉诚对国内教育、福利事业捐赠，已超过几十亿元人民币，其中最出名的是在广东汕头捐建了汕头大学。邵逸夫为祖国的教育事业的捐献也超过几十亿元人民币。另外还有陈嘉庚、黄怡瓶、王克昌等众多的华人关心祖国的教育事业，这些都是关公"忠诚信义"精神的表现。

综上所述，可以看出，关公信仰的流行可说是儒家经济伦理思想发展的结果，关公的神化始终贯穿着儒家的核心价值，除了汉、蜀皇帝册封的"汉寿亭侯"与"壮缪侯"外，宋代赋予其"忠"，明代颂其"忠义"，清代又将关公信仰神明化，儒家称他为圣人。由于得到了民间的追奉，佛教尊他为守护神，进禅寺，神化为"伽蓝神"。道家拜他为帝君，入道观，稳坐帝君殿位。历代各地的关帝庙宇甚多，仅台湾现就有千余座，香火不断。更为重要的是，关公的精神已融合儒家的礼义伦理、禅宗的善义慈心、道教的侠义道行的精髓，成为"三教合一"的"武圣"。今天关帝信仰受众已经遍及五大洲各种意识形态和社会体制的国家。由此可见，关公文化具有深厚坚实的民间根基、包容四裔的融汇能力、绵延不绝的历史积淀和跨越时空的现实影响，不仅有福于华夏子孙，同时也是世界和平和人类可持续发展的一剂良药。

鄂州家训家规的文化意蕴及其启示

周国林*

（华中师范大学历史文化学院）

【内容摘要】 清代民国时期，鄂州修纂了大量宗谱，家训家规资料十分丰富。家训家规的主要内容以孝悌为核心，尊祖敬宗收族，提出了各种行为规范；体现了儒家思想对家庭伦理的浸润，国法向家法的延展，时代精神对宗族生活的渗透。"后宗族"时代应借鉴前人家庭教育思路，家庭教育以明伦为本，启迪后人公益之心，从而完成家庭伦理构建的历史使命。

【关键词】 鄂州 家训 家规 孝悌 家庭伦理

据报道，阳新县浮屠镇白浪村里潘湾的潘氏祖堂中，乾隆四十七年（1782 年）雕刻的潘氏家规至今保存完好。经湖北省档案馆鉴定，这是迄今为止湖北省档案馆系统发现的最早的家规实物档案。[1] 200 多年来，27 条家规一直对潘氏家族的社会生活起着引导和警示的作用。专家对这份家规进行解析，认为家规中有不少好的精神资源，值得我们去抢救、发掘，继续发挥其在当代社会中涵养道德、促进社会进步的作用。[2]

---

* 周国林（1953—），华中师范大学历史文化学院教授、博士生导师。

① 陈会君、刘文彦：《阳新发现乾隆年间潘氏家规》，《湖北日报》2014 年 2 月 28 日。
② 陈会君、戴奇伟、曹仕力：《潘氏家规，缘何传承几百年》，《湖北日报》2014 年 2 月 28 日。

像潘氏家规这样的实物档案诚不易得，但具有同等文化价值的民间文献在鄂东地区却大量存在着。2012 年以来，我们通过鄂州民间人士，从当地征集并复制清代至民国时期宗谱 100 多部，里面有大量珍贵的家训家规资料。稍加研读，即可发现这些资料的重大学术价值，对当代家庭及基层社会伦理建设亦大有启迪作用。

一 家训家规的价值与基本内容

（一） 古人对于家训家规的认识

清代、民国时期的鄂州宗谱，每一部都有家规方面的内容，只是有的称为家训，有的称为家规，有的称为族约，有的称为家范，等等。甚至有的宗谱中，既有"家训"，又有"家规"（如咸丰七年《殷氏宗谱》）；或者是既有"家范"，又有"新定家规""合族禁约"（如道光二十六年《汪氏宗谱》）。在所有宗谱中，民国 20 年（1931 年）的《晏氏庚午宗谱》家训家规资料最为丰富（晏氏聚居于罗田，也有分布于鄂州者）。除了《首传一》收载《户规》外，《首传二》一整册皆为"先祖遗训"，包括《圣瑞公训词八则》《节录恒泰公家训八则》《节录涤斋公训子论文》《山泉公诫子俚言四则》《伟人公家诫十六条》等 14 种。

在家训、家规并存的宗谱中，家训偏重于劝导，语言亲切柔和，家规则带有一定的刚性，有强制性措施，所谓"国有国法，家有家规"是也。对家训家规的意义，修谱者有充分的认识。如民国 36 年（1947 年）《叶氏宗谱》卷二《家训》首云：

> 家之有训，所以示法戒于子孙，世世守之，等诸宗器之重者也。故虽巨族名门，其间贤达者固多，顽劣者亦复不少，非训之使知所法，则前贤之嘉言懿行或视若弁髦；非训之使知所戒，则末俗之荡检逾闲有习为不觉者矣。兹既联族以谱，宜范族以教，因设训条十

有六则，登诸家乘，俾子孙世世守之，罔教或坠云。

家训家规既是为子孙"示法戒"，在修谱者看来，家规之类内容必不可少，否则就失去了修谱的意义。民国 37 年（1948 年）《吴氏宗谱》卷首《家规弁言》有云：

> 家规与宗谱，相为表里者也。无宗谱则昭穆莫辨，无家规则遵循无由。是故欲齐其家者，必树立典型，使世世子孙恪守而实践不渝也。我族近则散居本县达明、青云、尚义等乡，远则侨寓外省或邻县，曩年各支各分，虽经纂修谱牒，然当时或为交通阻梗，或为环境特殊，以致同一根本未能联茸。今则旁搜远访，竟流寻源，阅时仅数月而敬宗收族幸告成功。乃聚会全族齿德并尊之辈，议订家规二十二条，召开全族大会通过，用使咸知而申告诫。惟冀各支后裔杜渐防微，思今日之章程已立，即后日之信守当遵。苟能一道同风，永遵勿替，则乡党推吾门望族，非徒以辑宗谱建祠堂为虚袭故事已也。

这段弁言认为，家规与宗谱相为表里，宗谱使家族世系传承清晰，家规使族人有规范可以遵循。一部宗谱如果没有家训家规，价值马上减半，只不过是虚袭故事。吴氏的家规是由族中年高德劭者议订，并由全族大会通过，可见慎重之至。

（二）家训家规的基本内容

每部家规通常都有 10 条左右的规定，甚至更多。如乾隆五十七年（1792 年）的《明氏宗谱》卷一有《厘定家规》16 则，依次为敦孝弟、睦宗族、培祖墓、务耕读、慎交游、旌节孝、杜逼嫁、重士习、息争讼、戒骄淫、崇节俭、和乡里、禁偷盗、禁斗殴、贵正直、恤孤幼。每条家规之下，都有具体的文字说明。如"敦孝弟"条下云："人生天地，父母为大，欲报之德，昊天罔极。为人子者，须克尽子职，以报劬劳。至于兄弟，原属一体，务友让相先，式好无尤。倘忤逆父母，残伤兄弟，均以不孝不悌治罪。"又如"睦宗族"条下云："平章之化，推本亲睦雍和之体，肇自族党，凡遇宗族尊长之前，务揖让雍容，随行隅坐。倘语言不逊，干犯长上，即以不睦治罪。"《家规》之外，《明氏宗谱》还收有一篇《兰亭先生劝戒论略》，内容包括劝和兄弟而睦宗族、劝勤执业以光祖宗、戒赌博、戒嗜酒、戒不孝，并有一段《兄弟论》和一段《叔侄论》，也可归为家训家规一类文献中。

又如民国 24 年（1935 年）的《邵氏宗谱》，家训家规资料层次清晰。其《族谱家训》分为上下篇。邵氏家族因"五伦之目人所共闻，然行之而不著，习焉而不察，终于不亲不逊者有之"，特地籀绎往训，诠次迻言，著为《明伦条约》，下列孝父母、和兄弟、别男女、谨夫妇、敬祖先、重子孙、睦宗族、忠君上、笃师友、厚姻党、御奴仆、处泛众 12 条规定，为家训上篇。又以"行事之不端，道德之不讲，礼乐之不兴，财用之不理，因循惰窳，浮薄骄淫，皆为弗敬乃事"，于是取先人嘉言懿行及郡邑之所品题著为《敬事条约》，下列端心术、谨言动、勤学问、务农桑、专杂事、勉妇功、重冠昏、慎丧葬、严祭祀、敦交际、理家务、制财用 12 条规定，为家训下篇。

翻检各族家训，会发现一些文字相同的内容。这种现象好像是有人在抄袭别人的族规，实际上却是一个家族的教育内容引起了其他家族的注意和认同，超出了家族的范围。诚如研究者所言："望族的家训并非只行于一家一族，它往往会成为族规，训诫的对象从直系血亲扩大到宗族成员。一家一户的祖训在乡间扩展开了，就有了一族一乡的族规和乡约。"① 这是中国式道德传承中的一个普遍现象。

在通常情况下，越是年代久远的宗谱，家训家规越简明而有特色。如清同治年间（1862—1874 年）所修《周氏宗谱》卷一有《家规》10条，前 3 条都与祭祀、祖坟有关。第 1 条为："春秋祭飨盥献拜馈，非曰礼在则然，务各竭诚尽慎，大发其水原木本之思，因致其尊祖敬宗之道，

---

① 郝耀华：《从家训到乡约的中国式道德传承》，《光明日报》2014 年 3 月 19 日。

此仁人孝子入墓生哀、入庙生敬、报本追远之不容已也。吾族三月清明扫墓，九月朔日祭祠，原有常期。各房子孙有不如期奉祭及苴事懈怠失仪者，以慢祖忘宗论。"第 2 条是严禁觊觎祖山，第 3 条是严禁盗伐祖山树木。这 3 条规定，在其他宗谱家规中不多见。3 条之下，才转入孝弟之道、植品励志、赈济苦节之妇、资助有志之士等 7 个方面的规定，其先后排列突出了"尊祖敬宗"的思想。而在这份《家规》之前，还印有《二世祖忠烈公家规》和《十一世祖翔公务本节用遗训》。明宣德六年（1431 年）的《忠烈公家规》，主要内容为"首者以孝以学，次则以勤以谨、以和以缓"，立为标题，求名士发挥其意，希望子孙后代身体力行。其末尾，"又以酒色财气四者，亦征能诗者歌咏其事，示吾子孙，动履食息以自警"。清康熙三年（1664 年）的《翔公遗训》以"务本节用"四字垂训，其论有云：

> 人之承家，先期立身心者，身之本也；而土者，家之本也。事亲以孝，事长以弟，处事以和，藏身以恕，身之本立矣，则百祥集之，灾祸避之，居身迪吉而无问家矣。有德有人、有人有土者，古志之矣……每见世禄素封之家，不转盼而朱门蓬户矣，不再传而阡陌立锥矣。所以然者，不节故也。不节则天概其满，鬼忌其盈。所谓富贵而骄奢自遗其咎者，非耶？然救骄莫若塞，救奢莫若俭。予愿后世子孙居室则安其卑且陋者，衣服则取其布且素者，饮食则甘其淡且薄者。所谓"澹泊以明志，宁静以致远"，则节之时义大矣哉！

以上家训家规内容广泛，涉及大量宗族内事物，以及基层社会治理的基本原则。这些条文，对于当时的家风家教产生了极佳效果。每个人最初接受的教育，是以家训家规为表现形态的家庭价值观，父母的耳提面命和潜移默化的影响是形塑每个人价值观的养成域。家训家规作为家族良性运行的精神纽带，在长期的生活传承中积淀成良好的家门文化风范和伦理道德品格。如上述周氏家族，元朝末年由江西鄱阳迁居武昌。

第二代周氏有名周缙者,《明史》有传。缙早年为太学贡生,后授任永清典史,摄令事。值靖难之役,周缙未归附燕王朱棣,朱棣登帝位后,周缙被捕下狱。几年后,二子周琳代父入狱,并战死于沙场。自此时起,周缙嫡妻所生四子,即周氏四大房子孙繁衍,成为当地大族。周氏各房遵守祖训和家规,人才辈出。据光绪三十一年(1905年)所修《周氏宗谱》记载,至清末,周氏计有入国史者1人次,入《古今图书集成》者3人次,入《三楚文献录》者1人次,入通志者2人次,入府志者1人次,入郡志者14人次,入县志者92人次;女性获敕命者9人,获诰命者2人。清代一位显宦称周氏为"三楚文献之家",信然。

二 鄂州家训家规的文化精神

每部宗谱中的家训家规,都是为了增强宗族凝聚力,树立良好的家风。探究家训家规产生良好效果的原因,是家训家规以几千年中形成的文化传统为理论依据,适应时代的需求,集中了宗族中德高望重者的智慧,有合适的实施基础。

(一) 儒家思想对家族伦理的浸润

在传统社会中,儒家伦理成为人人遵循的准则,家训家规则将儒家伦理通俗化、社会化,使其在人们的生活中发挥潜移默化的作用。即使是文化水平低下的乡村农夫,也可以成为传统美德的传承人。民国2年(1913年)的《金氏宗谱》所载《家训》,第1条为"答天地",其解说如下:

> 乾称父,坤称母,凡兹混然中处者,皆其子也。人鼎三才而灵万物,何以答天地而无愧乎?亦曰仁而已矣。盖仁者,天地生物之心也。乾曰大生,坤曰广生,天地无一息不以生为心,而为所生者不免于薄刻残忍,即所谓不仁,而不可谓之人。明道先生曰:"一命之士苟存心于爱物,于人必有所济。"凡以云仁也。今人或自私

自利而不爱人爱物，总由其心之不厚于仁耳。独不思人之各爱其身家也，一如吾之各爱其身家；物之欲全其性命也，一如吾之欲全其性命。是以圣王之教，老吾老以及人之老，幼吾幼以及人之幼。推之启蛰不杀，方长不折，无不爱惜倍至。夫然后流通于万物之间，而不失天地生物之意矣。而其功则在于敬。盖敬者，事事谨凛，刻刻戒惧。人能无时无事而不敬，则无时无事而不仁矣。若徒晨昏炷香谢天酬地，曰吾以是敬天地而答之也，此特世俗之见耳。

这段解说，显然受到宋儒张载、程颢思想的启发，以民胞物与的胸怀接纳宗亲和乡邻，充满着仁爱之心。这样，"答天地"就不仅仅是早晚烧香叩头、谢天酬地的礼仪形式，而是体察天地生育万物之德，做到老吾老以及人之老，幼吾幼以及人之幼。在儒家伦理方面，每一部家训、家规都少不了"孝悌"这一核心内容。如晏氏"先祖遗训"中，《文七公家训》前二则为"孝顺父母""友爱兄弟"，论说都相当简明通俗，引述如下：

孝为百行之首，万善之原。昔贤云：第一好，堂上敬重双亲老，这便是活佛二尊。即亲有弗悦，亦当和颜愉色，下气怡声，始终于一爱敬。果尽此道，天地鬼神必默相之。族众务各谨凛，毋自蹈于不孝。

世间最难得者兄弟，兄弟如手足，要十分爱护。孟子以"兄弟无故"为生人一乐，《君陈》言及于兄弟为孝道全修，可见所关非小。如或争财产、听妇言、伤和气，视前贤一堂雍睦、累世同居，不滋愧乎？盍思单者易折，众者难摧，同力一心，程途自远。切勿错了念头，后悔无及。

这些话语十分浅显，却鞭辟入里，引人入胜。在后人心目中，这就是他们生活的指南。

（二）国法向家法的延展

传统社会中，县级以下的政府职能相当有限，基层社会在很大程度上是乡绅治理模式，依赖家训家规和乡约的约束力进行治理。对于宗族内事物，由族长、房长等长老掌管，各类违法乱纪行为，都在他们的管辖范围内。各族的家训家规中，通常都有对违背人伦和法律者的处理措施。《晏氏庚午宗谱》中，载有清光绪二十六年（1900 年）所立户规的案卷，是国法向家法延展的实证材料。《合修户规案卷》首云：

> 按户规为先人整顿风俗，约束人心，以补法律之所不及，而助政治之进行，故陈宏谋檄谕民间选举户长，厘订户规，意深良善。我族体先正遗意，公订户规十八条，备案刊谱，以垂训后人。至今子孙习尚纯风，谓非户规之效欤？与现时人民自治，亦相吻合，故仍重新恭刊，俾后世子子孙孙遵守勿替。

1900 年，为了整肃家风，晏氏制订了严格的 18 条家规。如第 1 条为："《圣谕广训》恭刊家谱卷首，即《朱子家训》《吕氏乡约》，均系先正格言，房、户长宜随时宣讲，令其家喻户晓，各宜懔遵。倘或不遵约束，一经查出，轻则由房户入祠议处，重则请官重究。"第 2 条为："食毛践土，厚泽深仁。国课务宜早完，其余官司公事，一概毋得妄干。"为了使所订《户规》刊碑立石，发挥更大效应，晏氏贡生晏乙等人向知县送上条呈。其文有云：

> 窃谓家国之维持不外一理，君民之固结罔有二情，故圣人宽以驭众，无非德礼递施，而君子礼以防民，要必恩威并济……顾中人可教，非少曲全，而下愚不移，无由理喻。此振聋发聩，难无鞭朴之相施，乃荡检逾闲，逾觉顽梗之难化，何所恃而弗恐。或轻性命以图搪，不知惧而妄为，或纵家属以泼赖。生等或情深族睦，或责悉户尊，不思患而预防，恐养奸于姑息，是以公议家规，未敢私专

户法，理合公叩大父台台前赏准家法，赐示祗遵，立案防微，刊碑杜渐，并载家乘，永作户规，一门戴德，百世铭感。

对于这个请求，石姓知县在接到请告示禀后，当即写下批文："查阅粘呈所议族规十八条，皆为户中均应恪守之事，刊碑载谱以垂久远，尤见该生等有心保祖，永世无替。准予立案，以期照行。至另单附禀族中子弟为非……以后训斥不改，许即送案惩治可也。"这样，晏氏家规就具有了一定的法律效力。翻检其他宗族的家谱的家规，虽然多数没有呈递官府备案，但其家规与国法之间的关联，是非常明显的。如民国37年（1948年）《吴氏宗谱》所载《家规》末云："本家规系根据历年习惯成例而订，自刊刷成帙之日实行。但与现行法律有抵触者，得随时修正或废除之。"清代至民国时期提倡大修宗谱，这应是缘由之一。

（三） 时代精神对宗族生活的渗透

从民国时期的宗谱来看，时代的变迁在家训家规上面打下了烙印。如民国36年（1947年）《程氏宗谱》载程氏家规16条，其第15、第16条为"勿养媳""戒鬐妇"。其解说为：

> 媳为人家女，养甫及笄，以凭射雀，或许婚，实为古例所崇尚。今兹值文明进化，许可自由结婚，亦在法内所确定，要皆如此，家法宜然。然各诚各养女之心，尽在养媳之陋习，以为其年不一势，恐日后变出异外，不独累一家人之忧气，更干规例之严禁。后之族人，勿养其媳焉。
>
> 养儿配妇为双方父母之心愿，亦周公制礼所通行。但经媒妁之言，父母之命后，绝不许任意活卖，有干族规。况孙先生中山云男女平权，男方不得视女方为畜类，岂可厌旧喜新，贪鬐金而再卖之理？凡各父老深戒其风。设有悍妇泼妻，凌驾翁姑及夫主，经祠户再四，准在官离异，慎勿为所欲为焉。

这两条家规明显受到近代自由、民主、平等思想的熏染，突破了男尊女卑的藩篱，倡导男女平权。推及其他方面，也有诸多变化。可见随着社会的进步，广大乡村地区的家训家规，没有陈陈相因，而是不断被赋予新的内容。这正是它能规范基层民众生活的基本原因。

三 鄂州家训家规的启示

在传统的农耕社会中，民众安土重迁，累代聚族而居，这是鄂州家训家规得以发挥重要影响的现实土壤。当代社会人口流动性强，核心家庭已成为主要家庭形式，再用宗法制度下的家教方式去规范人们的言行已无可能，即使是在乡村熟人社会，也是鞭长莫及。然而，就像作家苏叔阳所说，"一个民族的真正风气是在民间流传的"①。鄂州家训家规从本质上讲是一种诚信文化、亲情文化，充溢着人性的光芒，对当代家庭和基层社会伦理建设来说，仍不乏借鉴意义。

（一）家庭教育以明伦为本

各个家族的家训和家规，是实施家庭教育、培育良好家风的基本文献依据。虽然各个宗族家训家规内容不尽相同，但把伦理教育放在第一位却是高度一致的。邵氏家族的家训上篇，即为"明伦"条约，诸如孝父母、和兄弟、敬祖先、重子孙、睦宗族、笃师友之类，都是一些做人的基本道理，把人间伦常传递给后代。在"敬事"条约中，虽然也有"勤学问"一条，但仅为诸事之一。这样，一部家训家规就成为一个家族凝聚力和亲和力的重要载体，成为族人精神成长的重要源头。联系到其他宗谱，可以发现在古代家庭教育中，德育始终处于首要地位，目标在于培养后人健全的人生观。反观当代家庭教育模式，却不尽相同。不少家庭在生活上尽量满足后代的物质要求，舍得智力投资，为了"不让自己的孩子输在起跑线上"，各种填鸭式的课程占满了孩子们的生活空

① 引自陈叶军《让优秀民族文化浸润家庭》，《中国社会科学报》2014 年 5 月 19 日。

间。但是，却不肯系统传授基本的人生道理，使一些少年儿童养成以自我为中心的思维方式和娇生惯养的性格。这种做法，是溺爱而不是真爱，是放纵而不是关心。

回过头再看古代的家教方式，虽然教育方式有粗暴之嫌，但古人重视伦理教育，却相当可取。古人为子孙后代长远利益考虑，体现了真正的爱心，维系了中华民族生生不息的血缘文化。只有以完善的人格教化人，才能培养于国有用、于家有福的人才。

（二）培养后人应启迪公益之心

古代家庭教育的一个重要内容，是告诫后人不断提升自己，养成仁爱之心，为宗族、乡邻和社会多做贡献。晏氏宗族的"先祖遗训"中，有不少精粹之论。如《圣瑞公训词》论"积德"云："积金以贻子孙未必能守，积书以贻子孙未必能读，不如积德以为子孙长远计。试观自古厚德人，未有不受天厚报。今人一遇困穷，即怨天待己薄，行一善事即欲责报于天，此其人心不能行善事，虽行善亦非真善。济世之心争诚伪不争大小，总须出于真挚，量力而行，自有无量功德，上资祖考，下荫子孙。"《节录恒泰公家训》有云："凡邻里乡党、亲戚朋友，皆以义合者也。《周礼》六行之教，孝友而外即曰睦姻任恤，非独父子兄弟宜亲厚也。有如一切亲切亲近、交接往来，总要以和平正直相与。毋武断乡曲，毋妄生事端，毋倚势凌人，毋以众欺寡。见人有痴迷处出一言提醒之，见人有急难处发一议解救之，亦仁爱之心也。"《节录涤斋公训子论文》有云："立身处世，莫存一'我'字。'我'字从利从戈。有我见便有利己害人之心，有害人之心终必反而自害。'我'字之义，不妨作此样看。"这些论述，强调的是不以自我为中心，摆正个体在群体中的位置，心胸宽广，真心实意地待人，发自内心地做善事。这些认识，与当前提倡的核心价值观如诚信、友善等观念有相通之处。此外，古代家规中时常提到勤俭持家，反对铺张浪费和游手好闲，对时下也有一定的针砭作用。善解人意者，当从古人朴实无华的话语中体会出古人意境来。

（三） 借鉴古代家教理论构建当代家庭伦理

在"后宗族"时代，家庭及基层社会伦理建设已摆到所有人面前。就家庭而言，由于绝大多数家庭已经不是自给自足的生产单位，代与代之间的工作生活作息规律各不相同，传统孝道习以为常的"晨昏定省""冬温夏清"已难以实现，由孝道衍生出来的种种丧葬祭祀以及乡党酬酢礼节同样难以做到。历代家训家规强调孝道，但当代的不孝之子已不能由宗族论罪。然而，照料几亿老年人尤其是"空巢老人"的晚年生活却是为人子女的责任。这就需要探讨传统家训家规的创造性转化和创新性发展。既然"父母在不远游"已不可能，但常回家看看、定期关心父母健康却是必需的。作为中华民族最深沉的精神追求和中华文化最基本的文化基因，孝是中华民族最独特的价值观念之一。要使孝这种中华民族独特的价值观念和自由、平等、民主、法治等当代核心价值相融合，有很多问题需要探讨。比如，"亲爱我，孝何难？亲憎我，孝方贤"曾是古人普通接受的孝道观念。现代社会强调平等或者交往理论，"亲憎我，孝方贤"可能被视为"愚孝"。但如果我们因此只继承"亲爱我"式的孝道，而抛弃"亲憎我"式的孝道，这样的传承恐怕就会产生令人遗憾的"消耗性转化"①。因此，要充分顾及社会历史条件的变化，理性地奉行孝敬父母的传统美德。

当前，家庭与基层社会伦理建设是一项复杂的社会工程，需要在社会主义核心价值指导下吸取古今中外的一切文化成果。我们应该追求一种传统与未来之间的和谐，一种社会组织的和谐。当我们抛开泛意识形态化和泛道德化的话语，进入纯文化的静观，追求诗化的美的精神时，我们在自己的文化传统中，"能发现很多在深层跟未来发展密切相关的先进的宝贵的文化要素"②。传统家训家规就包含这样的文化要素，提供给我们的是一种更有温度、更有自信、更有灵性的话语，其丰富内容、

---

① 四海：《发展合乎时代的新孝道》，《光明日报》2014 年 1 月 30 日。
② 李松：《城镇化进程中乡村文化的保护与变迁》，《民俗研究》2014 年第 1 期。

活跃思想和深度情感并不因年代久远而失去光彩。因此，我们需要借助古人智慧，把包括家训家规在内的传统文化作为宝贵资源，在时代精神引领下吐故纳新、推陈出新，"外之既不后于世界之思潮，内之仍弗失固有之血脉，取今复古，别立新宗，人生意义，致之深邃"①，从而完成历史赋予我们这一代人的重大使命。

---

① 鲁迅：《坟·文化偏至论》，《鲁迅全集》第1卷，人民文学出版社2005年版，第57页。

构筑湖北特色的道德文明

——基于对楚文化特点的考察

阮　航[*]

（湖北大学哲学学院）

【内容提要】　从文化传统的角度看，可以在把握湖北文化传统即楚文化
传统之特点基础上，分两方面来思考湖北道德文明建设问题：其一，
如何针对楚文化特点，恰当处理湖北的道德文明建设与全国的公民
道德建设之间的关系；其二，如何发挥楚文化的精神资源，向世人
展示湖北的道德风貌。解决问题的思路是：基于对楚文化特点的理
解，先考虑湖北自身的道德文化传统与中国乃至世界的道德文化之
间的相容性，在此基础上思考如何呈现湖北独特的道德风貌。

【关键词】　楚文化　特点　湖北特色　道德文明

湖北应建设怎样的道德文明？该呈现何种道德风貌？文化传统是思考
这些问题的一个重要维度。湖北当前的道德状况当然受到了多种复杂因素
的影响，但其自身的文化传统无疑是一个要素。文化传统既经长期历史发
展积存而成，其影响亦持续。它积淀于生活中，透入人们的行为方式中，
发挥形塑族群性格的作用。湖北历来被视为楚文化发展的一个中心，有必

＊　阮航（1971—），湖北大学哲学学院副教授。

要从梳理楚文化的特点出发，来思考湖北的道德文明建设问题。

一

楚文化的渊源极为悠久，可追溯到六千多年前的新石器时代。作为一种地域文化，它以"今天的湖南、湖北为中心，兼及河南、安徽等省，其地区涵盖为长江中下游的江汉地区及其周延部分"①，可视为南方文化的代表之一，而与黄河流域的北方文化相对。

先秦时期，楚文化开始呈现明确的文化特点，也可说有了相对独立的文化内容。据《史记》载，楚王熊渠说："我蛮夷也，不与中国之号谥。"（《史记·楚世家》）"蛮夷"是相对于当时的"中国"即中原的诸夏文化而言的，这里的"夷夏之辨"突出的也是文化方面的含义。"吾闻用夏变夷者，未闻变于夷者也。陈良，楚产也，悦周公仲尼之道，北学于中国。"（《孟子·滕文公上》）由孟子的这段话看，在时人心目中，诸夏文化为正统。它以周王室推行的"礼制"为主要内容，其背后的"亲亲""尊尊""贵贵"等文化观念，在孔子那里拓展为以"仁"与"礼"为核心的一套文化价值系统。蛮夷文化则被视为异端，楚文化即其中一个最重要的代表。它处于文化的弱势地位，但显然发挥着较为独立而明确的文化影响。以下主要基于楚文化在这一时期的表现，来概括其伦理方面的特点。"特点"总是相对而言，需要一个参照物。这里的参照物是诸夏文化。

从世界观谈起。楚文化的主导世界观是，世界乃自然而然生成，其中"人""物"从生命价值的方面说是平等的。这种观点在老庄哲学中得到了集中表达。老子说："道生一，一生二，二生三，三生万物。"（《道德经·第四十二章》）又说："天地不仁，以万物为刍狗。圣人不仁，以百姓为刍狗。"（《道德经·第五章》）庄子也力主万物无别的"齐物论"。李泽厚曾将这种世界观概括为"无情天地观"，而与儒家的"有

---

① 徐志啸：《玄妙奇丽的楚文化》，新华出版社 1991 年版，第 1 页。

情天地观" 相对，亦可说是相对于以 "周公仲尼之道" 为代表的诸夏之世界观。"无情"，则造物者无偏向，万物是自然而然生成的 "杂多"，任何存在都没有特出的价值。故从本根上说，世界秩序是非道德的。道德是后起的，是社会控制的工具，其目的是适应社会生活的需要，为了满足各种社会欲望。"有情"，则有偏向，人最为天下贵，为价值特出者。故从本根上说，世界分层级而有序，道德体现的是属人的生活方式。理想的社会秩序也是道德的，人是能 "赞天地之化育" 的秩序营造者。要之，楚文化的这种世界观，其主要内容有二：一是从本根上强调一种不加区分的价值平等，二是世界秩序是自然而然 "生成" 的，其中蕴含着生命意识。在此意义上，其世界图式是 "有机" 的。

主导楚文化的致思方式较为高深玄远，不似以儒墨为代表的诸夏文化那般稳健平实。故其世界观用于社会政治，主要有两种表现：一是略其生命意识，单取其玄妙之思，则发而为帝王权谋。其中影响较著者，为韩非术势之论，以及汉初与阴阳家思想相结合而产生的黄老之学。二是取其平等精神，而将其生命意识做感性的理解，故否弃社会分工、泯除阶层之别。其著者则有许行一类要求君王与民同耕的农家思想。（参见《孟子·滕文公上》）前者由如何重建社会秩序立论，后者以社会秩序的理想状态建言。两者均可视为楚文化的世界观在社会政治思想方面的发挥。

就个体生活而言，楚文化的特点在于重精神自由，崇尚自然而富于浪漫色彩。"全性葆真" 作为老子《道德经》的一个主题，其要义即是通过顺自然而得精神之超脱。庄周思想和屈原的诗歌，也表现出类似趣味，而浪漫色彩极浓。《论语》中记述的隐士，亦多生活在楚文化的范围内，如楚狂接舆、长沮、桀溺、虞仲等。（参见《论语·微子》）可见楚地多产洒脱、达观之士，也可说楚文化即蕴含这样的因子。从价值角度说，这种个体人生观极富创造性和表现力，不拘礼法而任性情。它极具开放性格，但往往不求切乎实际。

如此蔚然可观的楚文化，其成因当然相当复杂，其中有两点值得注意，从中可见楚文化在总体上的两个特点。

其一是兼收并蓄的开放气度。楚文化乃融汇多种地域文化而成。据近人考述，原始的诸多中国民族中，较有独立思想系统的，仅有黄河流域的诸夏族和淮水流域的东夷族。而现今珠江上流山地的苗族，文化也较早开辟，相传在古代有广泛影响，但缺乏可考的记载。① 春秋时代，"苗族……的思想一部分被诸夏族吸收，变成中国民族思想的一分子，大部分犹遗留于江汉之间，直到楚国开化始挟之以与中夏思想相颉颃"②。东夷族的文化，宗教传统深厚，具有海国色彩，其代表为"道家与阴阳家两派"，它们"发展于江汉流域"③，为楚文化所融汇。东夷族的这种文化传统，在《庄子》的寓言和屈原的《九歌》中都清晰可见，而楚人所作的《山海经》无疑是这一传统的集中表达。诸夏对楚文化的重要影响自不待言。如《国语·楚语》开篇，即是楚庄王的臣子士亹对如何教养太子的一大段议论，其中的道德教化思想显然取自诸夏文化的观点。④

其二是地域环境的特点。地貌、气候等地理的变化比人事制度等社会的变化要缓慢得多，地域环境是影响文化发展的一个稳定因素。现在要理解楚文化，尤当联系其地理特点来看。梁启超先生有一段经典论述：

"北地苦寒硗瘠，谋生不易，其民族销磨精神，日力以奔走衣食，维持社会，犹恐不给，无余裕以驰骛于玄妙之哲理，故其学术思想，常务实际，切人事，贵力行，重经验，而修身齐家治国利群之道术最发达焉。惟然，故重家族，以族长为政治之本，敬老年，尊先祖，随而崇古之念重，保守之情深，排外之力强，则古昔称先王，内其国，外夷狄，重礼文，系亲爱，守法律，畏天命，此北学之精神也。南地则反是，其气候和，其土地饶，其谋生易，其民族不必一身一家之饱暖是忧，故常达观于世界之外，初而轻世，继而玩世，既而厌世，不屑屑于实际，故不重礼法，不拘拘于经验，故不崇先王，又其发达较迟，中原之人常鄙

---

① 常乃惪：《中国思想小史》，上海古籍出版社 2005 年版，第 8 页。
② 同上书，第 9 页。
③ 同上书，第 3 页。
④ 参见徐元诰《国语集解》，中华书局 2002 年版，第 483—487 页。

夷之，谓为野蛮，故其对于北方学派，有吐弃之意，有破坏之心，探玄理，出世界，齐物我，平阶级，轻私爱，厌繁文，明自然，顺本性，此南学之精神也。"①

楚文化是典型的南方文化。就此而论，梁启超先生虽就南北文化立言，但为我们理解楚文化的特点及其与地理环境的关系，勾勒了一个大体的轮廓。

随着秦一统天下，中国文化也渐趋统一。汉武帝以降，楚文化已融入整个中国文化的发展之中，不再有独立的表现。但不可否认，在楚地成长出的文化精神，仍然作为一种文化"基因"，或隐或显地影响着湖北人的伦理生活，在一定程度上起着塑造湖北人性格之作用，也造就了人杰地灵的湖北文化风貌。

二

湖北的道德文明建设要有成效，首先要处理好它与全国的道德文明建设之间的关系。其关键问题有二：一是如何与全国的道德文明建设相容，二是如何发挥湖北的文化特色。以下即联系楚文化的特点，参照《公民道德建设纲要》，就这两方面的问题谈谈看法。

首先，"为人民服务作为公民道德建设的核心，是社会主义道德区别和优越于其它社会形态道德的显著标志"。为此，就必须"反对拜金主义、享乐主义和极端个人主义"。② 楚文化不乏批判拜金主义、享乐主义的精神，而可作治疗精神之用。如对于世俗的各种功利观念，老庄哲学都有透彻的批判。我们的道德文明建设若能顺此而发挥，则一方面易得人心而收实效，另一方面也可表现湖北特色，并为公民道德建设提供有益的精神资源。但楚文化的这种精神，重批判而缺乏针对现实社会的

---

① 梁启超：《中国古代思潮》，转引自陈序经《中国文化的出路》，中国人民大学出版社 2004 年版，第 38 页。

② 《公民道德建设实施纲要学习读本》，党建读物出版社 2002 年版，第 6 页。

建构。因此还须加以正面引导，以积极的道德观念和健全的生活态度来充实。换句话说，出世的精神，要有面对现实的入世态度来平衡。否则为批判而批判，就会导致价值虚无主义，进而流向极端个人主义和纵欲主义。如《列子·杨朱篇》宣扬的纵欲思想，即是在价值共识薄弱的社会背景下，借道家之名来发挥的。

其次，"集体主义原则作为公民道德建设的原则，是社会主义经济、政治和文化建设的必然要求"①。社会主义的集体主义原则要求"正确认识和处理国家、集体、个人的利益关系"②。它要求个人在看待利益时，要有一种长远的、整体的眼光。楚文化洒脱、达观的人生观，即包含了这种眼光。但须注意，集体主义原则要求个人利益服从集体利益，并非要看轻个人利益，更不是要消极看待利益的创造或经济发展，而是在面临两者无法兼顾的选择时，应优先考虑集体利益的实现。质而言之，它否定的是一切从个人利益出发的求利方式，而不是要否定求利的动机。这样看，这种洒脱、达观的人生观，若推向极端，如老庄一般鄙弃现实功利，而一味追求精神的超越，也会与公民道德建设的方向背道而驰。总之，我们应发挥楚文化精神中看待利益的那种全局观，同时须防止它产生以出世态度轻视利益的流弊。

再次，公民道德建设的基本要求是"五爱"，爱国主义精神是其中的一个重要方面。③ 楚文化不乏爱国主义传统，其中最典型、最有影响者，莫过于楚国诗人屈原所抒发的爱国情怀。楚文化早已融入华夏文化、中国文化。屈原对楚国历史文化的自豪、对楚国民生疾苦的关切等，今天亦当扩而充之，化为对中国历史文化传统的自豪和珍视、对祖国富强的热望，化为以热爱祖国、报效人民为荣的自觉。另外，从其诗篇看，爱国情怀已成为屈原生命的一部分，体现为其政治生活的实际行动。在当前湖北的道德建设中，这是尤可发挥的精神资源。就生于斯、长于斯

---

① 《公民道德建设实施纲要学习读本》，党建读物出版社 2002 年版，第 6 页。
② 同上书，第 7 页。
③ 同上。

的中国人来说，有爱国情怀并不难，难的是如何将之化为行动选择中考虑的一个因素。现代的民族—国家观念，虽以明确的国界为前提，但对于国民来说，"国家"却是个抽象的共名。① 也因此，爱国主义必须依托于自身文化传统来理解，在自身的生活方式和社会职位上去体会，这样才能化为爱国的实际行动。

最后，在社会公德、职业道德和家庭美德方面，楚文化与之相应的精神较为薄弱，而追求"不拘礼法"的自由人生，与此亦相抵牾。在此，楚文化中可发挥者，唯有兼收并蓄的开放气度。在职业道德方面，发源于北方的儒家文化强调与职位相结合的道德责任意识，可资借鉴。湖北的家庭美德建设，则可直接就中国文化讲求"孝""悌"的优良传统来发挥，不必求彰显自身特点。

在社会公德方面，不仅楚文化缺乏与之相关的、较明确的文化意识，整个中国文化的社会公德意识都较为薄弱。盖中国自古以来，公德与私德之间强调的只是贯通，而非划界，因而公德意识不发达。对此，梁漱溟的《中国文化要义》有精当的分析，林语堂的《吾国吾民》中亦有细致入微的揭示。因此，从文化精神的层次看，我们不仅需要有就自身历史文化传统做创造性转化的智慧，而且应当进一步发挥楚文化兼收并蓄的开放气度。

三

要充分发挥楚文化兼收并蓄的开放气度，湖北的道德文明建设还须放眼世界，在考虑与当代全球文明相容共生的同时，彰显自身独特的道德风貌。这必须建立在对当代道德文化有一恰当了解的基础上。

从当代全球文明的角度看，所谓公民道德，其可着重者当是社会伦理。这与当代合理多元主义的伦理学对话背景相关，也是缘起于西方的现代性进程对于现代社会伦理生活的一个重要影响。

合理多元主义指的是当代对人类思想事实的一种认识，即"多种健

---

① 参见〔英〕安东尼·吉登斯《现代性的后果》，田禾译，译林出版社 2000 年版。

全的伦理学持久共存是人类文明的一种处境，并规定着人类文明的特性"①。从伦理的角度说，当代人类文明经过长期的历史发展，已产生多种合理的伦理学传统，它们各自对生活于其中的人们具有持久而重要的影响。由此在全球文化交往的层面，可供个体选择的善生活或终极价值关怀不是一种而是多种，因而在对待异己文化，以及他人在私人生活中的价值选择、生活样式等问题上，其态度应是在宽容的基础上力求相互理解；须采取的姿态应为"对话"，而非"独白"。

现代性进程伴随着社会生活领域的分化，其中最大处，也可说是最著者，当是公共生活与私人领域的分化。因此，对待两个领域的伦理问题以及处理方式应有所差别，由此有了社会伦理与个人德性之间的明确划分。对此，20 世纪初西方著名的社会学家马克斯·韦伯已有所见。

按韦伯的理解，西方的现代性展现为一个理性化和职业化的发展过程，它带来了现代社会伦理生活的日益分化，由此各个领域的职业伦理有了相对独立的意义。如何寻求作为统一基础的共同信念，以使社会各领域的伦理规范之间能相互协调，此为现代道德生活的难题。当代西方主流的道德理论对此的处理是：信仰问题交由个体选择，或归置于宗教调节的领域而不作为理性讨论的对象。由此也进一步推进西方个人生活选择的民主化。而公共生活的规范、公共领域的规制，则是当代西方道德理论的主要讨论对象。可以说，在西方主流的道德理论看来，可以理性来"建设"的公民道德，其实都是从社会伦理方面来说，其性质与个人德性有相当不同。

在此，李泽厚的观点颇有启发。他认为，对于现代伦理生活的理解，当基于公德与私德之分。社会性道德即公德，当是依据公共理性规范，以理性的、有条件的、相互报偿的个人权利为基础。而宗教性道德即私德，则常以情感的、无条件的、非相互报偿的责任义务为特征。私德对

---

① 廖申白：《原则模式的应用伦理学的两个优点以及对两种质疑的回应》，载《中国应用伦理学 2002》，中央编译出版社 2004 年版，第 3 页。

公德可以有"范导"而非"建构"的作用。① 这里所讲的公德与私德之分，其实也就是社会伦理与个人德性之别。

基于当代全球文化交往日益密切的背景，以及现代社会生活的特性，笔者以为，我们的道德文明建设，也需要基于社会伦理与个人德性之分，并对两者的建设方式区别对待。这并非说可以忽视个人的道德生活，也不是要割裂两者的关联，而是认为：一方面，对待这两个领域的道德建设，需要有不同的处理方式。另一方面，只有建立在有相对区分的基础上，再来谈两者的联系才有意义。

就前一方面说，社会伦理所关注的是基本社会秩序的维护与健全。其规范应该是一种带有强制性的要求，一种对所有公民都同等的底线要求，因而可以采取教导、外部规范的方式，其内容亦多是禁止性的、消极意义上的规范。个人德性则需要个体的内心认同，也应该是个人的一种自主自愿的选择，因而不宜采取教导、外部规范的方式，而只能是各种积极意义上的引导。大体上说，社会所能提供者，一是培养公民的择善能力，二是提供多种具有感染力或说服力的善生活之可能性，以拓展合理选择的空间。

就后一方面说，建立在两者相对区分的基础上，再谈精神境界之提升，则不仅因为有以防恶的社会伦理规范做底子，还可以循序渐进，不致陷入眼高手低的空谈；而且个体生命安立的精神追求，也因基本的社会伦理秩序之保障，有了利于实现的基本社会环境。

基于以上分析，再来思考湖北的道德文明建设与当代道德文化之间的关系，至少有如下几点值得注意。

首先，楚文化中不乏讲求平等和自由的精神，可作为从社会伦理的角度来讲公民道德建设的精神资源。如老子说："道生之，德畜之。"（《道德经·第五十一章》）王弼注"生"为"不禁其性，不塞其源"。也就是说，禁制、歪曲、戕贼事物本性，它就不能生长，而开源畅流则自会流。牟宗三先生也认为，道家之"生"乃"不生之生"，是消极意

---

① 参见李泽厚《历史本体论》，三联书店 2002 年版，第 72—73 页。

义上的"生"。① 引申到当代伦理生活中，它其实是在消极的意义上倡导一种平等的自由精神，也就是要求以不干涉的方式，为个体提供一个自由发展的、一视同仁的社会环境。当然，它是从生命的进路切入，缺乏相应的制度考虑，但其思考方式与当代的社会伦理建构实有异曲同工之处，可以为我们的社会公德建设提供思路。

其次，楚文化中"顺本性、明自然"的精神，可以为当代生态伦理的建设提供独特的思想资源。当代生态环境恶化的问题日益突出，需要全球共同应对。作为人类社会的一种共享资源，生态环境其实是一种公共物品，生态伦理的问题根本上说必须落到社会伦理的范围来解决。在此意义上，环保的责任意识亦是公民道德建设的应有之义，需要每个人在选择其生活方式之时，考虑不损害环境，不影响他人的生活选择。"顺本性、明自然"，倡导的是一种与自然和谐共生的生活方式，可以作为建设生态友好型社会的思想资源。

最后，楚文化洒脱、达观的生活方式富有美学色彩，这对引导个体向善、选择健全的生活方式颇有启发。楚文化传统中的理想人生，大多表现出强烈的美学色彩。《庄子》展示了各种极富魅力的人格形象，在美的想象之中编织出多姿多彩的理想人生。屈原的诗辞也在浪漫主义的想象之中提示出美善一体的理想生活方式。

联系公民道德建设来说，要引领个人德性的培育，就须看到，在个人的价值选择方面，美与善不可分。在中国文化传统中，理想的道德境界为"尽善尽美"。中国传统伦理常将"礼""乐"合言，孔孟也将美、善联系起来讲。如"子谓《韶》：'尽美矣，又尽善也。'谓《武》：'尽美矣，未尽善也。'"（《论语·八佾》）孟子也说："可欲之谓善，有诸己之谓信，充实之谓美。"（《孟子·尽心下》）对个体价值选择的"引导"，仅能服人之口远远不够，其关键还是要服人之心。这就需要有感染力、吸引力，美的趣味是其中的一个重要方面。

---

① 参见牟宗三《中国哲学十九讲》，上海世纪出版集团2005年版，第84—85页。

论荆楚文化传统与当代湖北
市场道德自律建设

张　敏[*]

（湖北大学历史文化学院）

【内容提要】　在长期的商贸活动中，荆楚文化中形成了约定俗成的商业
经营道德：重信义，严守行业规矩，热心社会公益。从荆楚文化传
统中汲取资源，吸收历史智慧，是市场道德自律建设的应有之义。
为此，应提升行业组织在道德自律建设中的作用；政府加强引导，
舆论充分监督，构筑积极的外部环境；湖北企业积极参与社会公益
事业，助力"文明湖北"建设。

【关键词】　荆楚文化　市场道德　自律机制　经济伦理　文明湖北

随着我国社会主义市场经济体制的建立和完善，国民经济运行充满
活力，并于 2010 年超过日本成为世界第 2 大经济体。[①] 2014 年 4 月，世
界银行发布 2011 年"国际比较项目"报告，报告通过购买力评价计算
法（简称 PPP）做出预测：中国今年可能超越美国，成为全球头号经济

---

  *　张敏（1975—），湖北大学历史文化学院副教授。

  ①　《2010 年中国 GDP 超过日本成为世界第二大经济体》，人民网时政栏目，http://politics.
people. com. cn/GB/1026/13594169. html，2010 年 12 月 27 日。

体。① 但在取得巨大经济成就的同时，许多经济伦理问题也日益凸显，如诚信缺失、商业欺诈、偷逃税款等。更为严重的是，人们对市场经济的认识十分片面，有不少人甚至认为市场经济就是追求自身经济利益最大化，最基本的道德底线轻易就被突破。

社会主义市场经济体制的健康运行不仅需要良好的制度设计和法治保障，也需要社会主义核心价值观的建设以及经济伦理道德的支撑。而后二者的发展都离不开市场道德自律建设。所谓市场道德自律，是指引导和促进市场主体实现道德自律的一种内在心理活动结构。在这种机制下，市场道德主体能够适应社会的要求和自身发展的需要，开展道德自我评价、自我反省、自我激励，积极和自觉地约束与调控自己的思想、言行，以符合社会道德规范和道德原则的要求。市场道德自律作为市场个体道德自我约束、自我激励的一种机制，是道德主体高度自觉的表现。

荆楚文化是一个极具地方特色的区域文化，其历史源远流长，其内容广博深邃，其传承生生不息，是构成中华文化母体的重要组成部分。从荆楚文化传统中发掘宝贵的精神文化与行为文化资源，对于当代湖北市场道德自律建设具有十分重要的意义。本文对此问题进行了一些阐述，并提出相应的三点对策，希望能推进当代湖北伦理秩序的研究与实践。

一 荆楚文化传承中的商业经营道德

自古以来，湖北所在的地理位置、交通条件和自然资源条件就十分有利于商业发展。早在 2500 年前的春秋时期，楚国的商业就已经到达了非常繁盛的程度。根据 1957 年和 1960 年考古工作者发现的 5 枚鄂君启金节记载，贵族鄂君启拥有多支水路商队，其起点为鄂，终点为楚都郢，水路四程绕经今湖北、湖南、河南、安徽、陕西等地，足迹遍布楚国核

---

① 《2011 国际比较项目发布汇总结果比较世界各经济体真实规模》，世界银行官方网站，http://www.shihang.org/zh/news/press－release/2014/04/29/2011－international－comparison－program－results－compare－real－size－world－economies。

心统治区域。① 秦汉六朝，降至唐宋元明清，湖北特别是江汉平原地区商贾云集，万舸争流。旅行家马可·波罗在行纪中写道："襄阳府是一极重要之大城，所辖富裕大城十有二所，并为一种繁盛工商业之中区。……凡大城应有之物，此城皆饶有之……从襄阳城发足，向东南骑行十五哩，抵一城，名曰新州，城不甚大，然商业繁盛，舟船往来不绝……此城商业甚盛，盖世界各州之商货皆由此江往来，故甚富庶，而大汗赖之获有收入甚丰。此江甚长，经过土地城市甚众，其运载之船舶货物财富，虽合基督教民之一切江流海洋之数，尚不逮焉。"②

在长期的商贸活动中，经过商家与顾客的博弈及市场交易规律的作用，荆楚大地逐渐形成了约定俗成的商业经营道德：重信义，严守行业规矩，热心社会公益。

（一）重信义

在商品交换关系中，交易双方在地位上是平等的，但由于卖家掌握着更多的信息和资源，因此一般占据着更加有利的位置。商人经商的目的无疑是要获利，没有利益驱动，就没有人经商。但商业利益的大小取决于买卖者的数量，买家越多，卖家获利就越多。因此，如果商人们抑制不住追逐利益的本能冲动，不择手段，坑蒙顾客，短期得利，长远来看则会自毁商誉，丧失市场。商人谨守商业道德，则可以招来更多的买家，绝对不会吃亏。战国时的大商人吕不韦就总结出大利和小利的关系、长远利益和眼前利益的关系。他指出："不去小利则大利不得"③ "利虽倍于今，而不便于后，弗为也"④ "义，小为之则小有福，大为之则大有福"⑤。

---

① 于省吾：《鄂君启节考释》，《考古》1963 年第 8 期。
② 〔意大利〕马可·波罗：《马可·波罗行纪》，张晓译，哈尔滨出版社 2009 年版，第 207—209 页。
③ 《吕氏春秋》卷十五《慎大览·权勋》，上海古籍出版社 2002 年版，第 872 页。
④ 《吕氏春秋》卷二十《恃君览·长利》，上海古籍出版社 2002 年版，第 1344 页。
⑤ 《吕氏春秋》卷二十五《似顺论·别类》，上海古籍出版社 2002 年版，第 1651 页。

荆楚文化原本就有守信重义的传统。"一诺千金"的典故出自《史记》卷一百《季布列传》。其文曰："季布者，楚人也。为气任侠，有名于楚……楚人谚曰：'得黄金百，不如得季布一诺。'"①"一诺千金"不仅是一种实在的作风，更是一种郑重地对待世界的精神。诚挚、严谨，光明磊落，一言既出，驷马难追，体现着荆楚先民正气的光彩。又如伍子胥的家族被楚平王所灭，他只身逃出昭关，"独身步走，几不得脱。追者在后。至江，江上有一渔父乘船，知伍胥之急，乃渡伍胥。伍胥既渡，解其剑曰：'此剑直百金，以与父。'父曰：'楚国之法，得伍胥者赐粟五万石，爵执珪，岂徒百金剑邪！'不受"②。不仅如此，民间传说渔父后来还把船划到江中心自沉，以绝伍子胥的疑心。

在这些先贤前哲的感召下，也出于实际经营活动的需要，荆楚历史上出现了许多重信义，诚实经营的商贾店家。如清代光绪年间孝感县城商家中以西门三盛布店最为有名，三店为"范义盛""邓义盛"和"刘祥盛"。其中"邓义盛"首创"一言堂"，实行明码标价，再加赠一尺布；"范义盛"以重金从河南聘请验质高手梁子庄看庄，一口定价，能使买卖双方满意；"刘祥盛"在经商时力主"尺足价廉，薄利多销"。③

又如光绪十八年（1892年），庞励堂到嘉鱼县鱼岳镇开设"益大恒"杂货店，经营讲求信誉，凡商品进店后均行清理，次品降价，废品不售。川盐进店，先过筛去杂。杂质多的食盐，过筛后制盐水淹酱菜，不以食盐出售。④

实践一再证明，只要商家重信守义，薄利多销，就会顾客盈门，生意兴隆，实现买卖双方的和谐、共赢。

（二）严守行业规矩

商人中流传着这样一句话："同行是亲家，也是冤家。"就是说，同

---

① 《史记》卷一百《季布列传》，中华书局1959年版，第2725—2731页。
② 《史记》卷六十六《伍子胥列传》，中华书局1959年版，第2173页。
③ 《孝感市志》卷十一《商业》，红旗出版社1996年版，第405页。
④ 《嘉鱼县志》卷十七《商业》，湖北科学技术出版社1993年版，第472页。

一行业内的商家既可同气相求，彼此帮助，也可能为争夺市场和利润而恶性竞争，互相打击对方。为避免出现"零和"竞争而追求共赢，古时就有"清帮齐行"的习俗，即各行各业都要根据本行业共同的利害关系，每年在祖师爷的生日召开一次行帮会议，讨论行帮内部的经营规矩。一旦定下行业规矩，就要共同遵守。不可否认的是，一些封闭性的行帮规矩会造成垄断经营，损害顾客利益，但多数行规还是强调诚信经营，与人为善的。

此外，工商业者进行经营活动往往采取带徒传艺的方式。如旧时武昌凡学徒从师，先要请介绍人讲条件，交纳赞礼，写立契约，拜见师母师兄，喝拜师酒。师傅向学徒讲三规五戒。"三规是吃饭规、同行共事规（对人礼节）和做事规（上班制度和行业规矩）。五戒是戒路边之花，戒过里之酒，戒不义之财，戒不明之友，戒惹祸之气。"①

（三） 热心社会公益

湖北古代许多商人具有乐善好施的美德，不少商人致富以后，出资周济邻里，关心孤老，扶助贫病，修桥铺路，筑堤设渡，建立义仓，兴办学校等，这些在湖北各地的方志中记载甚多。

如清末民初汉口怡和布店老板萧禹虔（1865—1927）从小聆听"少积财、多积德"的母训，成年后，热心公益，乐善好施。他经常在武汉和金口一带向宦绅商贾募捐，扶危济困，赈饥救灾，修桥铺路，造福乡梓。1914 年，萧禹虔在金口后山街修普济堂、敬节育婴局、孤残院。普济堂设有药房和就诊处，有中医内科 2 人，外科 1 人，每天就诊者甚多。萧禹虔对那些看病无钱用药者实施免费，对贫困死者施舍棺木，并掩埋路殍。同时他办有义学，免费招收穷家子弟入学。有的孤婴及贫困子弟长大后，他还主动向有关商号联系帮他们就业谋生。②

又如江陵县大有成药店的老板夏炳卿（1878—1937），他创制"复

---

① 《武昌县志》卷三十《习俗》，武汉大学出版社 1989 年版，第 573 页。

② 《武昌县志》卷三十二《人物》，武汉大学出版社 1989 年版，第 643 页。

方霍香正气散"医治霍乱，效果颇好。因患者太多，应诊不暇，于是一面邀集县内中医主持制定处方，一面在店内配好药，患者取药自行付钱，多少不论。治愈病人无数。①

20世纪30年代，黄少山（1881—1954）号称武汉"棉花大王"，到抗战前夕，其流动资金已达700万银元。他生活俭朴，信奉佛教，不穿毛呢，不看戏，最忌请客赴宴。1929年洪湖苏区歉收，他捐献8000块银元救济苏区灾区。1931年，监利上车湾江堤溃口，灾情严重，又捐献20万元，并组织拖轮为灾民运面粉。1937年，捐赠4500元资助家乡扩建朱河小学校舍。②

总而言之，商业道德是一个历史范畴，作为一种意识形态，不仅为一定的社会经济和文化所决定，而且也反作用于一定的社会经济，对商业活动具有重要的指导意义。荆楚历史上形成的这些商业道德是十分宝贵的资源，对于当代湖北市场道德自律建设具有无可替代的作用。

二 传承文化传统，构建市场道德自律防线

市场道德自律作为一种伦理观念或道德规范，属于非正式制度。社会激励既包括实际经济利益的直接刺激，也包括精神方面的道德激励。道德激励对市场个体的经济努力起着十分重要的作用：它通过提供合理性说明，使人们理直气壮地从事各种经济活动；它通过呼唤责任感和荣誉感，调动人们的热情和信心；它通过有效地调整和规范人际关系，克服"搭便车"现象和极端自私自利的机会主义倾向。

我国正处于激烈的社会转型时期，南京大学朱力教授指出："社会转型不仅仅只是经济制度的转变，也是整个社会结构的转型和社会运行机制的转换。"③ 在此过程中，存在三种社会失范，即权力型失范（政治

---

① 《江陵县志》卷一○四《文化科技人物》，湖北人民出版社1990年版，第763页。
② 《荆州地区志·人物》，红旗出版社1996年版，第848页。
③ 朱力：《变迁之痛——转型期的社会失范研究》，社会科学文献出版社2006年版，第1页。

市场化)、财富型失范(市场贪婪化)和道德型失范(交往工具化)。尤其是财富型失范和道德型失范交织在一起,诱发市场主体为了自己的经济利益不择手段,罔顾自己的社会责任。在这种情况下,如果市场道德自律机制没有及时、有效地建立起来,社会经济的发展就可能偏离正常的轨道,不仅共同富裕的发展目的无法达到,金钱至上的观念会导致风气败坏、贪腐横行,整个社会成为弱肉强食的危险丛林。正如王涛《哈耶克市场道德思想及其局限》指出的那样:"人们在权衡物质利益与道德孰重孰轻时,会对道德弃如敝屣。"①

在这种复杂的形势下,构建市场道德自律防线,千头万绪,任务艰巨。具体到湖北而言,从荆楚文化传统中汲取资源,吸收历史智慧,是题中应有之义。为此,本文提出以下三点建议。

(一) 提升行业组织在道德自律建设中的作用

市场主体树立道德自律意识不可能凭空产生。借鉴荆楚商业文化传统,建立真正意义上的、能够独立担当行业职责的社会团体或行业组织,通过行业组织的活动,强化市场主体道德自律的自觉性,是一个可行的方法。行业组织采取各种方法,以维护市场和社会秩序、反映诉求和联系民众为宗旨,起到沟通政府、企业(行业)、市场的桥梁和纽带作用,当好政府的助手,当好老百姓利益的守护者、市场道德的维护者。

首先,行业组织应完善章程和自律管理规范,根据市场形势的变化,制定诸如《行业自律公约》和《行业从业人员职业道德规范》等规范性文件。为完善经济体制改革,党的十八大报告明确指出,经济体制改革的核心问题是处理好政府和市场的关系,提出要深化行政审批制度改革,推动政府职能向创造良好发展环境、提供优质公共服务、维护社会公平正义转变。此前,国务院 2012 年 8 月 22 日常务会议也明确提出,凡是公民、法人或者其他组织能够自主决定的,市场竞争机制能够有效调节的,行业组织或者中介机构能够自律管理的,政府都要退出;要把适合

---

① 王涛:《哈耶克市场道德思想及其局限》,《中共济南市委党校学报》2010 年第 1 期。

事业单位和社会组织承担的事务性工作和管理服务事项，通过委托、招标、合同外包等方式交给事业单位或社会组织承担；同时，要抓紧培育相关行业组织，推动行业组织规范、公开、高效、廉洁办事。

其次，行业组织应依据法律法规，建立激励机制，对本行业企业和人员遵守职业道德情况进行考核和奖惩。对自觉遵守职业道德的优秀企业和工作者进行表彰、宣传，可以使受奖者感到对遵守道德规范的回报和社会肯定，从而促使其强化道德行为。同时，还可以树立本行业的楷模、榜样，使职业道德原则和规范具体化、人格化，使本组织中的从业者从这些富于感染性、可行性的道德榜样中获得启示、获得动力，在潜移默化中逐渐提高自身的职业道德素质。

（二） 政府加强引导，舆论充分监督，构筑积极的外部环境

在目前的国情条件下，构建市场道德自律不是一蹴而就的事情，需要构筑积极的外部环境，通过他律的方式逐渐使市场道德规则内化。京都天华会计师事务所公布的 2011 年《国际商业问卷调查报告》就显示，公共舆论、税务优惠及政策监管等外部因素成为国内企业履行社会责任的重要推动力。73% 的受访企业认为维护品牌形象是履行社会责任的重要因素之一，69% 的企业认为更好地关注社会责任将有助于避免员工流失，62% 的企业将减税政策列为推动力之一。[①]

市场本身所固有的缺陷，往往会导致市场失灵。政府应努力建立一个公正、公平的社会结构和社会发展体制，成为市场道德完善的扎实基础。此外，法律规定了市场主体最低的道德标准，有利于市场主体进行道德自觉的自我检验，为本组织制定及实施道德性决策提供法律依据，从而促进市场主体进行道德自律。

对于那些不道德的市场主体行为，湖北省内新闻媒体应予以监督和约束。通过舆论的力量，将信息及时反馈到市场，利用市场机制，使这

---

① 《中国企业社会责任意识增强》，瑞森德企业社会责任机构官方网站，http://www. recende. com/Item/Show. asp？m = 1&d = 309。

些不道德行为受到市场的惩罚。只有提高市场主体不道德行为的机会成本，才能使其回到道德规范中来。同时，应对遵守道德，具有良好信誉的市场主体给予褒奖和宣传，从而激励市场主体自觉遵守市场道德规范。

总之，政府加强引导，舆论充分监督，就能够构筑市场道德自律积极的外部环境，促使各市场主体在更广泛的层面开展社会责任活动。与此同时，能够自我约束、自我激励的市场经营主体也可以借此得到更多来自消费者、员工和潜在合作伙伴的认可，促进该组织战略发展目标的实现。

（三） 湖北企业积极参与社会公益事业，助力"文明湖北"建设

实践一再表明，企业进行市场道德自律建设最大的困难在于如何有效实施伦理守则。通过参与社会公益事业，升华企业员工的社会责任感，既有利于本企业的长远发展，同时又能传递爱心，助力"文明湖北"建设，能收到事半功倍的效果。

2013 年 5 月 16 日，第六届中国企业社会责任 2013 年会湖北分会在武汉举行。中国社科院经济学部企业社会责任研究中心常务副主任张蕙发布了《2012 年湖北企业社会责任报告白皮书》，首次系统披露了湖北企业社会责任报告的名称、数量、质量和阶段性特征。2012 年湖北共有 21 家企业发布社会责任报告，占全国的 2.08%。白皮书显示，国有企业发布报告较为积极：13 家为国有企业，8 家民营企业，无外资企业；报告篇幅偏少：30 页以下报告 14 份，50 页以上报告 4 份，而报告合理篇幅为 50 页至 80 页；报告规范性有待提高：9 份报告无参考标准。白皮书显示，21 份企业社会责任报告质量最高的是武汉钢铁（集团）有限公司，百分制得分为 81.1 分，在全国 1006 家企业发布的社会责任报告中排名第 22 位。白皮书还披露了湖北企业社会责任报告的阶段性特征。湖北省企业社会责任报告质量与全国水平基本相当：2012 年全国企业社会责任报告的平均评分为 31.7 分，湖北为 31.8 分；国有企业报告质量优于民营企业：国有企业平均评分 36.1 分，民营企业 24.8 分。

我们呼吁，湖北企业家应更注重企业承担的社会责任，向历史上乐

善好施的前辈学习，热心公益，通过开展社会捐赠、设立慈善组织、与慈善组织合作、组织员工开展志愿服务、吸纳困难群众就业、传播慈善文化等途径和方式投身公益事业，奉献他人，提升自己。

综上所述，在湖北社会经济建设过程中出现的市场秩序混乱、道德失范与市场道德自律建设的滞后密切相关。研究当代湖北市场道德自律建设不仅具有重大的理论意义，也具有重大的现实意义。本文的研究只是一孔之见，希望今后能看到更多更好的研究成果，从总体上不断推动荆楚文化传承和"文明湖北"建设。

问题探讨

构建感恩文化　创新湖北文明

王玉德*

（华中师范大学历史文化学院）

【内容提要】　感恩文化是湖北文化的一个特点，在培育和践行社会主义核心价值观的同时，湖北省可考虑把感恩文化作为湖北文化的一个品牌，以感恩文化作为推进湖北文明建设、构建崭新伦理秩序的重要动力。

【关键词】　感恩文化　构建　文明湖北

　　湖北是文化资源的富集省，感恩文化一直是湖北文化的一个特点，但是，感恩文化一直没有受到湖北各界的高度重视。笔者认为，湖北在贯彻中共中央下发的《关于培育和践行社会主义核心价值观的意见》过程中，除了弘扬已经发掘的一些优秀文化精神之外，还应格外打造感恩文化，把感恩文化作为湖北文化的一个品牌，以感恩文化作为推进湖北文明建设、构建崭新伦理秩序的重要动力，从而创新湖北文化形象，加快湖北"建成支点，走在前列"，为实现中国梦而做出湖北人的新贡献。

---

*　王玉德（1954—），华中师范大学历史文化学院教授、博士生导师，湖北省国学研究会副会长、湖北省科技史学会副会长。

一　构建感恩文化的必要性

何谓"感恩"？《现代汉语词典》的解释是"对别人所给的帮助表示感激"，而《牛津字典》亦云"乐于把得到好处的感激呈现出来且回馈他人"。《说文解字》解释"感"，感，动人心也。从心，咸声；"恩"，恩，惠也。从心，因声。环视我们周围的社会，有一个突出的问题就是感恩意识淡薄，感恩对象错位。

就从孩子们说起。母亲节的时候，有个中学生在网上求助，说学校布置了一篇作文，要写一封感恩妈妈的信，请哪位网友帮着代一下笔。我看到这个信息后，非常惊讶。我想：给妈妈表达感恩之情，这种事还有必要求别人吗？"世上只有妈妈好"，如果平时多想想妈妈的好，拿起笔来，用真实的语言、发自内心的感情写，就可以挥笔写成一封停不下笔的信。当代的一些学生，从来就没有想到感恩，因此就不可能写出感恩的信。请别人帮忙代写的稿子，肯定读来乏味。

再说说我们湖北的一些大学生。据媒体报道，2006年8月，襄阳市总工会与该市女企业家协会联合开展"金秋助学"活动，19位女企业家与22名贫困大学生结成帮扶对子，承诺4年内每人每年资助1000元至3000元不等。入学前，该市总工会给每名受助大学生及其家长发了一封信，希望他们抽空给资助者写封信，汇报一下学习生活情况。但一年过后，部分受助大学生的表现令人失望，其中三分之二的人未给资助者写信，有一名男生倒是给资助者写过一封短信，但信中只是一个劲地强调其家庭如何困难，希望资助者再次慷慨解囊，通篇连个"谢谢"都没说，让资助者心里很不是滋味。第二年，市总工会再次组织女企业家们捐赠时，部分女企业家表示"不愿再资助无情贫困生"。襄阳市总工会为此十分尴尬，感觉到部分贫困生不知道感恩，有的学生竟以为"成绩好，获资助是理所当然的"，缺乏起码的感恩之心。① 其实，这种情况尚多。一些大学生不知道世界上还有"感恩"二字。他们认为到大学学习是交了学费的，师生之间是一种商业关系。其实，国家培养一个大学生，每年至少投入两万元以上，不是那一点学费所能解决问题的。学生应当感恩政府与社会，不应当把自己当作花钱买教育的人。

再说说我们的企业家。改革开放以来，有些人一夜之间由"无产者"变成了拥有百万千万元的"企业家"。可是，这些企业家有多少人在感恩社会？有多少人捐资慈善事业？特别是一些官二代、富二代挥金如土。我认识湖北的一位老板，他把夫人与小孩都送到了国外，自己在国内养着小三，花天酒地。我请他在学校设个教育奖学金，感恩学校当年的培养，他表面上答应了，但根本就不兑现承诺。

还要说说我们的一些干部。有些干部以权谋私，哪怕有一点点权力，都要用来搞钱。有的干部乘机办公司，或在企业挂名，想方设法捞票子。有的干部与黑社会勾结，一起做坏事。有一些干部放纵子女，让子女利用自己的关系发财做坏事。有个曾经官居厅级而被抓进大牢的官员告诉我：当时就是因为太忘乎所以了，把一切领导都不放在眼里，把百姓也不放在眼里，为所欲为，老子天下第一，认为成绩都是自己辛辛苦苦干出来的，不认为当官是人民的信任与组织的培养，不知道感恩时代与社会，因而走上了犯罪的道路，后悔至极。无数事实证明，干部如果不知道感恩，就一定会忘记自己的公仆身份，就会放松对自己的约束，就容易犯错误。

二　有必要把感恩列入社会主义核心价值观

改革开放以来，我们一直在探讨新时代的社会主义核心价值观，党的十七大、十七大六中全会都明确提出弘扬社会主义核心价值观。到了

---

① 李剑军等：《湖北5名贫困大学生受助不感恩被取消资格》，新浪网新闻中心，http://news. sina. com. cn/c/2007 - 08 - 22/062113715970. shtml。

党的十八大报告，提出：倡导富强、民主、文明、和谐，倡导自由、平等、公正、法治，倡导爱国、敬业、诚信、友善，积极培育社会主义核心价值观。我一直主张把感恩列入社会主义核心价值观，理由是：

1. 感恩是做人的根本

感恩是天经地义的事情，世界上不论哪一个国家或民族，不论什么肤色，都倡导感恩思想。[①] 法国思想家卢梭曾说："没有感恩就没有真正的美德。"人的感恩之心，一刻也不能少。无论你是何等的尊贵或卑微，无论你有着怎样特别的生活经历，你胸中都应常怀感恩之心。深受儒家文化影响的韩国总统朴槿惠到中国访问，在清华大学演讲，首先就讲到十年树木，百年树人。她反复引用中国古典，意在表达对中华文化熏陶的感恩。业师章开沅先生就是一位特别重视感恩的人。他感恩大学老师贝德士，搜寻其日记，加以研究；他感恩我们的民族，对日寇的南京大屠杀作真实的考证；他感恩祖宗，七十多岁后，为父母立衣冠冢，又多次到家乡湖州寻根。

2. 感恩是中华民族的优秀文化

感恩是中华民族由来已久的文化特点。二千多年前的周代就有不少这样的文献，如"投我以木瓜，报之以琼琚。匪报也，永以为好也！投我以木桃，报之以琼瑶。匪报也，永以为好也！投我以木李，报之以琼玖。匪报也，永以为好也！"[②] 民间有许多关于感恩的话语，如"吃水不忘挖井人""知恩图报，善莫大焉""投之以桃，报之以李""谁言寸草心，报得三春晖"[③]。一言以蔽之，就是要以千百倍的分量报答别人的恩德。生活是由许多方面组成的。在我们的生活中，有不少人都值得我们感恩，如门口值班的，路上搞环卫的，菜场卖菜的，餐厅端盘的，还有工人、农民、士兵，他们做着他们应当做的事，但为我们提供了直接或间接的服务，都值得感恩。

---

① 宁业高等：《中国孝文化漫谈》，中央民族大学出版社1995年版，第87页。
② 袁愈安译《诗经全译·木瓜》，贵州人民出版社1981年版，第94页。
③ 叶光辉等：《中国人的孝道》，重庆大学出版社2009年版，第73页。

3. 感恩是正能量的美德

感恩是激活其他美德的基本要素。《三国志·吴志·骆统传》有言："感恩戴义，怀欲报之心。"社会上有许多美德，需要激活。人有感恩之心，就有可能激活其内心的良知。人们一旦真正知道了感恩，就会放弃私心，就知道善良，就会诚信，就会勤谨！就会践行十八大提出的"爱国、敬业、诚信、友善"。感恩可以带动其他道德品行的弘扬，是全部道德的根本！

感恩是不竭的活水源泉。人的成长，企业或单位的发展，都是受到各种恩惠的，因此，人与单位永远有感恩的动力，有取之不尽的感恩理由。因此，感恩是持续的、永远的。感恩是和谐社会发展的基本底线。如果感恩观念缺失，社会一定大大倒退。

感恩有利于构建和谐社会。感恩父母，父母就会温暖。感恩同志，就会与同志友善。我建议，以感恩检验各个单位的和谐。如安排一个单位的员工，写一封感恩领导或单位的信，如果大家都愿意写，那就说明这个单位一定很和谐，这是检验单位是否和谐的标准。如果员工说真话，或写假话，也可以检验其单位的风气。

感恩有利于执政党的建设。雷锋在日记中写道："唱支山歌给党听，我把党来比母亲。"这就是感恩。当下，全党正在开展群众路线教育活动，我认为有两方面的意义：一是让党员感恩广大人民群众，全心全意为人民服务，做好公仆。二是党要与时俱进，作为执政党，不能陶醉在功劳簿上。成绩只代表了我们的过去，未来正在对我们进行考验。我们要立党为公，为中华民族利益着想，为中国的未来着想，坚持改革，坚决铲除保守的思想，坚持群众路线，朝气蓬勃地带领中国人民前进！

三　如何构建感恩文化

我们要以理性的态度倡导感恩，发掘优秀的历史资源，实践感恩文化。这其中，有几个维度需要厘清。

1. 感谢亲恩而不囿于家

做人，一定要感谢父母与亲人之恩。我国已经把"看望父母"立法。毋庸置疑，父母生我、养我、教我、关爱我，肯定是第一恩人。两千多年前流行的《诗经》就有许多关于感恩父母的诗句，如《蓼莪》云："父兮生我，母兮鞠我。抚我畜我，长我育我，顾我复我，出入腹我。欲报之德。昊天罔极！"（译文：父啊生我，母啊育我！爱我护我，教我导我，看我顾我，出入抱我。欲报之恩，如天无尽！）

"羊有跪乳之恩，鸦有反哺之义"。我国历史上的二十四孝故事和一百孝故事，都是讲的感恩。其中讲到：既使你是一名人、一官人、一学者，在父母面前，你永远都是一位应当感恩父母的人。湖北历史上有许多典型的例子，如东汉的董永本是山东人，他随父亲迁居孝感，父亲突然去世，董永恪守孝道，卖身葬父，其事迹感动了仙女，成为孝道的典范。今孝感因董永事迹而得名，湖北开展孝文化就是以董永的事迹为样板，起到了很好的宣传作用。① 三国时人孟宗（孝昌县人，或说是鄂城人），少年时父亡，母亲年老病重，医生嘱用鲜竹笋做汤。适值严冬，没有鲜笋，孟宗无计可施，独自一人跑到竹林里，扶竹哭泣。少顷，他忽然听到地裂声，只见地上长出数茎嫩笋。孟宗大喜，采回做汤，母亲喝了后果然病愈。后来他官至司空。明代安陆的刘伯燮、刘伯生兄弟二人感恩父母，勤奋读书，嘉靖三十四年（1555年）两人同时中举。伯燮在隆庆年间中进士。母亲24岁守节，兄弟二人轮流辞官陪母。当官时，他俩从不接受任何赠品，堪称读书敬孝、感恩敬业的典型。②

除了感恩父母，还值得感恩的有祖父祖母等众多的亲人。我国传统社会是宗亲血缘社会，每个人都有很多亲戚。在有些家庭，祖父母对孙辈的哺养与教育功莫大焉。当下社会，许多年轻的农民工把孩子丢在乡下，让祖父母养，祖父母的养育之恩是很大的，应当对这些孙辈从小灌输感恩祖父祖母等众多亲人的思想，形成风气。

---

① 谢宝耿：《中国孝道文化》，上海社会科学院出版社2000年版，第183页。
② 张昕：《古代安陆人物》，长江文艺出版社1990年版，第305页。

　　我主张以"感恩"一词逐渐取代"孝道"一词，孝的涵义较窄，虽然先哲把孝的意思有所扩大，但孝终归要比"感恩"的内涵要小。何况，孝道中还有一些愚昧的内容，而感恩涉及人、自然、顺境与逆境，外延有无限拓展的空间。传统的孝文化，在当代应当扩大为感恩文化，并赋予新的内涵。

2. 感谢师恩而不失人格

　　人生在世，会遇到许多人，有老师，有领导，有同学，有同事，有朋友，有邻居，有偶尔相遇者，他们总是在直接或间接给自己恩惠，值得感恩。中国文化中有"滴水之恩，当以涌泉相报""一日为师，终身为父"的格言，这些话都有劝勉的意义。

　　东汉胡广是华容（今监利北）人。他从小家贫，靠自学成才，27 岁时举孝廉，被南郡太守法雄的儿子法真推荐到京城考试，不负期望，获得第一名，被汉安帝任命为尚书郎。胡广是湖北历史上第一个在皇帝的测试中夺魁的人，也是任职很久的官员。他历事六帝（安帝、顺帝、冲帝、质帝、桓帝、灵帝），久任三公，成为一代名臣。他坚守传统的感恩思想，秉持中庸之道，处事平允，符合了古代的文化礼制，在社会上有很好的口碑（《后汉书》卷四十四《胡广传》）。

　　孝感人宋庠、宋祁兄弟，在宋仁宗天圣二年（1024 年）同举甲子科进士。礼部奏宋祁第一，宋庠第三，章献太后不欲以弟先兄，乃擢宋庠第一，而置宋祁第十，故有兄弟"双状元"之称。宋庠在乡试、会试、殿试中均第一，连中三元，官至兵部侍郎同平章事，与宋祁并有文名，时称"二宋"。他俩做官时，时常想到老师，想到国家，尽心尽力，名声颇佳。

　　民国年间，黄冈人熊十力撰《新唯识论》，其师欧阳阅后持否定态度，痛言"灭弃圣言，唯子真为尤"，措辞严厉。然而，《新唯识论》自成一家之说，标志着蜚声中外的"新唯识论"哲学体系的诞生。熊十力尊重老师，感恩先贤，但能坚持独立的学术观点。蔡元培、马一浮等人对《新唯识论》推崇备至，评价甚高。①

---

　　①　宋仲福等：《儒学在现代中国》，中州古籍出版社 1991 年，第 168 页。

在倡导感恩的过程中，要防止不讲原则的感恩。中国传统官场有"山头"文化，谁提拔了自己，就跟着谁，感恩谁。官场"山头"盘根错节，尾大不掉。官场上的一些"感恩"行为最容易丢失人格。如，领导住省里的党校、中央的党校，下级说他们辛苦了，前往送看望费。到了年底，官员跑部进京，分头感恩顶头上司。拜访领导，都是晚上"悄悄地进庄"，有的靠"夫人外交"。送礼时，美其名曰：辛劳费、顾问费，指导费。为了感提拔之恩，就贿赂恩官，不讲原则，搞小团体，牺牲公众的利益，把纳税人的财产当作私有，这就不是真正的感恩。任何事情，过了度，就适得其反。有的人在感恩中行贿，实际上是害了恩主，让领导进了监狱。因此，感恩要讲原则。换个角度说，作为施恩的人，不应当想着别人回报。俗话说"君子施恩不图报""但行好事，莫问前程"，这是一个很好的境界。如果一个施恩的人，老想着别人回报，小肚鸡肠，这种人迟早是要犯错误的。

3. 感谢人恩而不忘国家

对于给过自己恩惠的人，当然应当感恩，这是不用多说的。"士为知己者用，为知己者死"，说的就是这个道理。但是，每个人都有自己的国家。从通常的道理上说，国比家重要，有国才有家，没有国就没有家。

历史上有许多感国之恩的先贤。如楚国的子文，担任令尹，主动让贤，三上三下。特别是当楚国遇到困难时，子文"自毁其家，以纾楚国之难"①。还有屈原，他在楚国担任左徒（仅次于宰相）、三闾大夫，他经常思考荆楚之地的现状与发展，提出了改革思想。屈原在《楚辞》中曾疾呼"举贤而授能兮，循绳墨而不颇"。

感知遇之恩，楚国有一些动人的故事。如楚庄王时有个艺人叫优孟感知遇之恩。令尹孙叔敖为国为民做过许多好事，也关照过优孟。② 然而，孙叔敖相当廉洁，他去世后，儿子靠卖柴为生。优孟通过表演的方

---

① 杨伯峻译注：《春秋左传译注·庄公三十年》，中华书局 1981 年版，第 247 页。
② 《史记·循吏列传》把令尹孙叔敖列为第一人。

式，把孙叔敖儿子的情况告诉楚庄王，庄王当即召见孙叔敖的儿子，把寝丘四百户的食邑封给他，以供祭祀孙叔敖之用。① 楚惠王时的申鸣，在家尽孝，不愿当官。后来，敌国来犯，惠王说国家有难，请申鸣一定出仕。申鸣于是出来了。白公胜叛军为了制服申鸣，把申鸣的老父当人质。申鸣说为国尽忠，顾不了父亲。结果父亲被害。平叛之后，申鸣自杀，以尽孝心。

汉代举孝廉。江夏人黄香在 9 岁时，母亲就去世了。他思念母亲，对父亲特别孝敬，在炎热的夏天为父亲摇扇，在寒冬为父亲取暖，邻里都夸他是孝子。后来，他的事迹被收到二十四孝的故事之中。他学习刻苦，善写文章，当时有人说："天下无双，江夏黄童。"黄香在家讲孝，在国尽忠。他曾经担任魏郡太守，在灾年时把自己的俸禄及所得赏赐用于赈济贫民。积善之家，必有余庆。黄香父子言传身教，薪火相传。有其父，就有其子。黄香的儿子黄琼是个孝子，也是有名的学者，很远的外地学者到江夏来向黄琼求教。黄琼后来到京城当官，做到了司空一职，成为东汉名臣。黄琼去世，天下名士郭泰等六七千人前来奔丧。黄琼的孙子黄琬也是天下名士。

三国时期，在襄阳隐居的诸葛亮感刘备知遇之恩，鞠躬尽瘁，死而后已。关公亦如此，不为曹操诱惑所动心，一直回报刘备之恩。这些人都留下了美名。

南宋末年的孝感人赵复对儒家先贤有感恩之心。《宋元学案》记载："元师伐宋，屠德安。姚枢在军前，凡儒、道、释、医、卜占一艺者，活之以归。"② 时复在俘中，被姚枢发现，与之言，奇之。但复不欲生，月夜赴水自沉。枢觉而追之，方行积尸间，见复解发脱屦呼天而泣，亟挽之出。偕至燕京（今北京市），以所学教授学子，从者百余人。当时，南北不通，程、朱之书不及于北方。姚枢与杨惟中建太极书院，立周子祠，选取二程、朱嘉遗书八千余卷，请复讲授于其中。复以周、程而后，

---

① 《史记·滑稽列传》，中华书局 1959 年版，第 3201 页。
② （明）黄宗羲：《宋元学案》，中华书局 1986 年版，第 2994 页。

其书广博，学者未能贯通，乃本照伏羲、神农、尧、舜所以继天立极，孔子、颜回、孟子所以垂世立教，周敦颐、二程、张载、朱熹所以发明绍续者，作《传道图》，而以书目条列于后。姚枢退隐苏门以传其学，许衡、郝经、刘因皆得其书而崇信之。由此程、朱之学在北方广为传播。赵复曾被元世祖召见，世祖问："我欲取宋，卿可导之乎？"复回答说："宋，父母国也，未有引他人之兵以屠父母者。"世祖义之，不强。赵复还著有《伊洛发挥》《师友图》《希贤录》。《希贤录》将伊尹、颜渊等人的言行编在一起，让后人学习先贤。他把性理之学传到北方，弘扬了儒学，是蒙元学习儒学的奠基人。

我国有悠久的历史、丰富的文化资源，这些令我们自豪。我国对世界有过许多贡献，这些令我们有尊严。我国现在是一个主权独立的国家、安定的国家、日益强大的国家、不断进步的国家，这些令我们无比幸福！在这样的国家里，我们繁衍着我们的家族，实现着人生的价值，过着一天比一天好的生活，我们当然要感恩祖国！作为一名中国人，一名中华后人、炎黄子孙，一定要始终爱国。哪怕是加入了外国籍，也应当爱中国，因为，中国给予了你太多太多！

湖北籍的台湾学者殷海光热爱祖国。他认为，一个学者如不关心民族的前途，不关心人民疾苦，即使受过最好的教育，也不够格称知识分子。一个有血性的读书人，应始终与人民同呼吸共命运，应有正义感，应敢说真话。他以《自由中国》和香港《祖国》周刊为阵地，奋力揭露台湾的黑暗政治，抨击蒋氏父子的恐怖统治和种种不法行为。

4. 感谢恩情而不断自觉

感恩的认识水平与文化自觉的水平有关。我们要开展感恩理论的研究，养成高度的文化自觉。每个人要不断文化自觉，每个团体也需要坚持自觉。

要从正反两方面做起。生活中有顺境，也有逆境，有君子，也有小人。我们感恩生活，不仅要感恩君子，感恩顺境，还要感恩小人，感恩逆境。如何看待感小人之恩、感逆境之恩？我认为，这是从反面的角度说的话。没有小人，哪有君子？小人是一面镜子，让人看到了反面的表演，从丑陋中学会美丽。没有冬天，哪有春天？没有磨砺，哪有成长？如果我们善于从小人身上感恩，从逆境中成长，我们将是不可战胜的。

要从自己的认识上做起。晚清时，朝廷内外都在喊改革，可是，一当康梁发动的百日维新来临，触动了特权集团的利益，特别是触及个人利益，反对改革的人就多了起来，一些人到慈禧太后那里告状，使维新运动很快就失败了。

要开展感恩理论的研究。我认为，要把感恩作为社会主义的道路、信仰的重要组成部分，要多设相关的科研项目，要有人专心从事这方面研究，要经常开展社会调查。在条件成熟的情况下，应当建立感恩学，有感恩学社会团体，并在学校开设感恩课程，在社会上广泛宣传感恩的正面事迹，让全社会树立普遍的感恩之风。

总之，21世纪是文化领先的世纪、竞争加剧的世纪。湖北是中国中部的重要省份，正承担着中部崛起的战略支撑任务。感恩文化是湖北传统文化的突出优势，是我们最深厚的文化软实力。作为一个在湖北出生或在湖北学习工作的人，应当了解湖北的感恩思想，践行感恩之道，做一名新时代的感恩人。我认为，我们应当经常唱一首歌，那就是《感恩的心》。我认为这首歌的歌词写得真好。

　　我来自偶然，像一颗尘土，有谁看出我的脆弱。我来自何方，我情归何处，谁在下一刻呼唤我？天地虽宽，这条路却难走，我看遍这人间坎坷辛苦。我还有多少爱，我还有多少泪。要苍天知道我不认输！感恩的心，感谢有你。伴我一生，让我有勇气做我自己。感恩的心，感谢命运，花开花落我一样会珍惜，我来自偶然，像一颗尘土，有谁看出我的脆弱。我来自何方，我情归何处，谁在下一刻呼唤我？天地虽宽，这条路却难走，我看遍这人间坎坷曲折。我还有多少爱，我还有多少泪。要苍天知道我不认输！感恩的心，感谢有你。伴我一生，让我有勇气做我自己。感恩的心，感谢命运。花开花落，我一样会珍惜。感恩的心，感谢有你。伴我一生，让我有勇气做我自己。感恩的心，感谢命运。花开花落我一样会珍惜！

让我们时常唱这首歌，净化我们的心灵，让感恩的心永远与我们相伴，努力实现中国梦，使世界变得更加美好！

提振湖北文化自信　建构基层社区伦理

任　放[*]

（武汉大学历史学院）

【内容提要】 湖北人理应在新的时代中努力提振湖北的文化自信，珍视湖北的历史文化遗产，加强湖北的文化凝聚力，打造现代化的湖北新文化。在此过程中，应该注重两方面的问题：激活传统文化，将历史与现实相互贯通；重视社区伦理建设，将社会主义核心价值观贯穿于社会基层。

【关键词】 湖北文化　文化自信　社区　伦理

党的十八大报告首次明确提出社会主义核心价值观，包括富强、民主、文明、和谐；自由、平等、公正、法治；爱国、敬业、诚信、友善。这二十四个字，涵盖国家、社会、个人三个层面，集中西文化之精华，堪称具有普世价值之行为准则，包括国家行为及个人行为，包括国家前进之动力、社会发展之目标、个人完善之途径。改革开放三十多年来，形塑"文化中国"的努力一直没有间断，从政府到民间的各类建设性的方案层出不穷，几代学者在学术积累和策论建言方面均有相当贡献，显

---

　*　任放（1964—），武汉大学历史学院教授、博士生导师。

示了中国作为一个东方文明古国走向现代化的文化自信心和文化创新力。从历史的角度看，一个现代化的强国一定是一个文化强国，其国民一定是具备高教育水准、高综合素质的现代化国民。湖北作为中国的文化强省，在文化地理上兼备贯通南北、吸纳东西的发展空间，具有数千年荆楚文化之根基，明清以降（尤其是近现代时期）数度引领中国历史走向，理应在现代中国的文化建设中扮演重要角色，做出不可取代的文化贡献。

晚清时期，湖北枝江人张继煦（早年留学日本东京弘文书院，后任武大校长）敏锐指出，湖北是"吾国最重要之地，必为竞争最剧最烈之场"，而且"将为文明最盛最著之地"，[①] 体现了鄂人的文化自觉，连当时的外国人也有同感。最典型者，莫过于日本时任驻汉口领事水野幸吉，他强调"汉口乃长江之眼目、清国之中枢、华中之命脉"[②]，凸显武汉乃至湖北之地理位置具有宽泛且重要的文化意义。1922 年 9 月 4 日，梁启超在武汉大学作了题为《湖北在文化史上之地位及将来之责任》的演讲。在这篇高屋建瓴、挥洒自如的演讲稿中，梁启超对湖北文化之痼疾进行了不留情面的批评，对湖北文化在近现代情境下发展之陷阱进行了深刻的剖析，与此同时，也对湖北文化之优长给予了充分肯定，对湖北文化应负之历史使命寄予了殷切之厚望。梁氏称：

> 中国文化的发展，不是一元的，是二元的，一黄河，二长江。
>
> 北方刚健笃实，南方优美活泼。代表两方文化的，在北方有河南、山东，在南方有湖北、江苏。但江苏是后起的，湖北居长江中心，完全是自己产生的，江苏不过受湖北的影响罢了。
>
> 湖北不独能代表长江文化，并能沟通黄河文化。如山东、河南，只能代表北方文化，不能传播南方文化于北方。湖北则容纳黄河文化，而传播于长江一带。一面自己产生文化，一面又为文化的媒介

---

① 张继煦：《叙论》，《湖北学生界》第 1 期，1903 年。
② 〔日〕水野幸吉：《汉口：中央支那事情》，东京富山房 1907 年版。

者，因其沟通南北，能令二元文化调和。在历史上看来，不能不说湖北所贡献及遗留的功劳是最大的。

梁氏认为湖北肩负重大历史责任——

第一，湖北既首义缔造民国，负永久保持之责任，俾跻于富强之域；

第二，湖北不惟绾毂南北，而且居东西要衢，文化上应负调融之责任，使东南西北各部（文化）均得以贯通无阻。

如果湖北人能够承担起此等历史重任，"则将来之湖北之文化必跻于最高尚之地位"。在演讲结束之际，梁氏充满激情地说：

我期望于湖北人者甚厚。十年迟迟不进化的原因，我望湖北人自知之而自图之，毋落人后，毋妄自尊，勉力前进，非独湖北人自己之幸，中国前途受赐实多矣。①

毫无疑问，张氏、梁氏对湖北文化的自信不是虚骄之语，而是基于厚重的历史感，言之凿凿，发之肺腑，具有穿越时空的感召力。对照前贤的文化自信，生活于当下的湖北人理应在新的时代中努力提振湖北的文化自信，珍视湖北的历史文化遗产，加强湖北的文化凝聚力，打造现代化的湖北新文化。在此过程中，应该注重两方面的问题。

其一，激活传统文化，将历史与现实相互贯通。

中国历史悠久，人文鼎盛，为后世留存了极为丰富的文化资源。其中，既有令人惊叹的物质文化，又有绚丽多彩的精神文化。以孔子为宗师的儒家文化，其实质是一种政治—伦理型文化，非常强调人伦与日常行为

---

① 《梁启超武汉辣评"湖北文化"》，网易博客东方昳居的日志，http://sxszfdbk.blog.163.com/blog/static/9265600620068131033286732006-9-13。

规范，为中华文化的生成和流传奠定了重要的道德基石。中国百姓耳熟能详的忠孝节义、尊师重教、敬老爱幼、温良恭俭让等，既是鲜活的历史记忆，也是内化于本心之中的实践感召，早已融入中国人千百年的生活之中，成为人们习以为常的道德准则。这些类似标签性的语词，正是"文化中国"的应有之义，某种程度上也是一个中国人在文化上的身份标识。

从社会主义核心价值观之提出，可以知晓传统文化需要激活，需要在新的历史条件下采取"古为今用""洋为中用"的创新策略。为什么传统文化需要激活？原因在于，传统文化是在特定的历史时期应运而生的，带有那一个时代的特殊烙印，其观念、机制及优劣之处均不可简单"复制"，否则就会削足适履，非但没有建设之功，反而有破坏之实。此外，如果对传统文化没有透彻之理解，没有"理解之同情"，传统文化也不可能被激活。必须对现实之需求有深入了解，必须对传统之根基有深刻体认，必须找准传统与现代之联结点，方有可能激活传统文化以为我用，对其糟粕扬弃之，对其精华汲取之。对此，有几点基本认识不可模糊：其一，传统文化不是僵死的过去，而是现代文化的活水源头；其二，传统文化与现代文化并不相隔，两者之间息息相通；其三，将传统文化与现代文化人为地对立起来，是历史虚无主义的偏见。

在历史文化方面，湖北最重要的资源就是发之远古、流布后世的楚文化。在中国的区域文化中，楚文化堪称博大精深、生机盎然，具有极其强大的生命力。它并未远去，而是融化在湖北的历史时空中，成为湖北文化之魂，成为湖北人的文化之根。在早年对张之洞及其"湖北新政"的研究中，笔者曾分析湖北近代化事业背后的文化因素，认为楚文化是中华文明史上最具灵气的区域文化，湖北与湖南是楚文化产生最早、发育最为充分的地区，堪称中心舞台。从宏观上看，楚文化具备庄子、屈原式的浪漫与感伤共存的文化气质，具备兵、学、商相糅的文化特色，具备以勤劳创业为基调的民风民俗。这种文化传统与湖北走向现代化（或曰早期现代化）有着多重的微妙关系，这实际上是一种文化血缘关系，是一种跨时代的文化联姻。应该指出，楚文化的优长与特质对湖北的早期现代化事业产生了广泛影响，具体体现在：富于浪漫气质，灵敏洒脱、宽容开放的文化心态，强烈的爱国热情与乡恋情结，大胆进取、勇于行动、坚忍不拔的精神风貌，艰苦创业、勤奋耐劳的美德，尚武、重教、趋商的价值趋向，传统在物质与精神上体现出的雄浑力量，儒道互补的独特的文化心理结构，守成与创新同一的行为方式，经世致用的思想路线……这一切，正是湖北在"数千年未有之变局"的转型期迎接挑战与自我更新所必需的，是完成这一双重任务必备的文化素质，是走向现代化的时代主题所呼唤的文化动力。

从学理上讲，文化是一把双刃剑。这一命题至少包括以下四层含义：

文化是生活的创生，生活是文化的原质；

文化是人类一切创造的总和，人是文化的主体；

文化是巨大的时空载体，既有物质实在，又有精神能动；

文化集历史性与现实性于一身，既有传统价值，又有现实效应。

正如梁启超尖锐批评湖北文化的不足一样，我们必须承认，楚文化的负面效应为湖北现代化事业蒙上了阴影。详言之，传统文化心态中时常裸露出的过于纤秀、敏感、情感泛滥的定式，浪漫气质与现实人生之间的对立与冲突，感伤的不确定性及其沉重的心理负荷，急功近利、缺乏科学论证的商业宿弊，盲目自信的骄狂与顽强等，都从不同的侧面影响到了湖北人对待历史变迁的思想、行为与心理，束缚了他们，同时也伤害了他们。

当然，楚文化与湖北现代化的历史进程之间的关系是多层次的，不存在一一对应的关系。既不能把湖北现代化之实绩全都归之于楚文化之优长，也不能把湖北走向现代化过程中的诸多失误归咎于楚文化之劣质。文化不是也不可能是剖析历史现象最高的和唯一的标准。它为我们提供了一种新的视角，兴许仅此而已。文化的现实效应不是绝对的、僵硬的，文化的传统价值内涵与现实效应之间不存在简单、粗糙的因果逻辑关系。文化的传统价值自有其发挥作用的现实舞台，也就是说，只有通过复杂的现实媒介，文化的历史性与现实性才可能辩证地达到统一。任何一个生命力持久的文化系统都具有稳定与适变的双重机制，楚文化即是。楚文化与湖北现代化事业之间的黏着性（或依存度）来自它自身的冲力与张力，来自它的文化规范与准则获得了现代诠释及意义。这种黏着性（或依存度），更多的是通过对人的行为方式与心理结构的依赖、调节来实现的。如果割裂这种黏着性（或依存度），就会造成文化研究的近视。此外，需要强调的是，汉王朝一统天下之后，董仲舒"罢黜百家、独尊儒术"的政治思想成为既定国策，于是孔孟的儒家学说被改造成意识形态的主体，楚文化成为华夏文明的一脉支流。然而，楚文化从未丧失自己的文化个性与创造活力。这表明，尽管楚文化圈仍以儒学为思想主体，却带有深深的地域性。正是在这个意义上，楚文化圈内的儒道互补便别具一格，具备了儒学未能全部涵有的思想力量。应该强调的是，楚文化把自己的文化气质融注于儒学之中，从而使原始的儒学南国化了。儒学的这种地域特征应该引起我们的高度重视，因为它与湖北的现代化有着内在的关联。[1] 扩而论之，在探讨湖北如何将社会主义核心价值观落到实处时，应该注重地域性的因素。

其二，重视社区伦理建设，将社会主义核心价值观贯穿于社会基层。

如果说，上面所谈是传统文化与现代化之关系，关注点在于挖掘湖北的历史文化资源，重新找回湖北人的文化自信，从而为实践社会主义核心价值观拓宽视界，让历史为现实服务，那么，找准改革开放的新形势下，湖北伦理建设的切入点，则是文化研究务实不务虚之步骤。伦理建设涉及诸多问题，需要社会各界共同努力，否则难以奏效，也难以"可持续发展"。从历史上看，文化发展的路径不外乎两条：一是民间文化上升为精英文化，一是官方主导型文化楔入大众文化。前者如汉代将儒学定于一尊，又如魏晋玄学、宋明理学、禅宗、乾嘉学派等；后者如《三字经》《千字文》《弟子规》等通俗文化读本的大量刊行，对儒学深入民间起到了难以估量的作用。在社会化的伦理建设中，第二种文化发展的路径往往更显重要。因为一切道德秩序的最终落脚点都在民间，都在百姓，而非在个别"先进人物"的塑造上。只有社会底层普遍道德

---

[1] 关于传统文化与湖北早期现代化关系之详论，参见陈钧、任放《世纪末的兴衰——张之洞与晚清湖北经济》，中国文史出版社 1991 年，第 319—339 页。

化，才能显现文明的切实进步。长期地片面宣传少数"典型"（道德楷模），恰恰印证了全社会的道德缺失。因此，注重基层伦理建设，尤其是社区伦理建设，应该成为中国现代化进程必须完成的艰巨任务，应该成为改造国民性、培养新国民的工作重心所在。中国地域广阔，各地的历史文化背景、经济发展程度等千差万别，必须注重地域性，必须将眼光向下，注重基层民众的生活实态，才能在文化发展（包括伦理建设）方面取得良好的效果。全国如此，湖北也不例外。

"社区"一词是外来语。学界公认，最早对"社区"概念进行完整的学术诠释者当推德国社会学家滕尼斯。[①] 1887 年，滕尼斯出版《社区和社会》（*Gemeinschaft und Gesellschaft*，英文版译作 *Community and Society*）。德文 Gemeinschaft，有"集体""联合""公有""共同体"等义。因此，该书中文版译作《共同体与社会》。英文 Community，有"社区""公众""共有""共同体"等义，其所指与德文原意相当。由此可见，"社区"之要义即在于它是一个"共同体"，是地缘共同体、利益共同体、情感共同体、信仰共同体。百余年来，尽管社区的定义莫衷一是，但大体不逾此说。[②] 举凡村庄、市镇、城市街区等，均可视为社区。不过，现今使用的"社区"一词已与滕尼斯的界说渐行渐远。滕氏认为，社区是基于血缘关系而结成的共同体。"社区"与"社会"有别：社区的基础是本质意识，体现出守望相助的亲密关系，因而它是有机整合；社会的基础是选择意志，崇尚权利、法律、理性，因而它是机械整合。尾随滕尼斯之步履，在其后的数十年内，英美人类学、社会学对"社区"进行学术锻造，使之成为颇具影响力的研究范式。[③] 在此过程中，滕氏社区研究独有的德国哲学

---

① 此前已有学者使用"社区"一词，如英国学者梅因于 1871 年出版的 *Village Communities in the East and West*（《东西方村落社区》）。

② 1936 年，美国的芝加哥学派的代表人物帕克（一译派克）将社区的特点概括如下：按地域组织起来的人口，他们扎根在那块土地上，人们之间存在着一种相互依赖的关系。1955 年美国学者 G. A. 希莱里对已有的 94 个关于社区定义的表述作了比较研究。他发现，其中 69 个有关定义的表述都包括地域、共同的纽带以及社会交往三个方面的含义。

③ 本文所言"范式"，采纳库恩的定义，即范式（Paradigm）通常是指那些公认的科学成就，它们在一段时间里为实践共同体提供典型的问题和解答。参见托马斯·库恩著，金吾伦、胡新和译《科学革命的结构·序》，北京大学出版社 2003 年版，第 4 页。

气息也被涤荡尽净。中文"社区"一词是中国社会学者在 20 世纪 30 年代自英文翻译而来①，承袭了英美的学术理念，却丢失了德国式的哲学运思。社区研究的意义在于，社区是人们生活的基本区域，是真实可感、充满生机的区域性社会。社会由各类社区所组成，社区是社会的基础。因此，研究小社区，可以了解大社会。

在 20 世纪三四十年代，社区研究成为社会学中国化的主要途径之一。1935 年，吴文藻②出任燕京大学社会学系主任。以此为基点，吴氏成为燕京学派的领军人物，并将社区研究确定为该学派的主攻方向。此前，燕京大学已是中国社会学研究的重镇，在未名湖畔传道授业的许仕廉、杨开道、李景汉③，以及外籍教师步济时、甘博等人均为开风气之先的著名社会学家，他们指导学生开展了多项富有成效的城乡社会调查。吴文藻接掌燕大社会学系主任一职后，其"社会学中国化"的理想终于找到了一个可以操纵自如的学术平台。当时，中国高校的社会学教学均是西方模式：教学体系及教学内容一律照搬西方，而且多有西人执教者。吴氏首倡"社会学中国化"，旨在扭转这一局面，其实现途径即是社区研究。在燕大社会学课程的设置上，他增设了"社区调查""社区组织及问题"两门课程④，试行导师制，指导学生从资料收集型的社会调查转向理论探讨型的社区研究。通过社区研究的广泛学术实践，产生了一

---

① 据悉，最早将 Community 译为"社区"者，是燕京大学社会学系的学生黄兆临。他于 1934 年在北平《晨报·社会研究》发表《关于社会学名词的翻译》，提出此一译名。参见阎明《一门学科与一个时代：社会学在中国》，清华大学出版社 2004 年版，第 148 页。

② 吴文藻（1901—1985），江苏江阴人。1917 年考入清华学堂，1923 年负笈美国，先后在达特茅斯学院社会学系、纽约哥伦比亚大学研究院社会学系求学，获学士学位和博士学位。1929 年回国，任燕京大学教授，1935—1938 年任燕大社会学系主任。

③ 例如，杨开道《农村社会》（世界书局 1930 年版）将 Community 译为"共同社会"，认为农村不是一般意义上的"共同社会"，应称之为"地方共同社会"，包括 4 种要素：人民，共同生活，同一区域，以农业为主要职业。农村问题研究应是全方位的，包括人口、地域、心理、文化、经济等。参见阎明《一门学科与一个时代：社会学在中国》，清华大学出版社 2004 年版，第 77—78 页；杨雅彬《近代中国社会学》（上），中国社会科学出版社 2001 年版，第 143 页。

④ 据悉，1922 年美国学者步济时创建燕大社会学系之初，开设了两门课程："社区组织""社会调查"。参见阎明《一门学科与一个时代：社会学在中国》，清华大学出版社 2004 年版，第 14 页。

批成就卓著、影响深远的学者，如费孝通、林耀华、黄华节、李安宅、黄迪、李有义、徐雍舜、杨懋春、郑安仑等人。1944 年，作为社区研究领军人物的吴文藻在《社会学丛刊·总序》一文中指出："现代社区的核心为文化，文化的单位为制度，制度的运用为功能。我们就是要本着功能的眼光及制度的入手法，来考察现代社区及现代文化。因此，也可以说，社会学便是社区的比较研究，文化的比较研究，或制度的比较研究。"① 吴氏关于社区研究的总体规划及研究论著，以及众多学者热情参与的长期的学术实践，终于使"社区"作为一个官方认定、民间习用的概念在现代中国扎下根来。"社区"不仅成为中国社会学的一面旗帜，而且成为政府决策的专有名词、社会管理的一道闸门。

通俗地讲，社区就是人们共同生活的一个固定空间，例如一个村庄、一个城市居民小区、一个大学校园、一个厂区（如富士康）。社区的概念不宜过宽过大，它基本上是一个"熟人社会"，人们之间存在着较为密切的利益关联。在现代条件下，随着社会流动的日渐频繁，思想观念的日益更新，社区的血缘性特征在城市中大为消减，但在农村依然醒目，仍有同姓村落或家族居住地的存在，尤其是在少数民族地区，血缘联结及其身份认同依然是文化的纽带。这表明，城市社区与农村社区有所不同，因此伦理建设也应有针对性，不要混为一谈。前面已经提及，中国幅员辽阔，各地情形不一，城乡差距巨大，既要有原则性的行动纲领（如社会主义核心价值观），也要有切合本地实际的可操作性的准则。不能以"总纲"代替"细则"，如同校园文化不同于企业文化、小区文化不同于村落文化一样。中国文化的地域性特征应该反映在现代伦理的构建上。注重基层伦理的基础性建设，打造风格各异的社区文化，应该成为落实社会主义核心价值观的努力方向。作为楚文化重镇的湖北，如何根据历史和省情形塑富有创新品质的可操作性的社区伦理，值得期待。

---

① 郑杭生、李迎生：《中国社会学史新编》，高等教育出版社 2000 年版，第 90 页。按，本文有关社区概念及吴文藻"社会学中国化"之讨论，引自拙文《近代中国乡村研究的社区范式》，载章开沅、严昌洪主编《近代史学刊》第 7 辑，华中师范大学出版社 2010 年版。

城镇化背景下农村家庭
伦理的裂变与整合

—— 关于湖北省英山县石头咀镇农村家庭伦理问题的调查

费雪莱　高乐田[*]

（湖北大学哲学学院）

【内容提要】 随着城镇化的推进，中国农村家庭的结构、功能及生活方式都受到了巨大的震荡与冲击，家庭伦理也不可避免地处在一个裂变、矛盾与整合的过程中。本文以英山县石咀镇农民家庭为调查对象，旨在了解城镇化背景下湖北农村家庭伦理的变动状况、现实特点及存在的突出问题。

【关键词】 城镇化　家庭伦理　裂变与整合

中国传统社会是一个以农民为主体、家庭和自然村落为基本构成单元、小农经济为支撑的农业社会，它以儒家伦理为主导，构成一个家国一体的具有极大的封闭性和稳定性的社会结构模式。两千多年来，尽管历史在发展，政权在更替，但是作为社会基本细胞的家庭及家庭伦理却

---

* 费雪莱（1987～），女，湖北大学哲学学院博士研究生；高乐田（1964～），湖北大学哲学学院教授、博士研究生导师。

保持了其惊人的稳定性。随着城镇化浪潮席卷而来，中国农村家庭这种平稳的发展和变迁进程被一种激烈的震荡和突变取代了。当今的中国农村家庭在家庭结构、家庭功能、家庭生活方式、家庭观念、家庭成员心理状态等诸多方面都发生了深层次的变革，这不可避免地导致了家庭领域的问题越来越多，家庭矛盾冲突也越来越复杂和深刻。诸如两性冲突、婚姻裂变、离婚率上升已深刻地触动着人们的情感生活；而买卖婚姻、重婚纳妾、未婚先孕等现象也在挑战着人们的道德底线；大量青壮年农民外出务工，造成了农村家庭基本结构的破坏和残缺，留守老人老无所养，留守儿童更是由于缺少良好的家庭教育和生活照料，而中途辍学，其中不少人产生了难以愈合的心灵创伤，甚至加入了犯罪的行列；至于外出打工的那部分农民，常年在城市与乡村间游走，既难以迅速地融入城市社会，又失去了对于农村家园的依赖和留恋，常常感到孤独和苦闷。

家庭不仅是人的生活场所，也是人的社会化摇篮，在这里培养人的爱心，塑造人的心灵，锻造人的道德品行。因此如果农村家庭支离破碎，不能健全地发挥功能，不仅影响家庭生活的幸福温馨，也会冲击整个社会的稳定与和谐。目前，农村的家庭结构及伦理道德体系的变革带来的一系列问题和矛盾，已经成为新农村道德建设中的一项重大课题。在城镇化推进过程中，如果我们仅仅把目光放在经济建设方面，忽视家庭伦理变迁与转型中的种种矛盾，不能遵循家庭发展的一般规律，充分调动各种社会调控机制，把这场家庭变革引向正确的发展轨道，社会主义新农村建设目标就将难以实现。本调查基于这样一个背景，走访了英山县石头咀镇的田畈村、陶冲村和老屋塆村等几个主要村落，针对现在农村婚姻家庭领域出现的各种问题进行了详细调研，对120余户农家的210余位农民进行了面对面地访谈，发放了189份调查问卷，并在此基础上，形成了这份农村家庭伦理问题调查报告。具体报告如下。

一 石头咀镇经济社会发展及
农村家庭基本状况

湖北省英山县石头咀镇地处鄂皖边界，位于大别山主峰天堂寨南麓，与安徽省的霍山、金寨两县接壤，开埠于南宋咸淳年间，是鄂东北的传统重镇，也是著名的革命老区。版图面积 264.38 平方公里，系英山第一大镇。这里地理条件十分优越，鄂皖省际公路纵穿南北，大别山腹地公路横贯东西，村组公路纵横交错，区位优越，交通便利，四通八达。这里环境优美，气候宜人，物产丰富，盛产茶叶、蚕茧、板栗、油桐、橘梗、茯苓、天麻等土特产，素有"茶桑之乡""药材之都"的美誉。

全镇由一个居委会、40 个行政村、352 个村民小组构成，共 9582 户人家，总人口 4.2 万人。由于该镇某些村经济发展滞后，没有足够规模经营的企业招收劳动力，因而造成相当数量的青壮年劳动力进城务工，大量的老人和儿童在家中留守，而夫妻长期分居两地也造成一定的家庭问题。此次调研活动访问对象男女各占 50%（其中 50 岁以上占到一半以上，大多为留守老人），其中有 70% 的农民在外务工，家庭经济来源的 55.9% 靠在外打工，34.3% 靠在家务农，整个石头咀镇处于"打工经济"的发展模式中。

在我们着重走访的三个村落中，陶冲村，一共 170 户，总人口 586，60 岁以上老人 90 多个，其中女性 292 个，已婚女有 120 个；田畈村，一共 263 户，总人口 851 人，其中男性为 451 人，女性为 400 人，16～64 岁的劳动力为 564 人；老屋塆村，一共 372 户，总人口 1224 人，其中男性为 597 人，女性为 627 人，16～64 岁的劳动力为 786 人。在受访的人员中，男女各占 50%，其中 50 岁以上占到一半以上，大多为留守老人，25 岁以下青年占不到 5%，26～40 岁壮年占不到 20%，这些年龄阶段的人大都为在打工的主力军。

二 城镇化给农村家庭结构 带来巨大震荡与冲击

当今我国处于社会转型期，农村经济转向社会主义市场经济，这成为农村家庭变化的主要动力，促使传统的农村家庭转变为现代家庭。尤其是鄂东地区，农村青壮年劳力外出务工比例很高，城镇化给农村家庭生活带来的冲击很大，农村家庭结构呈现出多样化、离散化趋势，各种非典型性家庭增多。

1. 核心家庭与主干家庭并存

所谓核心家庭是指一对夫妇及其未婚子女组成的家庭。当前由于受计划生育政策的影响，湖北省农村家庭户平均人数由 1990 年第四次人口普查时的 4.01 减少到 2000 年的 3.51 人，2001 年又降至 3.45 人。从 2001 年家庭户规模的分布来看，2~4 人户比重最多，为 72.35%，比 2000 年上升 2.9 个百分点；5 人及以上户占 20.23%，比 2000 年下降 2.6 个百分点。家庭规模的缩小必然带来家庭代际关系的变化，2001 年，在家庭户类别中，两代户的比例最高为 60.74%；其次是一代户和单身户，为 19.82%；三代户为 18.85%；三代以上户占 0.59%。① 两代户是目前湖北农村家庭户的主体。由此可见，家庭规模继续呈缩小趋势，家庭类型则趋向"二代化"的核心家庭，即从以亲子轴为主的家庭向以夫妻轴为主的家庭转变。但是非核心化的小家庭模式，如空巢家庭正在构成农村家庭结构的重要内容。

主干家庭是指包括祖父母、父母和未婚子女等直系亲属三代人组成的家庭。主干家庭能在一定程度上培养代际同情心，联络代际感情。它也能在赡老、抚幼和管理家务上提供一些便利。主干家庭的缺点是家庭中有两对夫妻、两个中心，因而由谁执掌家庭权力的问题难以解决，婆媳冲突就是一例。主干家庭是由扩大家庭向核心家庭过渡的模式，有一

---

① 《中国人口年鉴（2002）》，第 146 页。

定的生命力。在走访调查中发现，石头咀镇上像这种三世同堂的主干家庭占农村家庭总数的绝大部分。

2. 核心家庭的离散化与结构的非典型性

在石头咀镇的农村家庭中，由于夫妻离异而造成的单亲家庭开始增多，因配偶或父母外出务工而造成的分居家庭更是大量存在，家庭表现出支离破碎的离散化趋势，出现了大量不同于传统意义的非典型性核心家庭。在石头咀镇的走访调研中我们发现，当地家庭经济收入主要以务工和务农为主，其中务工收入所占比重高达56%（见表1）。由此可见大量青壮年劳动力流出，造成很多夫妻长期分居，甚至导致离婚，从而形成了"打工经济"所引起的核心家庭的破碎和核心偏离，许多家庭长期只有妇女和未成年的孩子相依为命，苦苦支撑。

表 1　家庭收入主要来源

收入来源	百分比	有效百分比
务工	56	56
务农	35	35
国家救助	1	1
其他	8	8
合计	100	100

3. 主干家庭的离散化与结构的非典型性

在调查中发现以老人为核心的非典型性主干家庭逐渐增多。在受访人群中，50岁以上老人占到50%，大多为留守老人，主要原因在于年轻人多外出务工。由于子女长期在外，而进城随父母在城市接受教育的农村儿童据统计只有15%左右，照顾孙子孙女的重任落到了家里的老人身上。由此可见，以祖父祖母和孙子孙女为主要成员的家庭日益增多，这样一来，家庭中作主位的夫妻关系长期空缺，导致家庭权力空位，就出现了老人管不了孩子、孩子赡养不了老人的局面，进而隔代教育的诸多矛盾和问题逐渐浮出水面。

三 城镇化导致了传统农村家庭功能的弱化与转移

1. 非婚生育现象大量存在

家庭是人类生育和繁衍的基本场所，生育历来是家庭的最基本的功能。但是目前非家庭的生孕转化为家庭的抚养的现象极为普遍。在石头咀镇的调查中发现，有85%的人出现未婚先孕的情况时会选择要孩子并且结婚。同时发现，家庭、婚姻结构的另一个重要变化是，未婚同居现象迅速发展，并被社会道德观念所默许。婚姻对两性关系的约束力在下降，家庭的传统形式受到挑战和排挤。越来越多的性行为不再借助于婚姻的形式。

2. 家庭教育抚养功能的弱化与错位

（1）家庭内部教育功能的弱化。

家庭是"为了保障孩子得到保护和供养而造下的文化设备"，因此，抚养儿童就成了家庭最基本的功能之一。但是现在家庭中父母对儿童言传身教的影响作用已经不同程度地减弱，甚至丧失。其实父母与子女是一种天然的、和谐的亲子氛围，而家庭这一初级群体，其最基本的特征就是亲子之间亲密的、面对面的交往与合作。由于留守儿童与父母聚少离多，亲子互动减少，因此亲子之间也会不同程度地疏远。儿童从小缺乏爱抚和亲子间的情感交流，这样会使幼儿早期社会经验出现不同程度的缺乏。这些儿童常常会表现出情绪、行为发展的异常，例如有的缺乏社会主动性和积极性，容易退缩，感情淡漠；有的则过度活跃，过分在意别人的关注。留守儿童的父母长年累月在外为生计奔波，一年半载才偶尔回家一两次，无法切实感知和了解孩子的心理发展动态，难以实施正确的引导教育，不利于儿童身心健康成长。所以在石头咀镇受打工经济的影响，"只生不养，只养不教"的现象普遍存在。

（2）家庭教育主体的上移。

在石头咀镇的留守儿童家庭中，父母双方或一方在缺位的情况下，通常将子女交给（外）祖父母、亲戚朋友、同辈群体或由父母一方来照顾，也就是隔代监护、上代监护、同代监护及单亲监护，其教育主体发生了上移和错位的现象，这是一种不完整的家庭结构，它会导致家庭的抚养功能在一定程度上的弱化，并对留守儿童的社会化产生一系列影响。

3. 赡养功能的外化与缺失

（1）家庭赡养功能的外化。

随着社会的发展，养老机制越来越多样化，主要有养老院、养老保险等，赡养老人的义务越来越推向社会，家庭养老的功能逐步减弱。同时，家庭规模和家庭结构的变化也严重削弱了家庭赡养老人的功能。过去一般都是几对夫妇供养一对老人，今后一般只能是一对夫妇供养两对及以上的老人。同时，城乡居民价值观念的变化也在一定程度上会影响老年人口的赡养状况。传统的以孝为核心的维系家庭关系的伦理道德观念逐渐淡化，重经济利益，轻血缘关系，代际距离拉大，也大大削弱了家庭养老的功能。未来我国老人不能只依靠家庭供养，应逐渐转向社会供养，即由家庭责任主体过渡到国家（或社会）责任主体。然而，现行社会保障体系不完善，导致家庭赡养负担较重。

（2）家庭赡养人的空缺。

石头咀镇老屋湾村的邓某和丈夫有三个女儿和一个儿子，儿子在深圳打工时认识一个四川女孩，倒插门嫁到了四川，女儿们都出嫁了，几乎不回家。如今丈夫得了食道癌，喝水都困难，邓某自己身体也不好，既要照顾病重的丈夫，还要干农活，没有子女的照料和赡养，生活很困难。这种赡养承担者的空缺在农村极为普遍。

据调查，老人的医药费有61%需要自己出钱，28%靠医保，10%要借钱才能看病（见表2）。医疗费用也成为他们的沉重经济负担，以至常常出现有病不去及时治疗，小病拖大的情况。此外，"啃老"在农村并不是个别现象，不少空巢老人还要承担外出务工子女交给自己照管的孙子、孙女的生活和教育费用，从而使这些老人的生活更加拮据。

表 2 老人医药费的来源

	百分比	有效百分比
借钱	10	10
邻里帮助	1	1
医保	28	28
自己出	61	61
合计	100	100

老屋塆村的妇联主任李主任说："我是五年前来到村里的，当时村里的楼房很少，五年后村里有95%都是楼房。"同时在调查中也发现，不少农村的规模比十几年前甚至几年前扩大了很多，很多人家都盖上了各式各样的新房子，而那些老旧房屋的主人大多是已经年迈的老人们。已经成家的子女大都已搬到了村外甚至镇上、城里的新居里。而在调查中发现：不愿意去城市养老以及只愿意在城市短住仍希望在家乡养老的占到近70%，这样一来老人和子女的生活距离和情感距离都在逐步拉大（见表3）。

表 3 如果条件允许是否愿意进城养老

	百分比	有效百分比
不愿意	37	37
短住	28	28
愿意	35	35
合计	100	100

四 城镇化使农村家庭关系出现新特征

1. 夫妻平等与婚姻裂变

（1）夫妻关系趋向平等。

传统伦理观念中，"三从四德"一直是女性角色的行为规范，两性之间的地位极其不平等，男性处于统治地位，女性处于依附地位。但是通过调查发现，石头咀镇的村民夫妻关系逐渐趋向了平等和睦，妇女地位得到了显著提高。当我们在调查中问及"家庭中有重大事情需要做出决定时，是丈夫说了算还是妻子说了算"时，有29%的家庭是男主人决定，3%的家庭女主人决定，68%的家庭共同讨论决定（见表4）。由此可见多数家庭是共同协商家庭事务，夫妻俩是经过平等协商的，女性在家庭中已经有一定的发言权。

表4 家庭中有重大事情由谁做决定

	百分比	有效百分比
共同决定	68	68
男主人	29	29
女主人	3	3
合计	100	100

（2）夫妻长期分居引发家庭冲突，夫妻情感危机加剧。

在石头咀镇的走访调查中发现，伴随着丈夫打妻子的暴力行为，冷暴力逐渐增多。在陶冲村，一位妇女向调查者倾诉，她与丈夫打了半年的"冷战"，原因是丈夫在外有了情人，被她发现后还不愿离婚，一气之下她出于报复、惩罚的目的与他打起了"冷战"。半年来丈夫经常在外务工，和她几乎没有任何联系，曾经的夫妻如同路人一般。目前她身心疲惫，不知道下一步该怎么办。其实家庭冷暴力作为一种隐形暴力形式，造成的伤害绝不亚于显性暴力，甚至还会造成精神隐疾。受到冷暴力对待，女性大多有委屈感、被控制感，感情变得脆弱、易激动，心理上常常处于孤独状态，健康受到极大损害；被冷暴力折磨的男性，往往因此变得多疑、自私、自卑、不愿与人交流。同时这种长时间的"冷战"使夫妻感情越来越不稳定，进而会引发婚姻危机和婚变。

2. 父子间交流减少，代沟加深

在石头咀镇的调查中发现，由于孩子和在外打工父母长期分离，造成其与父母的亲情关系淡漠。孩子日常生活中无法得到父母的具体指导和言传身教，成长中缺少了父母感情的关爱和支持，致使他们在成长过程中亲子间沟通中断，互动缺失，父母对子女的教育也难免陷入"鞭长莫及"的境地。这样一来很容易使孩子产生价值观的偏离和人格、行为上的异常。在调查问卷中回答与孩子是否交流时，回答会交流的只占到受访者的 54%，而不会和有时候会交流占到了受访者的 46%（见表 5）。由此可见，亲情的淡化、沟通的缺失和教育的断裂成为目前农村父子关系变化的主要趋势。

表 5　你会和孩子主动交流吗

	百分比	有效百分比
不会	13	13
会	54	54
有时候会	33	33
合计	100	100

3. 婆媳矛盾有所缓和

旧时期的婆媳关系，从一句俗谚就可知端倪："多年的媳妇熬成婆，当了婆婆再把媳妇磨。"在以往传统观念中，女性是依附于夫家的，规定媳妇必须孝敬公婆。而婆婆是主内的，所以，婆婆在家里是媳妇的直接领导，处于强势地位，加上婆媳关系中固有的容易引发矛盾的共性元素，就决定了她们的关系普遍处于矛盾状态。但是在石头咀镇的走访调查中发现，除了媳妇必须依附于夫家的婆媳关系之外，还呈现出更多种的婆媳关系。例如，夫妻和公婆分开过的、丈夫外出打工妻子一人和公婆相处的，过去单一的婆媳关系逐渐向多样化发展。

4. 兄弟姐妹关系更趋紧密

调查显示，有 69% 的人和自己的兄弟姐妹来往频繁，24% 的人有事的时候联系，7% 的人很少联系（见表 6）。在兄弟姐妹来往涉及金钱利益方面有 40% 的人认为应该公平公正，60% 人表示无所谓（见表 7）。在老屋坳村，邓某是一个有三十多年教学经历的乡村教师，在他整个家族中一共出了七个大学生，他的三个儿子和儿媳、一个女儿目前都在北京工作，两个侄子在武汉读大学，和他在北京的儿女关系非常好，经常互相帮忙。这说明，在社会转型下的当代中国农村，维持人际关系网络的基础仍然是血缘关系。

表6　兄弟姐妹之间的联系程度

	百分比	有效百分比
很少联系	7	7
频繁	69	69
有事联系	24	24
合计	100	100

表7　兄弟姐妹涉及利益来往时的态度

	百分比	有效百分比
公平公正	40	40
无所谓	60	60
合计	100	100

五　城镇化加速了农村家庭伦理观念的变革

1. 多子多福传统生育观念松动

在调查中发现人们的生育性别偏好逐渐淡薄。在生育性别喜好方面，以希望生育男孩，生育女孩，无生育偏向三个选项为调查指标问及被调查人员时，选择各种答案的比例分别为3%、6%、91%。数据表明，石头咀镇周边农村有一大半以上的村民对生育性别没有要求。只有3%的村民希望生育男孩，这体现了当地村民生育观念中"重男轻女"思想已经基本不再存在。生育女孩和无性别偏好两项指标的总比例为97%，这97%的被调查者的思想观念中都有"生男生女都一样"的生育观念，体现了当地村民的生育性别偏好逐渐淡薄（见表8）。同时，在调查中发现，36%的农民表示就算意外超生也不会再要孩子（见表9）。这一现象不仅仅表明国家计划生育政策强制到位，更表明农民在生育问题上观念有了极大改变。优生少生，甚至不要孩子的生育观已经盛行于农村中，例如，在我们走访陶冲村时了解到，有一个家庭，男主人姓郁，在外打工，有车有房，第一胎是一个女儿，有条件生二胎，但是他放弃了。还有一个家庭男主人姓江，有两个男孩，但有一个先天残疾，家庭年收入不少于5万元，但没有生第三胎。

表8 对重男轻女的看法

	百分比	有效百分比
生男好	3	3
男女都好	91	91
生女好	6	6
合计	100	100

表9 超生怀孕怎么办?

	百分比	有效百分比
不要孩子	36	36
接受罚款也要孩子	37	37
看情况	21	21
要孩子不接受罚款	6	6
合计	100	100

2. "恋爱自由""婚姻自主"成为主流价值

在老屋塆村，村民段某4年前在外地打工时与一个19岁女孩恋爱并生下一子，至今没有领结婚证。老屋塆村的妇联主任说道："这种没有结婚就生活在一起并且有孩子的在农村也比较常见。"可见这对先结婚后生子、恋爱必须结婚的传统观念产生了强烈的冲击。问及选择配偶的标准时，41%的人倾向于本地，只有3%的人选择外地，56%的人认为随缘比较好。问其原因，多认为选择本地媳妇比较容易沟通，文化风俗都相同，不存在适应磨合的问题（见表10）。同时发现现在农村青年的恋爱对象不再局限于父母、媒人介绍的范围之内，传统的父母之命、包办婚姻已经很少见了，婚姻自主性明显提升。在访问中，对于现存的"未婚同居"问题，受访者也没有回避，并指出在农村这种现象也普遍存在。在问及"未婚同居"对未来家庭生活是否有影响时，给出会影响回答的只有38%，不到受访者的一半；其次认为不会影响的占到了

30%，认为不确定的占32%（见表11）。总体来看，对于现在普遍存在的"未婚同居"现象，村民大多表示可以接受。同时也反映出"先婚后居"等传统观念正在城镇化浪潮中受到冲击。

表10　择偶倾向

	百分比	有效百分比
本地	41	41
随缘	56	56
外地	3	3
合计	100	100

表11　未婚同居对未来家庭的是否有影响

	百分比	有效百分比
不会	30	30
会	38	38
有可能会	32	32
合计	100	100

3. 贞操观念淡化

贞操观是中国封建社会腐朽的伦理道德观念，长期以来，一直都是限制妇女权利的无形枷锁。贞操观念要求女子一生只能委身一个男人，即从一而终或夫死不再嫁，以遵从所谓的"妇德"。但我们在石头咀镇的走访调查中发现，这种传统贞操观早已渐渐淡化。陶冲村的肖女，与第一个丈夫因性格不合离婚，第二任丈夫因病去世，现在又与第三任丈夫重新组建家庭，四代同堂家庭非常和睦。同时在问卷中问及孤寡老人晚年找老伴的问题时，表示赞同和随缘的分别是46%、45%，达到了总数的91%（见表12）。由此可见，农村夫妻离婚、青壮年妇女丧夫再嫁现象已经普遍存在，老年人再婚也不再新鲜，传统的从一而终的道德观念逐渐瓦解。

表 12　孤寡老人晚年找一个老伴是否赞同

	百分比	有效百分比
不赞同	9	9
随缘	45	45
赞同	46	46
合计	100	100

4. 婚姻责任感有所增强

在调查中，我们看到72%的农民仍然认为结婚才是男女相处的最终目的。

表 13　谈恋爱的最终目的

	百分比	有效百分比
结婚	72	72
年轻玩一玩	3	3
随缘	25	25
合计	100	100

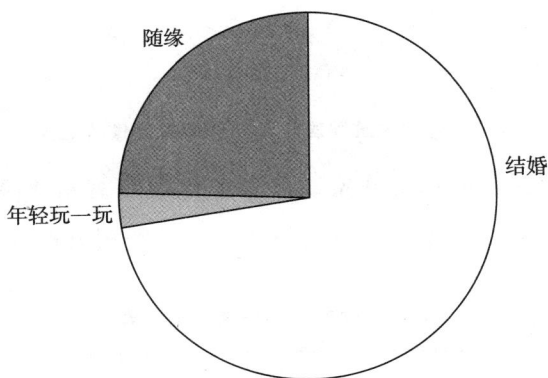

图 1　谈恋爱的最终目的

85%的农民认为如果未婚怀孕，一定要结婚成家并照料孩子（见表14）。这证明夫妻双方对于婚姻的责任感都比较强，能够主动为对方、为婚姻负起应有的社会责任和个人责任。

表 14　如果出现"未婚同居"而意外怀孕，你会怎么办

	百分比	有效百分比
不要孩子继续同居	6	6
看情况	1	1
要孩子不结婚	2	2
要孩子要结婚	85	85
要孩子暂不结婚	6	6
合计	100	100

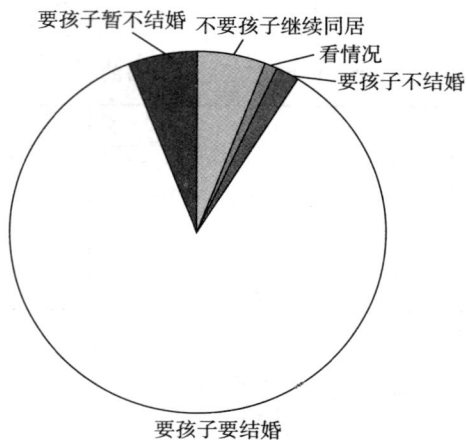

图 2　对"未婚同居"而意外怀孕现象的态度

对于成家之后婚外情的现象，有 73% 的农民表示坚决反对，都愿意积极坚守、维护自己的婚姻，对爱情负责，对婚姻负责（见表15）。

表 15　你对"婚外情"怎么看

	百分比	有效百分比
不反对	27	27
坚决反对	73	73
合计	100	100

在对石头咀镇的走访中我们还发现，留守在家的农民对于在外务工的另一半担心最多的是对方的身体健康和工作情况，而在感情是否

出轨问题上，大都表示相信对方。这进一步证明了在农民婚姻中男女之间信任感正在变得更加牢固，夫妻之间对婚姻的责任感正在逐渐增加。

5. 性观念日趋开放

在人的所有欲望中，没有什么欲望比性欲更有可能令人疯狂、令人丧失理智。然而，在中国旧社会乃至当今社会，仍有一些人认为性爱是人性中最龌龊、最肮脏、最见不得人的阴暗面。近些年来，随着社会的进步，科学的发达，人们的思想日益解放，许多人认为性在婚姻中是至关重要的，性是决定婚姻是否幸福的主要因素。性观念已经被大部分人正面提出并受到广泛重视。处在转型中的农村（石头咀镇）农民，虽然在性观念中仍然保留着传统保守的部分，但在城市现代文化的冲击下，他们也在逐步接受新时代开放的性观念。这主要表现在以下方面。

（1）婚前性行为被普遍接受。

性在农村中已经不是绝对避讳不谈的话题，如果问题恰当，他们表示愿意发表自己的观点。调查结果显示，超过 60% 的农民表示"未婚同居"有可能会或者不会对最终婚姻造成太大的影响，这也进一步表明农民性观念越来越开放，对于婚前性行为已经普遍接受（见表 16）。

表 16　"未婚同居"对未来家庭的影响

	百分比	有效百分比
不会	30	30
会	38	38
有可能会	32	32
合计	100	100

（2）结婚不一定为恋爱的唯一结果。

结婚不是恋爱的唯一结果，这种观点无疑也对传统的婚姻造成一定的影响，在调查中，25% 的人认为是否能结婚要看男女双方的缘分，就

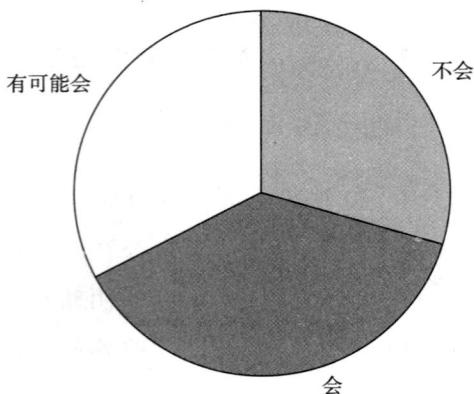

图3 对"未婚同居"对未来家庭影响的态度

算没有结果的恋爱也不算什么，这种现象是可以接受的。当然72%的农民仍然坚持恋爱了就要结婚，但他们多为年老一辈的。这也体现出如同城市中60后与80后对于婚姻观的差距。

（3）婚外情在特殊情况下可以接受。

婚外情，在此次调查中显示出了一些特殊的情况。30%的农民并不反对婚外情。他们表示，常年在外务工的爱人，如果偶有婚外情，可以容忍和理解。例如我们在走访老屋垸村时了解到，有一家两口，由于长期分离，感情疏远后，丈夫在外包二奶并且有了孩子，等于在外重新组织了一个家庭，而家中的妻子不但没有和丈夫离婚，还伺候婆婆和养育三个儿女十几年如一日，自己始终没有改嫁。我们暂且不评论这种现象的好坏，但是此类现象值得关注和深度探讨。

六 家庭生活方式的多样化

1. 物质生活明显改善但实用性不强

在石头咀镇的走访调研中发现，村民的衣食住行水平都在逐渐接近城市，每家每户几乎都有电视冰箱，很多农家都盖了楼房。但是仔细观察，家里有冰箱电视的几乎不通电；对于过高的有线电视的收费标准，很多村民表示没办法接受；敞亮的村民楼房也几乎没有人居住。由此可见物质生活的改善很大程度上都是一种摆设，实际的基本物质生活并未提高。

2. 精神文化生活单调，出现农村文化沙漠的现象

在调查中发现，村民们每天除了干农活，最普遍的娱乐就是看电视，或者聚在一起打麻将。但由于村里数字有线电视收费过高，有的农户家里虽然有电视但没有装有线电视，只能看几个固定的频道，文化生活相当单调。对于精神生活，村民没有更高层次的要求，大多倾向于实用性。

湖北农村家庭伦理秩序 建设的调查与思考[*]

杨海军[**]

（华中师范大学政法学研究院　湖北大学哲学学院）

【内容提要】　随着大批农村青年外出打工，当代湖北农村人的家庭价值
观念遭遇了前所未有的冲击，农民的价值观念发生了积极的变化。本
文通过实证调研，讨论了当代湖北农村家庭结构和家庭观念的变迁及
其伦理秩序问题，并探索和分析了构建新型的湖北农村家庭伦理秩序
问题。

【关键词】　湖北农村　家庭伦理秩序　构建

随着改革开放逐步向内陆推进和中部崛起号角的吹响，湖北这个中
部内陆地区的传统价值观念，尤其是农村家庭的传统价值观念正在发生
着巨变。在这个过程中，农村传统的家庭观念正在逐步改变，家庭结构
也在逐渐变化。本文将以湖北农村家庭为视点，立足实地调研，揭示湖
北农村家庭变化的现状、原因以及面对变化的对策。

---

[*]　基金项目：本文属于湖北省社科联中国调查项目《中国社会伦理道德秩序调查》（项目编
号 013 - 099618）的阶段性成果。

[**]　杨海军（1979—），华中师范大学政治学博士后，湖北大学哲学学院暨湖北大学高等人文
研究院讲师，兼任湖北省道德与文明研究中心、湖北农村问题研究中心讲师。

一 湖北农村家庭的当代变迁

大批青壮年流向东南沿海一带或大城市打工，给当代湖北农村家庭生活带来了巨大的变迁。在我们深入湖北省农村进行调研时，切身感受到了这个变迁。在湖北当代青年人的家庭生活中，"男尊女卑""门当户对""从一而终"等传统观念已相当淡漠。平等、自由、和谐、互爱成了维护家庭关系的主要因素。农民的教育观念、婚育观念、法制观念、科学观念、生活观念等发生了积极的变化。

（1）教育理念得到强化。调研问卷问到"您希望别人如何评价您"时，有40.4%的人选择"有本事有能力的人"，34.6%的人选择了"有德的人"。这说明农民有很强的提高自身知识技能和道德素质的要求。加强教育在农村成为头等大事，农民子女入学率显著提高。根据调查，有46.1%的村民认为"如果考生考试（中考或高考）落榜后"应该继续读书，44.9%的村民选择"学习技能"。我们调查的湖北省咸宁市咸安区明星村，历来重视教育，义务教育已全面普及。

（2）婚育观念不断更新。婚姻问题直接关系着和谐社会与乡风文明的建设。在明星村调查时，在"在结婚对象的条件选择上你如何考虑？"这一问题中，选择"有经济条件的"占7.8%，选择"有社会地位的"占4.4%，绝大多数人选择了"才学品德""双方感情"，从中可看出，现在的农村青年选择结婚对象越来越重视双方感情，反映了农民维持家庭稳定的要求。

反对婚姻包办、主张婚姻自由的观念深入人心。在明星村的调查显示，在男女婚姻问题上有44.2%的村民主张父母应与子女商量，50%的村民主张子女做主。以往的"早婚早育"思想，现在有了很大的改观，村里80%以上的青年男女按法定年龄结婚。农民的生育观念转变较大，男女平等、计划生育等观念被普遍接受。在生男生女问题上，84.2%的村民认为生男生女都一样。

（3）法律意识大大增强。社会主义新农村建设需要依法进行，要依法治村。加强法律观念的教育与宣传是新农村建设顺利进行的重要保证。调查显示，"当利益受到侵害时"50%的村民选择找法律，36%的村民选择找干部。对"如果遭遇家庭暴力，您会怎么办？"这一问题，选择"离婚的"占20.3%，选择"诉诸法律的"占31.8%。从中可看出，农民的法律意识在不断增强。

（4）科学观念深入人心。当今的湖北农村科普工作取得了显著的成效，农村崇尚科学之风已初步形成。在调查中我们看到，今日农村处处可见大型农业机械，现代农业技术取代了传统的手工劳动方式，大大提高了效率；也有村民建起了葡萄、梨、桃等果园，懂得技术的大学生回乡用科技致富也传为佳话。

（5）生活观念发生巨变。当代湖北的新型农民纷纷外出务工，打工的收入极大地改善了家庭生活，有力地催生了当代农村家庭生活方式的形成。调研问卷问到"家庭主要收入来源是什么？"时，选择"粮食收入的"占30.9%，"打工的"占30.4%。从中可以看出，打工已成为农村家庭的主要收入来源。对"在农村，您觉得家长对子女外出打工有什么看法"这一问题，回答"是否在身边无所谓，只要子女能学到本领、结识有用的人、赚到钱就行"占58.6%，"希望子女呆在家里，但现实只能如此，也可以接受"占36.5%。可见农村家庭生活观念发了巨变，他们理解并支持青年外出打工。我们到访的湖北省当阳市，青壮年外出务工增加了经济收入，大多数定期给父母邮寄生活费，老人生活衣食无忧，比较有幸福感。有些村的"打工族"赚到钱后，集资兴建村老年活动大院，让老年人老有所乐。

但是，大批青壮年外出打工，也给农村家庭生活带来了一些问题。在我们深入湖北省农村家庭进行调研时，发现问题主要集中在三个方面：①外出打工青年不能守候在年老的父母身边全身心地赡养父母，以更好地尽孝。②以牺牲夫妻之间甜蜜的家庭生活为代价，甚至出现婚姻危机问题。③对年幼子女的教育和其健康成长影响很大。

二　湖北农村家庭变迁原因之分析

以上分析显示，湖北农村家庭正经历着从传统向现代的历史变迁。实地调研发现，现代农村家庭与传统家庭的最大区别在于指导人们行为的伦理思想发生了巨变。在这个转变过程中，我们看见了支配传统家庭的伦理思想的解体。在中国农村的传统伦理体系中，"一切道德，皆以家为出发点"①。然而，当代家庭伦理思想正在以家庭为核心舞台来展开重构。由于"传统意义上的'德'包括（内）'仁'（外）'义'两个层面"，而"'仁'、'义'正好从内在与外在两个方面构成了中国传统价值观念的基本构架"②，当代湖北农村家庭变迁的原因也正好可以从这两个维度来分析。

（1）传统"仁爱"观的变迁。

中国传统"仁爱"观的最大特点就是整体主义，以宗法血缘等级为基础的理想的人论关系中的"'仁爱观'从内在方面规定了中国传统价值观念在基点上是整体主义的"。在家庭领域这种整体主义表现为宗法观念、恋家观念以及小农观念，当今家庭中这些观念正在悄然改变。

我们到湖北省恩施等地调研问到"村干部是否由大姓氏的宗族担任？"时，89%的人回答"否"。问到"若村民产生矛盾纠纷时，是否找族长解决？"时，98%的人回答"否"。这表明农村的宗族在当代的湖北仅仅是一个符号而已。问到"结婚后小家庭另立门户还是与父母同住？"时，35.9%的人回答"另立门户"，27.5%的人回答"与父母同住"，36.6%的人表示"无所谓"，这表明传统的恋家观念发生了明显的变化。过去的小农观念也逐步被抛弃，农村的生活朝着更加幸福的目标迈进。

（2）传统"义利"观的变迁。

中国传统伦理思想认为，"义者，克己也"③。在这种义利观的指导

---

① 参见冯友兰《冯友兰谈哲学》，当代世界出版社 2006 年版，第 123 页。
② 参见戴茂堂《传统价值观念与当代中国》，湖北人民出版社 2001 年版，第 289、290 页。
③ （北宋）张载：《张载集·经学理窟·学大原上》，中华书局 1978 年版，第 294、295 页。

下，传统伦理思想具有很强的禁欲主义特色。在传统价值观念那里，"义利观"从外在方面规定了中国传统价值观念在归宿上是禁欲主义的。在家庭领域，这种禁欲主义义利观主要表现为子女对"家长"软弱地服从。

在当代湖北农村家庭中，我们看到了人们对真正独立人格和自由个性的追求和对独立个体权利的抗争。通过调研发现，由于个体意识的觉醒，这种传统义利观正受到挑战。主要体现在两个方面：第一，村民勇于维护自己的权利，尤其是政治权利。调研问到"您参加村委会干部选举吗？"时，83.4%的人回答"参加"，这说明农民更加注重自己的民主权利。第二，获得权利的终极目标不再是为了禁欲主义的德性之圆满，而是为了当下的幸福生活，如扩大再生产等。问到"家有余钱打算做什么？"时，27.3%的人回答"扩大生产投资"，38.4%的人回答"改善生活条件"，8%的人回答"进行一些娱乐活动"。这说明现在的农村以幸福生活为目标，并为之奋斗。

正是由于个体权利意识的觉醒，湖北农村家庭在变迁中也出现了一些新问题，如空巢老人的照料和情感、留守儿童的教育和健康成长等问题。调查数据也表明，外出务工者配偶随行的占总数的25%，配偶及子女都随行的占4.8%。而且大多数农民工平时很少回家，有97%的人选择在春节回家。这样，他们体弱多病的父母一旦生病卧床，"无人照料""照料不周"者比比皆是。调查显示，农村老人"无人照料""照料不周"的占到53.7%。调研问卷问到"农村青年夫妇外出打工对小孩的生活和教育的影响"时，回答"影响很大"的占40.6%，"有一定影响"的占51.5%，可见青年夫妇外出打工在带来家庭物质改善的同时，牺牲了对年幼子女生活上的关爱和对其健康成长的引导。在认识到湖北农村积极变迁的同时，也要认真反思变迁带来的问题，重构湖北农村家庭伦理秩序。

三 湖北农村家庭伦理秩序的当代构建

调研显示，当代湖北农村家庭伦理秩序在经历巨变的同时，也在经历着重构。在家庭领域，传统仁爱观和义利观的变迁可以集中体现为传统孝道在当代生活中面临挑战。我们主张，当代中国农村家庭伦理秩序之构建的基点在于平等的个体意识，构建的目标在于追求普遍的幸福生活。

第一，伦理秩序的基点：平等的个体意识。

传统的仁爱观并没有对人格的尊重，实际上是一种对上下尊卑关系的绝对确认，当然就不具有现代人道主义的意义。父对子的爱，并不建立在对人本身的人格尊重之上，不是对他人主体性、独立性的强调，而是一种居高临下的恩惠。

老人需转变观念，对年轻人多一分理解和支持。当代中国农村家庭应该剔除中国传统家庭伦理秩序中的统治服从关系，在尊重独立自由个性的基础上重建父子关系规则。政府应加大宣传力度，让那些"家长制"传统观念根深蒂固的老人转变思想，适应新形势。

第二，伦理秩序的目标：普遍的幸福生活

这种幸福不是传统禁欲主义式的幸福，而是以对人的自由权利的尊重为基础的普遍幸福。落实到农村家庭内部，可以从三种不同年龄阶段的人来讨论这个问题。

老年人安享晚年的权利要受到尊重。

首先，要提倡符合时代要求的"孝道"，提高农村家庭养老意识。除了物质上充裕的保证以外，子女更要重视对父母的精神赡养。今天必须将"孝"建立在人的独立性基础上，父母和子女分别拥有自己的独立人格，他们之间的关系是平等、民主的，子女仍然有着赡养和尊敬父母的义务，这是新型的农村家庭的必然要求。

其次，发挥农村社区的功能，鼓励邻里和亲友之间互帮互助，增强老人对所在农村社区的归属感，缓解老人的孤独感。

最后，地方政府要做好"空巢老人"养老保障、医疗保障等合法权益的维护工作，维护空巢老人的合法权益，使农村空巢老人的晚年生活更加幸福和充满活力。

青壮年夫妇的和谐关系要得到维护。

夫妻关系是一种特殊的社会关系，当代农村家庭中的夫妻关系应具备以下几个特点：第一，当代农村夫妻关系应以爱情为基础。当代农村青年在选择结婚对象时，应把恩格斯的"只有以爱情为基础的婚姻才是合乎道德的"奉为座右铭。第二，当代农村夫妻关系应以平等为原则。夫妻双方既要在法律上平等，也要在道德上平等。在当今农村，由于女性接受教育的权利得以实现，劳动所得在家庭收入中的比重越来越大，各个方面越来越独立，不再完全依赖于丈夫，这就为构建平等的新型夫妻关系打下了基础。

青少年健康成长的权利要得到尊重和保护。

社会应该正确认识、关注留守儿童，解决他们的心理困扰。首先务工父母应树立正确的教养观念，形成正确合理的教养方式。不仅要提供物质支持，还应该提供心理、思想上的支持。其次建议学校建立"留守学生"档案，创造条件，开展丰富多彩且有益于学生身心健康的教育活动。

在这方面，武汉市新洲区辛冲一中起到了示范作用。针对留守儿童普遍存在的心理缺陷，该校开设了符合留守孩子身心发展规律的心理课程，还多次邀请心理辅导师给全校留守子女上心理辅导课。除在暑期集中安排专题授课和社会实践外，还定时开放图书室、活动室，有效地激发了留守孩子的求知兴趣和热情。学校还向孩子开放电话室，免费为孩子拨通"亲情号码"，让孩子们与父母联系，沟通情感。[1] 在调研中，我们了解到湖北省当阳市在留守儿童的生活和教育方面进行了有益的探索：成立"未成年人驿站"，有效地解决了"留守儿童"的生活和教育难题。留守儿童放学后，自主来到驿站学习娱乐。这既解决了小孩的教育问题和安全问题，又使其得到了情感交流与沟通，是小孩家长放心的乐园，也是小孩成长成才的摇篮。

---

[1] 参见冯新星《妇联授予新洲辛冲一中"关爱留守儿童示范学校"》，《长江商报》2007 年 11 月 24 日。

企业伦理文化建设的现代视野转换

——对湖北部分企业伦理文化建设的调研分析

冯　军　朱武振*

（湖北大学哲学学院）

【内容提要】　本文在对湖北部分企业的伦理文化建设调研情况作出实证分析的同时，重点研究了企业的本质与企业伦理文化建设的一般内在关联。研究认为，在市场经济条件下赢利是企业的本质规定，其不仅是企业全部社会职能的根据，也是企业伦理、企业文化得以生成的基础；而竞争与协作则是企业活动、企业行为的基本形式。深入把握企业经济行为的上述实质和特征，才能够对企业伦理展开真实和深刻的分析，才可能构建企业伦理、企业文化研究的逻辑体系。

【关键词】　企业本质　企业伦理文化　企业核心价值观　现代转换

　　我们通过湖北省"道德与文明研究中心"对湖北省部分企业所作实证考察发现，在市场经济条件下，企业经济效益明显的企业，除行业、规模、技术、资金等物质条件较雄厚外，企业伦理文化的建设和发达是

---

　　*　冯军（1961—），湖北大学哲学学院教授，哲学学院副院长、博士生导师；朱武振（1982—），湖北大学哲学学院博士研究生。

不可或缺的条件。例如，湖北宜化集团的做法是：用企业伦理文化打造"航母"。始建于1977年的湖北宜化集团，经过近30年的发展，已由年产1万吨合成氨的小厂发展成为煤化工、磷化工、盐化工"三足鼎立"的大型企业集团，特别是从2000年到2004年的四年间发展惊人，销售收入由5.8亿元增加到36亿元，利税由2800万元增加到4亿元，被誉为湖北省化工行业的"航空母舰"。又如，中国移动湖北有限公司，既是湖北省利税大户，又是2007年湖北省企业伦理文化建设红旗单位。事实证明，企业的经济效益需要企业伦理文化的支持，二者相得益彰。

因此，针对企业伦理研究思维的现代转换和湖北省企业伦理文化建设的现代视野的形成，我们应该对企业的本质与企业伦理文化及其关系进行深入的理论思考。

我们知道，经济伦理学关注的是宏观层面上对市场经济过程及其相关机构的基本论证，它探讨的是理应普遍适用的游戏规则。而企业伦理学探讨的是微观行为层面上的"企业行为的社会责任"。由于市场和法律存在着调控上的局限性，自我负责在日趋全球化的现代工业社会中已成为一种越来越重要的制度因素。一般而言，企业伦理承担了使企业经济活动、企业管理活动与社会和生态和谐的使命，就是说承担了实现社会和谐的使命。特别是在不同的文化背景下，企业伦理就可能成为多种文化相互理解、促成共同价值观念的准则。

就企业伦理研究方法而论，如果按照企业与伦理的相互关系来分，我们可以将之分为三类。

一是从伦理到企业活动的研究，即以伦理思想作为先导意识，从历史和现实中，形成与国家的治理联系在一起的宏观方略。企业作为社会经济组织的"经世济民"手段，一直服务、服从于社会伦理大思路。一种企业政策实务的出台与运行，都需要得到伦理的首肯、支持、辩护。所以，从伦理来观察、说明、论证这一经济组织存在的合理性，是人类思维的一贯倾向。但是，它存在的缺点也是不可回避的。伦理学的研究，偏重于理论思辨的逻辑推理和演绎，以至于使得其中的许多理论存在着空泛、不实用、不具体、不精确的弊病。而对市场经济中的企业与道德的研究，是特别需要面对经济活动复杂的内容的，不能仅从市场经济的理论出发进行简单的逻辑推定。过去我们运用抽象概念、判断、推理，来论证市场经济与道德的关系，常常造成某些结论和社会现实不相符，甚至在实践上带来预想不到的危害，这是值得认真反思的。

二是从企业活动到伦理的研究，即在企业经济活动研究中，经常面临伦理问题，导致了经济学、管理学等应用学科学者们思考、探讨企业经济活动中的伦理问题。企业伦理研究的实质，就是运用伦理理论观照、解决企业经济活动中所遇到的实际问题。企业经济活动问题导致伦理的追问，使企业伦理得到重视。但是，企业中的伦理研究，存在着不少弊端，尤其是在经济学、管理学忽视、否认伦理维度时，就更加明显暴露出来。有的经济学家、管理学家甚至完全抛弃了道德的考虑。讲究效率，使经济学成为功利主义独霸的阵地。功利价值、效用意识，逐渐被拔高到至上的地位，成为衡量行为的唯一标准。这样，美德、正义等人类社会许多不能或者不好确定现实价值的东西，被置若罔闻。人们在功利的圈子里旋转，为了暂时利益，忽视长远利益；重视物质利益，忽视精神价值；强调自身利益，忽略他人利益。阿马蒂亚·森曾一针见血地指出，长期以来的经济学已沦为工程学，没有人性内容了。

三是企业活动与伦理的综合研究，即企业活动与伦理的融合，体现为以企业经济活动为逻辑起点，既要为企业活动奠定伦理基础，又要为其制定伦理规范。在人类知识与智慧学说中，保持着经济活动与伦理原始样态的自然结合。作为企业伦理，它是演绎与归纳、分析和综合、抽象与具体的方法论上的整合，是企业经济学、企业管理学和伦理学的双向交融。其研究内容既有"主义"，又有"问题"。"主义"是涉及伦理价值、经济学理论体系的东西，"问题"是联系实际的经济现象、伦理困惑。企业伦理学就是在企业经济活动和伦理学之间进行联系，加以沟通，搭架桥梁，使其最终融合起来。这一研究路径体现出企业伦理研究思维的现代转换。

沿着这一研究思维路径，我们就可以分析企业的本质与企业伦理文化建设的内在关联。

　　企业，作为一种特殊的社会经济组织，其组建和存在的理由、其基本功能和社会价值，均可以用两个字来加以概括，即赢利。也就是说，赢利是企业的本质规定。在市场经济条件下，赢利不仅是企业全部社会职能的根据，也是企业伦理、企业文化得以生成的基础。不能赢利的企业，在市场经济中是不会有地位的。优胜劣汰的市场规则，就是以赢利为判断标准的。但是，为什么赢利？怎样赢利？赢利后做什么？这却不是由市场规则来直接加以规定的，而要由市场主体、企业主体自己来选择和决定。这种对于赢利目的、赢利动机、赢利手段、赢利支配方式的选择和决断，在很大程度上就属于社会伦理的考量。企业主体不仅要从自身利益和企业权利的角度，而且要从市场责任和社会义务的角度，来思考、谋划、选择企业可能和应该采取的赢利行为。企业伦理——企业所具有的权利和义务的伦理规定——由此而生。换句话说，企业主体虽然在特定的情景中可以被看成"人格化的资本"，但是作为有血有肉、有七情六欲、有思想信念、有目的动机的人，不可能在追求赢利的时候对诸如为什么赢利、怎么样赢利、赢利后做什么等问题不加以思虑。所以可以断定，赢利就是企业伦理运思的起点。

　　上述分析说明，追求赢利的企业经济行为即企业实践如同一切人类行为和社会实践一样，在其固有的知与行的对立统一关系中，不仅内含着正确（真）与错误（假）的矛盾，而且内含着正当（善）与不正当（恶）的矛盾。既然赢利是企业的本质规定，成功地追求赢利就是企业唯一的选择。为了成功地追求赢利，企业主体必须不断破解知与行的对立统一关系。为了破解知与行的对立统一关系，企业主体不仅要依靠企业经济学、企业管理学的运思来选择正确的行动，防止错误的决断，而且要凭借经济伦理学、企业伦理学、管理伦理学的运思来选择正当的行为，避免不正当的行为。正是在这种不懈的努力中，追求赢利的企业经济行为才能够不断融入追求真善美的人类文明的潮流中。

　　深入把握企业经济行为的上述实质和特征，才能够对企业伦理展开真实的和深刻的分析，才可能构建企业伦理学的逻辑体系。不过，还有必要通过剖析企业行为即企业实践的基本形式，来进一步深化这种分析。

竞争与协作是企业活动、企业行为的基本形式。企业是通过竞争和协作来实现赢利的。企业作为追求赢利的社会经济组织，竞争和协作是其主要的行为方式和基本的实践形态。不参与市场竞争，不与其他市场主体建立这样或那样的协作关系，任何企业都不可能赢利，也无法生存。这应该说是一种常识。竞争和协作作为社会互动的两种基本类型，贯穿于社会生活实践的各个方面，并共同构成推进社会生活进步的重要杠杆。同样，竞争和协作也是实现企业赢利、推动企业发展的基本策略和主要方式。

竞争。从抽象意义上讲，企业间的竞争所追逐的稀缺价值物是利润。能够取得高于社会平均利润额的企业就获得了生存和发展的有利条件；相反，未能获得高于社会平均利润额的企业必将遭遇生存和发展的困难。在市场经济条件下，竞争是一种社会价值的判断和选择机制，它以能否赢利为一般标准，促使企业优胜劣汰，借以确保社会价值的提升和社会财富的增长。但是，直接的竞争通常发生在同类企业之间，即提供同一种产品或服务的企业之间围绕抢占市场份额而展开竞争。从这一意义上讲，同类企业之间的竞争所争夺的稀缺价值物是市场份额，其胜负也是以市场份额作为判断标准的。因此，这一意义上的竞争关系所体现的社会本质在于：只有能够满足市场需要的企业才可能对社会有价值，不能够满足市场需要的企业不可能对社会有价值。换句话说，在市场经济条件下，竞争作为一种社会价值的判断和选择机制，它以能否满足市场需要为具体标准，促使企业优胜劣汰，借以确保社会财富的有效分配和社会价值的不断增值。由此可见，企业的竞争行为内在地包含着自身价值与社会价值的对立统一：一方面，企业只有赢利才有利于企业自身，也才可能有利于社会；另一方面，企业只有满足市场需要才有利于社会，也才可能有利于自身。于是，结论便只能是：作为企业经济行为的竞争，必须把追求赢利的目标与追求满足市场需要的目标统一起来，从而实现自身价值与社会价值的统一，进而保证竞争的正确性和正当性。

当然，这里还牵涉到对市场需求的理解问题。事实上，能够满足市场需求的企业竞争行为无疑可以给企业带来赢利，但是能够赢利的企业竞争行为未必就能满足市场需求。市场需求是一种客观指数，它不仅标示资源性短缺，同时也标示体制和规则性短缺。① 如果说资源性短缺的满足还勉强可以用赢利来加以判别，那么体制和规则性的满足则根本不可以用赢利来加以判别，而只能凭借法律、道德和秩序。这也就从另一个角度证明了企业行为与企业伦理之间的内在关联。

协作。不同利益主体之所以可能协作，其前提在于存在着某种利益共同性。但是，就单个的利益主体而言，追求共同利益只是协作的条件和手段，而不是目的；相反，从社会整体而言，"协作直接创造了一种生产力"②，因此可以成为追求共同利益的手段。可见，协作从一开始就包含着自身利益与共同利益的对立统一关系。正因为如此，协作者之间的诚信守约便成为协作得以实现的必要条件。作为企业经济行为的协作，与此毫无二致。企业总是出于自身利益的考虑而与其他企业建立协作关系，但是，企业的自身利益又依赖于追求协作各方共同利益而得以实现。企业协作的这种利益关系，正是商品生产和市场经济关系本质的体现。这里不仅存在单个企业利益与协作者共同利益的矛盾，而且存在协作者共同利益与社会整体利益的矛盾。因此，作为企业经济行为的协作，首要的还不是诚信守约问题，而是协作本身的正确性和正当性问题。协作的社会价值正在于它能够直接创造一种生产力，而不是相反。为此，协作关系的形成必须严格依据经济发展的必然性。只有符合经济必然性的协作，才可能是有效率的协作。只有有效率的协作，才可能成为有社会价值的协作。可见，协作的伦理应然性，依然根源于协作的经济必然性。

至此，我们从理论上可以清晰看到企业的本质与企业伦理的内在关联，即企业赢利就是企业伦理运思的逻辑起点。然而，企业伦理的形成又与企业伦理文化的塑造密不可分。

企业文化，是指在文化特别是特定的民族文化和地域文化背景下的企业，为了生存和发展需要而适应和改变企业与环境、企业内部各种关

① 窦炎国：《现代企业伦理学导论》，吉林人民出版社 2003 年版，第 58—59 页。
② 《马克思恩格斯全集》（第 16 卷），人民出版社 1961 年版，第 308 页。

系并与之进行"磨合"的产物，这种产物是由以企业家为首的全体员工经过选择、提炼、尝试、教育、推广而自觉或不自觉形成的价值观念体系，以及在管理、经营等一切企业活动中体现这些企业价值观念，并受这些企业价值观念体系决定的企业行为模式、企业的一切物质文明和精神文明特征。企业文化的核心是企业价值观念，即价值观念体系。它以企业伦理为内核。

因此，现代企业伦理文化的塑造必须立足于在市场经济环境条件下，以企业赢利为企业本质规定性即企业赢利有其伦理正当性的基础上，开拓企业伦理文化发展的现代视野。这一现代企业伦理精神和企业伦理文化的塑造，在我们通过湖北省"道德与文明研究中心"对湖北省部分企业所作的走访和调研中，给我们留下了强烈、深刻的印象。

企业伦理的研究视域可形成一系列关系范畴。从具体的研究内容来看，包括五大方面：企业的社会责任；企业与消费者的"应然"关系以及企业对消费者履行道德义务的方法和手段；企业与其员工的"应然"关系以及企业对员工履行道德义务的方法和手段；企业所有者与经营者之间的道德关系；企业经营管理活动中涉及的其他有关道德的问题。

总体看来，这五大伦理关系范畴所要体现的现代企业伦理文化的核心价值理念就是："追求效率""以人为本"和"共创和谐"。如上所举的宜化集团其快速发展的经验很多，但最根本的是，宜化集团董事长蒋远华带领"一班人"，把"追求效率""以人为本"和"共创和谐"作为核心价值观，用现代企业伦理文化打造企业。他们把自身的企业伦理文化概括为"五个第一"，即"发展第一、活力第一、人才第一、安全第一、员工第一"，将文化理念同企业的经营管理结合起来，从而创造了巨大的经济效益。还如中国移动湖北有限公司，从 2007 年 5 月至 12 月，该企业在公司内部开展"创文明行业、促荆楚和谐"主题竞赛活动，以推升企业伦理文化建设。该竞赛活动从开展"八比八看"入手，推行、强化"追求效率""以人为本"和"共创和谐"的企业文化核心价值观，即比服务环境，看谁的服务场所洁齐美适用；比服务态度，看谁的服务周到；比服务质量，看谁的办事规范、便民、快捷、效率高；

比奉献社会，看谁对公益事业贡献大、办实事多；比行业作风，看谁的行风正、作风好，无损害群众利益的突出问题；比扶贫济困，看谁为群众送温暖多；比服务新农村，看谁为农民办好事多；比行业形象，看谁文明创建活动抓得好。2007 年，经"湖北省企业文化促进会"评选，湖北省有 20 个企业被评选为"湖北省企业文化建设红旗单位"，64 个企业被评选为"湖北省企业文化建设先进单位"，20 位企业家被评选为"湖北省企业文化建设功勋人物"，72 位企业家被评选为"湖北省企业文化建设功臣人物"。这些企业和企业家现为湖北经济成长和快速发展的支柱和栋梁。

企业所追求的经济意图与伦理文化建设，从实证角度再次说明了企业的本质属性与企业伦理文化建设的内在关联，也充分反映了企业伦理、企业文化研究思维的现代转换。

学术争鸣

论对传统儒家伦理文化的
把握与利用

【内容提要】 对传统儒家伦理文化去粗取精、古为今用，使用整体描述定性的研究方法意义不大。正确的方法是将其中仍有生命力的文化因子剥离筛选出来为现代社会所用。虽然传统儒家伦理文化作为维护中国传统社会秩序的工具，其对社会的报答力在整体上已经基本丧失，但并不等于它的具体构成因子均一无是用。萃取传统儒家伦理文化"精华"而"今用"的工作可分为五个步骤进行：第一步是对传统儒家伦理文化进行分解；第二步是对分解后的儒家伦理文化因子加以梳理考察；第三步是加以评价分析；第四步是对传统儒家伦理文化中被评价为好的文化因子做进一步的比较和优选；第五步是对传统儒家伦理文化中还有潜在价值的文化成分进行改装。

【关键词】 传统儒家伦理文化　文化构成因子　文化报答力　操作理性价值理性　筛选

---

* 韩东屏（1954—），华中科技大学哲学系教授。

一 反思把握传统儒家伦理文化的方法

对于为中国道德建设效力的中国伦理学来说，中国传统儒家伦理文化是一个不可逾越的背景和话题。这不仅在于它是我们身边的一个现成的思想资源库，一笔巨大的既得文化遗产，更重要的是，在当代人的思维方式、行为方式和生活方式中，我们仍能读到儒家文化的遗传密码。

像对待一切传统文化一样，对待传统儒家伦理文化，也要去粗取精，古为今用。然而更进一步的问题，即"如何去粗取精？如何古为今用？"却很少被人在操作化的层面论及。于是在文化热持续了多年后的今天，我们仍不见有多少具有社会共识的文化精华从传统儒家伦理文化中萃取出来，更谈不上在现实中被派上什么用场。

若想利用传统儒家伦理文化，自然应先弄清传统儒家伦理文化是什么。对此问题，人们一直热衷于从整体上加以概括定性，如说传统儒家伦理文化的本质是什么、传统儒家伦理文化的根本精神是什么、传统儒家伦理文化有哪些特征等。此类研究方法，固然有其道理，也似乎是一种应有的描述性研究视角，但仅此却与"取精""今用"无补。更有甚者，则是让人如坠迷雾，不知所从。因为传统儒家伦理文化仅从典籍上看就不计其数，其中又有不同学派、不同流变、不同观点，这就使今天的任何一种对传统儒家伦理文化的整体性概括和解说，都不难从中找到于己观点有利的大量文献资料或佐证。结果就像我们业已看到的：各种定性观点纷至沓来，个个都是言之有理，持之有故。所有这些依据各自所需文献资料而建立的观点，因对传统儒家伦理文化的定性不同，导致对传统儒家伦理文化的评价亦有不同结论：有的认为传统儒家伦理文化是妨碍现代化进程的羁绊，应予摒弃；有的则认为传统儒家伦理文化是加速实现现代化的民族优势所在，需加弘扬；还有的认为传统儒家伦理文化只是解决后现代社会问题的济世良方，在中国现阶段尚未到启封动用之时……不论这些颇有百家争鸣、百花齐放态势的解说和评价如何有理有据，可在根本方法上却是无法相互证伪的。这就决定了这些相互对立的见解永远不能在讨论中分出谬误，达成共识，结出正果。既然如此，又遑论对传统儒家伦理文化的取舍利用？

这种只开花、不结果的讨论方式，如果不是意味着我们对传统儒家伦理文化的认知方法已到了必须洗心革面之际，也至少表明，我们再也不能只停留在这个层面如此笼统地谈论传统儒家伦理文化了。

对民族的、传统的东西，不可感情用事，恣意褒贬，而应待之以冷静而理性的分析判断。

任何形态的文化，如同人类的一切物质创造物，归根到底都是人或社会为满足自己的某种需要而创制的用品或工具，传统儒家伦理文化亦如此。它作为一套知识体系、价值观念和规范的总和，就社会而言，是人们认识社会、整合一定社会秩序的工具。发端于两千多年前，以纲常伦理为骨架，具有浓郁崇古尊老、重农抑商色彩的传统儒家伦理文化，是为适应自然经济的生产方式和大一统宗法等级社会的需要而生成的，尽管在历史上它曾是十分有效而成功的社会秩序建构工具，也曾一度同其他社会要素一起给中华大地带来无与伦比的辉煌，但随着这一社会结构的消解和远去，其固有的文化报答力在整体上已经耗尽用光。就个人而言，传统儒家伦理文化同样是一套让个人如何适应、顺应皇权宗法社会和封建纲常伦理的人生观，它在整体上仍然于今无益。由此而论，传统儒家伦理文化在总体上是根本无法与现代社会结构接轨的，犹如一付不再对症起疗效而只剩下副作用的过期药方。

不过，药方失效并不等于构成药方的所有药物成分全部失效。在数不清的传统儒家伦理文化典籍中，既有为社会统治者服务的各类理念学说，也有对天地人的关系的体认、理解。除此之外，还有许多诸如"舍生取义""己所不欲、勿施于人""三人行，必有吾师""朝闻道，夕死可矣"一类的价值观念和道德规范，它们并不受限于某种特定的社会结构，而是基于人类社会的一些共性需求。

因此，在传统儒家伦理文化中，只有这些具体的文化成分，才有可能直接进入现代社会，而如何将它们从整体失效的药方中剥离筛选出来，就成为我们把握与利用传统儒家伦理文化的基本任务。

二 剥离筛选传统儒家伦理文化精华的方法

剥离和筛选传统儒家伦理文化可按五个步骤进行。

第一步是对传统儒家伦理文化进行分解。

传统儒家伦理文化作为民族理性与智慧的展现，可分为两大部分：一是操作理性，一是价值理性。操作理性包括处理各种道德事务的方法，一般是由各种事实判断构成的描述性理论；价值理性包括对道德品质和道德行为的规定，它们均是由各种价值判断或价值规范构成的。按照韦伯的观点和分类，学术界一般习惯于把"工具理性"作为"价值理性"的对应概念。但我以为此种称谓不确，因为任何形态的文化归根结底都是主体的人或社会为满足自身的某种需要或达到某种目的而创造出的工具。儒家文化亦如此。它是用于整合一定社会秩序的工具和让个人在这套社会秩序中安身立命的方法。因此不独儒家文化中的操作理性是工具理性，价值理性也同样是一种工具理性。

传统儒家伦理文化中的价值理性，主要就是我们通常所说的儒家伦理的道德规范，它又可进一步区分为道德准则、道德范畴、道德原则等要素。其中，道德准则是数量最多也最具体的行为价值规定；道德原则是最基本、最主要的行为价值规定；道德范畴则介于前二者之间，往往是对某个方面或某个事务的一系列行为价值规定的统称。

传统儒家伦理文化中的操作理性是围绕价值理性而设立的，它也包括若干要素，即道德设计的方法、道德传释的方法、道德教育的方法、道德评价的方法、道德调控的方法、道德修养的方法、道德选择的方法、道德研究的方法，等等。上述概念中须略加解释的是：所谓道德设计，是指对道德准则、道德范畴和道德原则的设计；所谓道德传释，是指对道德规定的传播、解释、宣传之类；所谓道德调控，则是指如何让大众遵守道德的各种社会化手段。

第二步是对构成传统儒家伦理文化的各种要素分别进行考察、梳理，看其是些什么，有些什么。

对传统儒家伦理文化操作理性部分的考察和梳理，大致可归结为以下基本问题：

传统儒家伦理文化氛围下的传统道德是由谁设计的？是权威、精英还是大众？是怎样被设计的？采用的是些什么方法？

传统道德是由谁传播、解释的？是怎样被传播解释的？其方式方法有哪些？

传统道德教育是由谁负责的？包括哪些内容、环节、渠道？

传统道德评价是由谁承担的？是组织化的评价，还是非组织化的评价，抑或兼而有之？评价方法有哪些形式？

传统道德的调控机制是何结构？有些什么样的具体调控方法？又是怎样利用社会赏罚机制的？

传统道德修养和传统道德选择的目的、内容和标准、指标是什么？都有哪些方式方法？

传统道德研究是怎样进行的？都研究了些什么问题？

等等。

同时，还要考察以上各种传统做法得以成立的条件又是什么。

对上述各类基本问题的研究，全都可以分别地单独进行，也不必讲究什么先后次序，而对传统儒家伦理文化价值理性部分的考察与梳理则最好从道德准则开始，其道理是道德准则明晰具体，查有出处，不存歧义，而道德范畴和道德原则则较为抽象。因此，只有当我们弄清不计其数的传统道德准则可分为哪些类型，各类型规范的代表性表述是哪些，其含义是什么等一系列问题之后，才便于进一步弄清传统道德范畴和传统道德原则有哪些，各有何含义等问题。

第三步是对传统儒家伦理文化中经考察梳理的各要素及其各个具体成分进行评价。

研究传统儒家伦理文化是为当今道德建设所用的。就道德建设而言，道德准则、道德范畴和道德原则等价值理性是其实质、目的，而道德设计、道德传释、道德教育、道德评价、道德调控和道德研究等操作理性则是其方法、手段。操作理性既然只是方法、手段，只是纯粹的工具，自然可用于不同类型、不同性质甚至相互冲突的价值理性，因而传统儒家伦理文化中的操作理性在价值评价上无所谓好坏善恶，而只有是否有效和效力大小的问题。传统儒家伦理文化中的价值理性则不同，它们作为人的行为和品质的价值规定，首先就面临着是好是坏、是善是恶的考问。因此，在传统儒家伦理文化中，对操作理性部分的评价筛选和对价值理性部分的评价筛选，在方法上是有所不同的。

对操作理性部分中某项具体成分即某种具体方法的评价，首先是将其与现行的同类方法进行比较，看其是现在仍在继续使用的方法还是已被尘封的方法。如果是现在仍在继续使用的方法，那就可以根据现代已有实践的结果来评价其效用如何，并根据评价的结果对之做出是留是弃的决定。如果是尘封已久的方法，则不妨启封一试，试后再根据其结果做出是否有效及效力大小的评价，以决定对它的弃留。比如"三字经"，原是古人进行道德传释的一种具体方法，后被废置，前些年经广东等地换以新的内容重新启用，证明效果不错。由此可知这种道德传释方法属于传统儒家伦理文化中的精华成分，可以为今所用。

对价值理性中各种具体成分即各种道德准则的评价，则首先需要建立起统一的价值评价标准。因为若无评价标准，道德准则的好坏优劣便无从谈起。评价标准不统一，则无法达成社会共识。而事关公众利益的道德规定若无社会共识支持，也就不具有被普遍推广的可能和潜力。一个特定社会的统一的价值评价标准应与该社会择定的社会终极价值目标同义。如今市场经济既然已是国人的共同选择，那么市场经济社会所固有的终极价值目标自然也就成了我们评价各种事物及传统儒家伦理文化的基本标准。市场经济之所以终被采纳，是因为它具有经实践证明迄今为止其他各种经济类型社会所无可匹敌的效率或效益优势，亦即所谓生产力快速发展的优势，所以市场经济社会的一大终极价值目标就是效率。与之同序列的还有自由、和谐。自由是效率的前提。市场经济是通过大幅度拓展个人自由选择的领域，使个人在获得空前多的发挥其潜能天赋的机会的同时，也为社会创造出更多的财富。和谐是效率的保证。以竞争实现社会资源或社会利益的初次分配，是市场经济特有的激励机制，这一机制必须按照使所有竞争者地位平等、机会均等的和谐原则来设计建构，方能实现其对每个人都起作用的最佳激励效果，从而实现社会高效率。和谐，作为任何类型社会都不可或缺的终极价值目标，也是市场经济社会所必备的终极价值目标，它在市场经济社会的特殊意义是：在竞争中减少内耗，在发展中保持稳定，在分配中防止贫富两极分化。

评价标准既定，评价的操作化便变得可行。简略说来，就是用效率、自由与和谐这三项基本价值标准对传统道德价值理性的各种具体成分，或某个道德准则、某个道德范畴、某个道德原则进行评估。经评估，凡是与三大价值标准相符的，就是好的善的，否则就是坏的恶的。不过大量的实际评估肯定远比上述过程复杂。一个原因是对某些极其表层、具象的道德规范，往往并不好直接用三大标准进行衡量，而是需要由基本标准再派生更具体的价值标准，或经多层推论方能做出最后评价。另一个也是最主要的原因是，用三大价值标准评价某一道德成分，有时可能会出现结论不一的情况，如"不患寡而患不均"这条规范，虽符合和谐标准，却不符合效率标准，这时就需要动用深入的理性分析并根据二者利弊大小的权衡计算来决定了。

第四个步骤是对传统儒家伦理文化中被评价为好的文化因子做进一步的比较和优选。

经评价证明那些是好的传统道德成分或儒家伦理文化因子，不论它们是属于操作理性的还是价值理性的，并不一定就是最好的或最有效的，我们还应将其与其他同类型的伦理文化因子，既包括古代其他非儒家伦理文化的同类伦理文化因子，也包括当代世界各民族的同类伦理文化因子，放到一起加以比较权衡，只有在比较权衡中被进一步证明为最适用或至少同等适用于市场经济社会的那种传统道德成分或儒家伦理文化因子，才是真正值得被我们在今天加以弘扬的。

第五个步骤是对传统儒家伦理文化中形式上还有潜在价值的文化成分进行改装。

这个步骤是剥离和筛选传统儒家伦理文化中好的因子的附加步骤而不是必须的步骤。在评价抑或鉴别的过程中，我们都会发现，许多传统儒家伦理成分，仅就其形式而言还是颇有效力的，它们符合民族的表达习惯，易于传播，只是内容陈腐了。如果我们能保留其形式，换其内容，就不难使其恢复生命力。改装工作大致可分为两类。其一是对仁、义、礼、智、信、勇、忠、恕、孝、和等传统儒家道德范畴的原有含义先予清除，然后注入符合现代社会价值的内容和解说。其二是对某些大众耳熟能详的传统儒家道德准则重新加以诠释。譬如"知足常乐"，倘若我们仅将其限于个人的物质生活或消费生活，而不是原来包括事业在内的所有个人生活领域，那它就仍是一条明智而达观的好规范，于个人和社会都有益。

简论文明湖北建设的伦理回应

戴茂堂 姜 纯*

（湖北大学哲学学院）

【内容提要】 充满个性和自由的生活是文明湖北的固有特性，而且只有
文明的湖北才能真正创造条件让人成为有个性有自由的人，才能真
正留下最大的空间激发人们去追求和创造有个性的生活。文明湖北
同时还是公正的湖北，强调所有湖北人在人格尊严上应该得到同等
对待和在权利享有上应该得到公平分配。

【关键词】 文明湖北 伦理 社会转型

中国社会正处于急剧转型的过程之中。在这一转型的过程中，构建
和谐社会已然成为当今中国的思想主调。在构建和谐中国的大背景下，
也自然而然地提出了构建和谐湖北的问题。有学者认为，和谐湖北是改
革发展和社会稳定双向互动的湖北，即主张在社会稳定中推进湖北的改
革发展，同时通过改革发展促进湖北的社会稳定。也有学者认为，和谐
湖北是社会经济和文化生活协调发展的湖北，即主张通过消除湖北省社
会生活中的不和谐因素，谋求湖北省各项事业协调、健康和可持续发展，
同时通过湖北省各项事业的协调、健康和可持续发展来化解社会生活中

---

* 戴茂堂（1965—），湖北大学哲学学院院长、教授、博士研究生导师；姜纯（1991—），
女，湖北大学哲学学院 2013 级硕士研究生。

的各种矛盾，消除社会生活中的不和谐因素。其实，和谐湖北的背后最根本的是文明湖北。当今湖北，各项事业都取得了令人瞩目的辉煌业绩，但不道德现象在很大程度上依然存在，各种矛盾仍然错综复杂，各种问题仍然层出不穷。在这种情况下，从伦理学角度探讨文明湖北的构建不仅十分必要，而且十分紧迫，具有极其重要的理论意义和实际意义。从学理的角度看，这有助于通过反思历史上的文明社会建设理念，提出一种既面向湖北社会生活实际，又超越传统的社会发展模式的新型文明观和伦理秩序；从现实的角度看，这有助于通过探讨和谐湖北建设中的许多重大问题，消除社会生活中的不和谐因素，缓解社会生活中的各种矛盾，最终促进湖北社会经济和文化生活的健康、协调和可持续发展，促进文明湖北的构建。

一 文明湖北是个性的湖北

伦理学从来就强调必须尊重人的个性、人格。人是这样一种存在：一方面他是社会的，只有在社会中才能生存下去；另一方面，即使在社会中，他也从来不想与他人的世界重合，永远有一种偏离他人、与他人保持距离、要求独立自主的倾向。这种偏离他人、要求独立的倾向就是伦理学所说的人的自由个性。

自由是人的本质。萨特甚至认为，准确的表述不应是自由是人的本质，而应是人就是自由。因此，自由对于人来说乃是绝对的。放弃自己的自由，就是放弃自己做人的资格，放弃人的权利，甚至是放弃自己的义务，放弃自己行为的全部道德价值。自由是绝对的，归根结底是因为人本身是绝对的。而绝对的人是不能被基于别的任何理由的东西所支配而沦为手段的。在哲学史上，康德首先意识到，为了避免这种支配，首先必须确定"人是目的"这条最高原则。人具有绝对价值，人的价值不是任何利害功用所能估量的。任何把人当作社会的工具的观念和行为都是不道德的。"人是目的"这一命题作为道德哲学的一条最高原则和绝对命令，也应该成为构建文明湖北的基本理念。

在文明湖北的建构中，我们应该清楚地意识到，每个人都是价值主体，都有一个特殊的世界，绝对不可化约为别人或社会的工具。个人的自由个性在文明湖北的构建中具有不可超越的价值，应该得到最广泛的尊重。充分发挥每个人的能力，使每个人找到最适合于自己做的工作，是社会组织的最高原理，是最大的善。建构文明湖北必须首先发展每个个体的独特性和自主权。完全的个人自由和充分的个性发展不仅是个人幸福所系，不仅是和谐湖北的主要指标之一，而且也应该是文明湖北建设所要坚守和维护的伦理原则。一个社会只有以个人为本位，尊重人的个性，给个人留下开放多元的空间，让个人充分扮演好自己的自由角色，为每个个体充分而自由的发展提供最佳条件，这个社会才称得上是和谐的、伦理的。因此，不仅和谐湖北建设而且文明湖北建设的终极目标都应该指向个人生活。个人自由的实现与个性的培育恰恰应该成为和谐湖北的标尺，成为文明湖北的最高追求。由此可见，文明湖北应该是个性的湖北。我们有理由相信，不仅充满个性和自由的生活应该是文明湖北的固有特性，而且只有文明的湖北才能真正创造条件让人成为有个性有自由的人，才能真正留下最大的空间激发人们去追求和创造有个性的生活。

二　文明湖北是公正的湖北

当人们一味强调个人独立、个人自由的时候，必然牺牲他人的权利，造成彼此伤害，并使社会陷入无序和不公。显然，如果允许个人自由但又不对这自由做出边际约束也是绝对不正义的。究竟是牺牲个人的自由以达到社会的公正，还是以社会公正为边界来谋求个人的自由权利？这成了建构文明湖北绕不开的又一伦理话题。

作为自由的主体，人总是要追求价值的，实际上人也是在追求价值。而价值总是多元的。不同的人有各不相同的价值需求和价值目标。这样一来，一个人的价值追求很可能与别人的价值追求发生冲突。如果只认可个人的自由和价值，那么一个人的自由和价值很容易构成对另一个人的自由和价值的侵害，并最终使个人的自由和价值变得不可靠，并导致价值冲突。为了化解价值冲突，达到彼此互惠和社会和谐，自由的主体发展出对公共秩序和普遍规范的需求。社会公正理论就是在这样的情况下出现的。正因为自由的个人彼此存在着利益的冲突，所以以全体人民都能接受的方式在社会成员之间划分利益就成了公正的基本要求。公正作为一种界限和尺度就是要阻止自己对他人的权利的干涉，而且只要可能，也应阻止他人对自己进行这种干涉。在社会公正理论看来，自由作为一种权利虽然意味着摆脱约束与限制，但并不等于不要任何限制的任性妄为。真正的自由是对不合理的约束与限制的理性否定。没有合理的限制，自由就会成为任性妄为。自由冲破的是不合理的限制，而不是取消一切限制，以至消解社会的正常而和谐的秩序。

历史上几乎所有的思想家都把自由看作有规则的、有边界的、理性的自由。按照黑格尔的理解，不受理性制约的自由不是真自由，而是主观任性，是抽象的形式的自由。真正的自由意味着，个人要求自由时，也尊重和不伤害他人的自由。这也就是说，自由是所有人的自由，而绝对不是个别人的自由。每一个人应该平等地享有尽可能广泛的自由权。我们不得不在要求我们自己有自由的同时也允许他人有自由，即维护社会的公共利益和普遍自由。唯其如此，才是公正的。

这就要求我们在构建文明湖北时，不要把发展自由个性仅仅当成个别人的特权，而应该是人人追求的目标。唯其如此，才有公正的湖北。公民不自由，就谈不上社会公正，公民不自由本身就是最大的社会不公正。追求湖北社会公正尽管无须取消自由，也无意无限制地忽略任何个人的任何权利和价值，但却需要对人们的自由做出适当的限制，进行边际约束。主张构建公正的湖北不是对自由的否定，而是对把自由作为某些人的特权的否定，是要求自由对所有人公平开放。公正的湖北强调，所有湖北人在人格尊严上应该得到同等对待和在权利享有上应该得到公平分配。如果没有公正，湖北就不可能有普遍的自由和发展，当然个人的自由也就不可能存在，"人是目的"也容易变成一句空话。其实，文明湖北的基本目标，从积极的方面说，就是通过改革发展推动湖北社会

经济和文化生活的全面进步，并使湖北人民乃至所有社会成员都能分享
经济发展和社会进步带来的丰硕成果，促进全体社会成员实现富强、和
谐与幸福，实现全面自由的发展；从消极的方面说，就是缓解湖北社会
生活中的突出矛盾，克服湖北社会生活中的种种不公。当然公正的湖北
要求的不是结果上的平均而是起点上的平等，是在尊重主体人格和创造
个性的前提下为人们参与竞争提供均等的机会，并鼓励他们在自由竞争
中发挥自由意志和创造才能。因此，构建文明湖北强调要给个人的自由
划出一个边界，恰是对于每个公民人格独立与人格尊严的承认与尊重。
这样，在构建文明湖北的过程中，我们就既保护了每个个体自由的自我
选择的先天平等权利，又尊重了每个人之间平等的自由的竞争关系以及
结果的不平等。在这里，个人的独立自主不会妨碍湖北社会的和谐统一，
湖北社会的和谐统一也不会妨碍个人的独立自主。

文明湖北的群体道德依托

——以湖北青少年群体为例

熊友华　宋文霞[*]

（湖北大学马克思主义学院）

【内容提要】 湖北省第十次党代会提出了"坚持先进文化引领，努力建设文明湖北"的战略构想，同时也从加强精神文明建设的战略高度分析了建设文明湖北的时代必然性。文明湖北建设最终会落脚于广大湖北人民科学文化素质及思想道德境界的提升上。也就是说，文明湖北需要强有力的群体道德依托。本文以青少年群体为例，尝试在理论与实证的层面，分析提升青少年思想道德水平对构建文明湖北的重要意义。同时在实证分析的基础上，提出构建文明湖北的青少年群体道德依托的合理对策。

【关键词】 文明湖北　群体道德　青少年　精神驱动力

国家统计局发布的年度数据显示，湖北省 GDP 自从 2010 年首次突破 1.5 万亿元大关以来，一直保持较快的增长势头，经济总量和经济增速均位列中部第一。在经济建设取得重大成就的同时，湖北省委省政府进一步谋划了"文明湖北"的战略构想。2012 年 6 月 9 日，湖北省第十

---

*　熊友华（1972—），湖北大学马克思主义学院副院长，教授；宋文霞，女，湖北大学马克思主义学院学业优秀生。

次党代会做出了建设"文明湖北"的重大战略部署，提升精神驱动力、文化影响力、生态承载力构成了文明湖北的整体框架和基本体系。湖北省委书记李鸿忠在报告中特别强调了文明湖北的战略地位和意义，指出要在加强物质文明和政治文明建设的同时，必须着力抓好精神文明和生态文明建设，为富强湖北、创新湖北、法治湖北、幸福湖北提供精神动力、文化支持和生态保障。文明湖北战略的提出，标志着我们又进入了"物质文明、精神文明、政治文明和生态文明等四大文明建设类型并驾齐驱的时代"。报告还提出了文明湖北的三大建设路径：一是以社会主义核心价值体系为灵魂，加强精神文明建设；二是积极推动文化大发展大繁荣，努力建设文化强省；三是加强生态建设和环境保护，提升生态文明。与此同时，湖北学界也展开了对文明湖北相关问题的研究，就文明湖北的内涵、建设路径等做了比较系统的研究，如湖北省社会科学院研究员冯桂林在《文明湖北的科学内涵及其建设路径》一文中指出："文明湖北的理念是一个以先进文化为引领，以经济社会全面发展为基础，以社会主义核心价值体系为灵魂，以人为本，科学发展，社会和谐，繁荣富强的全省新型发展蓝图。"①

文明湖北建设是党中央和国务院中部崛起战略的重要支撑，也是我省自身谋求新世纪跨越式发展的重要战略谋划。这一谋划得以落实的关键，就在于精神驱动力的全面展现。为此，加强精神文明建设，推动湖北省社会的全面进步，提高各社会群体的道德水平就成为一个符合时代发展的科学抉择。

一　社会群体的道德水平是文明
湖北的重要体现

社会文明的发展程度与社会群体道德水平两者是紧密联系、相互促进的。从人类社会文明发展史来看，社会的发展和进步、社会文明程度

---

① 冯桂林：《文明湖北的科学内涵及其建设路径》，《政策》2012年第9期。

的提升与社会群体道德水平的提升是分不开的。一方面，社会的发展和进步、社会文明程度的提高依赖于社会群体道德水平的提高。当今社会，衡量一个国家或地区综合实力的强弱，不仅要看创造物质财富的能力，更要考察社会精神文明的发展水平。历史唯物主义指出，人是一切社会变革中的决定性力量。人之所以称为人，就是因为人会思考，具有主观能动性。正确的思想意识会对人们认识世界和改造世界的实践产生巨大的推动作用。社会群体的道德意识与道德水平同样会对社会进步产生极大的推动作用，会有效提升社会的文明程度。另一方面，社会的发展和进步、社会文明程度的提高会极大地促进社会群体道德水平的提升。现代社会文明必然要求社会群体具备较高的道德水平，良好的外在大环境和和谐的外在氛围是促进社会群体道德水平提升的重要途径和重要因素。各社会群体在社会实践中不断感悟社会文明的先进、融入社会文明，就能不断提高自身道德水平。

人类社会生产史经历了石器时代、铁器时代、蒸汽时代、电器时代，一直到今天的信息时代。每一次时代的跨越都意味着生产力的巨大飞跃，而每一次生产力的巨大飞跃都是以新的划时代的生产工具的出现为标志的。新的生产工具的出现意味着人们认识世界和改造世界的实践能力的提高。在每一个时代人们运用这些生产工具创造该时代特有的灿烂的文明，同时也创造出了与之相适应的该时代的社会群体道德。将世界经济发展史和世界思想发展史结合来看，每一次巨大的社会变革到来之前，都会出现一次大的思想解放潮流。当资本主义生产关系在西欧封建社会内部增长时，强调人性和反对神性的文艺复兴运动便兴起了；当资本主义在全世界进一步发展，想谋求在政治上和经济上的统治地位时，启蒙运动便拉开了帷幕。以我国的改革开放为例，在改革开放全面展开之际，邓小平在南方谈话时也曾强调，要坚持两手抓，一手抓改革开放，一手抓打击各种犯罪活动……只要我们的生产力发展，保持一定的经济增长速度，坚持两手抓，社会主义精神文明建设就可以搞上去。这实际上也在一定层面指明了提升社会文明程度与提升社会群体道德水平之间的关联。

当前，我们要构建文明湖北，要切实展现和发挥湖北人民的精神驱动力，就要努力提升社会群体的道德水平，为文明湖北提供坚实的群体道德依托。而在社会群体成员中，青少年群体因为其独特的社会地位，其思想道德水平对于文明湖北的建设具有特殊的重大意义。毫无疑问，青少年群体是担负文明湖北建设发展重任的当前践行者和未来中坚力量。但是我们又必须认识到，青少年群体又处于世界观、人生观、价值观塑造的重要时期，三观并未定型；思想上、心理上都不成熟，辨识能力较差。这就意味着，当下把握好青少年群体思想道德状况和抓好青少年群体思想道德状况的走向非常重要。青少年的思想道德水平和价值取向决定了一个社会未来的道德状况和价值取向，最终决定了文明湖北战略实现的持续动力问题和发展后劲问题。青少年群体拥有较高的思想道德水平，在直接促进青少年群体的成长成才的同时，还会全面促进千千万万家庭的和谐发展。从更长远的眼光来看，文明湖北的建设不是朝夕之功，当代青少年在不远的将来成长为文明湖北战略的主要实施者和建设者后，他们将会影响到整个湖北的社会风气和各行各业的精神风貌。所以，要深入持久地推进文明湖北战略的实施，就要抓住提升青少年群体思想道德水平这一关键，这样我们才能在文明湖北建设的实践中取得实效。思想是行动的先行，青少年具备了较高的思想道德素质，将为文明湖北的构建提供强大的、持续的思想助力，文明湖北的精神驱动力就会全面逐步地得到展现和释放！

二　文明湖北的青少年群体道德回应

文明湖北的构建要求青少年群体必须具有较高的思想道德水平。我国现阶段培养合格的社会主义社会公民的标准是"四有新人"，即有理想、有道德、有纪律、有文化。同时，我国已经确立了包括社会公德、社会职业道德、家庭美德等较为完整的道德目标体系。要提升湖北青少年思想道德水平，以此更好地推进文明湖北战略的实施，我们就必须全面、深入、客观地把握当前湖北青少年群体的思想道德状况。为此，湖北青少年思想道德教育研究中心就"青少年思想道德现状"及"新媒体对青少年思想道德教育的影响现状"等展开了为期数月的调研。课题调研组选取武汉、宜昌、黄石等十余个地市州的青少年作为调查对象，发放问卷数千份。笔者对调研数据做了深入分析，希望明确青少年群体在文明湖北的构建中应然呈现的道德状况和实然道德现状。

第一，青少年群体应该具备鲜明的政治观。政治观是指人们对政治现象、政治活动、政治世界的看法，以及由此而秉持的政治观点、政治信念等。青少年群体政治观在生活中主要体现为对政治的关注热情和爱国主义情感等具体细节。从问卷调查数据总体来看，热爱祖国、关注政治已经成为青少年群体政治观状况的主流。但是在肯定青少年政治状况主流积极的同时，我们也应该看到部分青少年政治观念淡漠。调查显示，39.2%的青少年没有关注过省十次党代会。在不关注省十次党代会的青少年中，中专生所占比例最高，达44.8%；其次分别是高中生44.7%，职校生43.4%，初中生34.5%，基本呈现出随着年龄的增长，对省十次党代会的关注程度越来越低。按照常理来说，青少年随着年龄的增长，关注社会事务和国家大事的热情会越来越高涨，应该更注重将个人命运和国家命运结合起来考虑，但是调查的结果却恰恰相反。这也从一侧面说明了部分青少年政治观念淡漠的问题比较严重。在对于"网上热议的日本将钓鱼岛国有化对您的影响是什么？"的调查中，有20.4%的青少年对此表示不关心，认为这与自己无关。对于各大红色网站描绘的"中国梦"，28.5%的人对它的实现持怀疑态度。这也是部分青少年政治观念淡漠的一个表现。文明湖北战略的提出要求青少年群体树立正确的政治观，在生活中既关注自身命运又关注国家和民族命运，消除政治观念淡漠的现象。青少年群体应该提高社会主义觉悟，坚定社会主义信念，树立社会主义制度自信、道路自信。

第二，青少年群体应该具备较强的法治观念。从问卷调查数据总体来看，大多数人能按照社会所要求的规则规范自己的行为，同时在自身权益受到侵犯时，不是选择沉默和隐忍，而是主动来捍卫自己的合法权益。但是选择法律作为维权武器的比例较低，这也反映出当前社会法治风气不太浓厚，青少年法律意识淡薄。当我们问及"网上曝出一些'官二代''富二代'违法事件，就会有一些网民发出加重处罚的呼声，您的看法是什么样的？"时，其中36.8%的青少年坚持了自己的观点，认为法律不能为舆论所左右；28.0%的被调查者仅把这些网络媒体性事件的舆论作为自己分析参考的依据；31.2%的人认为这些"官二代"仗势欺人，理应严惩。这说明在网络媒体的舆论影响下，青少年群体主体能够理性地看问题，坚持正确的法治观；但同时也可以看到不少青少年受到了网络舆论信息的影响，看待问题情绪化，法治观受到很大影响。文明湖北必将也是和谐湖北，所以我们在建设文明湖北的过程中要注重发挥网络等媒体对青少年的正确引领作用。同时青少年群体自身也应该具备较强的法治观念，知法、懂法、守法，保有对法律的敬畏感，自觉维护法律的权威。

第三，青少年群体应该具备较高的社会公德意识。从问卷调查数据总体来看，青少年在公共生活中呈现出的公德意识主流是好的，但还是有接近一半的人存在道德认知和道德选择的困惑或者是错误的道德认知和道德选择。在对"你在公交车上遇到老人和抱小孩子的乘客，你会让座位吗？"的调查中，52.9%的青少年会主动让座，22.0%的青少年会视情况而定，25.1%的青少年拒绝让座。在公交上给"老弱病残孕或抱有小孩的乘客"让座，实际上是我们天天面临的选择，这也是我们一直以来倡导的一个公共道德行为。部分青少年在面对个人利益和帮助弱者的冲突时，会倾向于选择维护自身利益甚至拒绝帮助弱者。这是一个不好的信号！文明湖北的建设要求我们青少年应该具有一定的利他精神和奉献社会的公德，只有这样才能彰显文明湖北战略构建下青少年良好的道德风貌。

第四，青少年群体应该明晰一些基本的价值取向。从问卷调查数据总体来看，大部分青少年道德价值取向明确，但是也有些青少年道德价值取向模糊。当问及"你如何看待'宁可坐在宝马里面哭，也不坐在自行车后笑'？"时，59.8%的受调查青少年反对这种婚恋观，12.5%的青少年赞同，27.3%的青少年认为这种观点无可厚非。虽然我们认同爱情、婚姻需要一定的经济条件作为必要的基础和前提，但我们同样认为爱情、婚姻不能为地位、金钱所支配。无产阶级恋爱观要求青年把共同的理想、情趣和相互爱慕作为爱情的基础，在选择配偶时，把政治理想和道德品质放在第一位，不为财产、地位所支配，提倡相互理解、相互尊重、相互信任、相互帮助、忠实专一。很明显，"宁可坐在宝马里面哭，也不坐在自行车后笑"，虽然在某种程度上强调了在婚恋关系中物质的基础性作用，但更大程度上它宣扬的是一种赤裸裸的拜金主义。它是违背无产阶级的婚恋观的。对于这种拜金主义的婚恋观取向，是需要我们迅速明辨是非的。可是从调查结果来看，近60%的青少年可以在这个问题上明辨是非，但是也有青少年道德价值取向模糊甚至出现"站队"错误。在对"作业抄袭"这个现象的调查上，68.5%的青少年持不赞成态度，8.5%的青少年赞成，而23.0%的青少年表示说不清。讲求诚信是我们每一个人都应该遵守的基本道德规范，而超过30%的青少年对于"作业抄袭"这种违背诚信的行为却存在选择模糊甚至选择错误。建设文明湖北的目标之一是为湖北省经济社会的发展提供精神驱动力，而青少年只有拥有了正确的价值取向，才能为他们日后投身社会经济建设发挥精神驱动力。所以我们在文明湖北建设过程中，应该注重引导和教育青少年树立正确的价值取向。

三　强化文明湖北的青少年群体道德依托的方式和途径

在推进文明湖北战略过程中，强化青少年的群体道德依托，发挥其对文明湖北建设的巨大精神推动力是一项系统而复杂的工程。我们只有创造良好的社会道德环境，发挥家庭教育的第一阵地作用和学校教育的主渠道功能，引导青少年群体进行自我教育，才能多维立体地营造文明湖北的道德环境，全方位展现文明湖北的精神驱动力。

第一，营造良好社会环境，创设文明湖北的浓郁社会道德环境，强化文明湖北的青少年群体道德依托。富强湖北、创新湖北、法治湖北、幸福湖北、文明湖北"五个湖北"战略的持续推进，将极大地推动整个湖北社会政治、经济、文化等各个方面迅速发展。伴随整个湖北经济社会发展而来的必将是各种思潮和各种文化的进一步多元化和复杂化。一方面，近年来，我省涌现出了一大批"湖北英雄""湖北好人"，例如长江大学大学生结成人梯勇救落水儿童、信义兄弟孙水林孙东林、背着母亲上大学的 90 后女孩李桃，等等。他们用切实的行动诠释了无私、见义勇为、诚信、孝道等诸多的社会生活的基本道德规范，在社会上形成了强大的、正面的、积极向上的精神感召力，同时也为青少年群体树立了崇高的道德榜样。另一方面，现实世界中美好与丑恶并存，和谐之中也存在着很多不和谐的音符。自从 2006 年南京市"彭宇案"发生以后，湖北省各地也出现了多起类似的见义勇为者反遭诬陷的不道德事件、被网友调侃"坑爹"的切糕事件等。毫无疑问，这些恶性事件对青少年群体思想道德产生的负面冲击是不容忽视的。这就启示我们，必须努力创造一个良好的社会环境，使青少年群体思想道德多受外在的纯正的社会风气的濡染，减少不良的社会思想对青少年群体思想道德的侵袭。党和政府相关部门应该加强社会主义核心价值观的宣传，坚决抵制和肃清不良道德思想传播的源头，重视发挥权威报纸、杂志对社会舆论价值的引导作用，通过喜闻乐见的形式，对青少年群体进行正面的道德事迹宣传和教育。

第二，扣正文明湖北的第一枚道德扣子，矫正家庭道德教育缺失甚至扭曲的现象，强化文明湖北的青少年群体道德依托。家庭是青少年的第一课堂，父母是青少年的第一任老师。家庭是青少年群体奠定思想道德水平的起点和基础，家庭教育对青少年群体思想道德的影响是持久的、深刻的。在培养和提升青少年群体道德的过程中，家庭教育是属于第一阵地的。在文明湖北战略实施过程中，如何将文明湖北的精神驱动力融入家庭教育之中，是我们的父母需要思考的问题。文明湖北的精神驱动力，在家庭教育中的一个显著体现就是家长的以身垂范，让青少年群体懂得以"尊老爱幼、男女平等、夫妻和睦、勤俭持家、邻里团结"为主要内容的家庭美德。家庭美德是青少年群体追求美满幸福生活的力量源泉，对促进文明湖北的安定团结有着极其重要的作用，同时也是强化文明湖北的群体道德依托所必需的。青少年在家庭教育中受到家庭美德的熏陶，从而具备良好的家庭美德，是走向社会，成长为"文明湖北人"的坚实基础，也是成长为文明湖北战略实施者和推动者的必要支撑。除了我们的父母在家庭教育中应该注重对青少年群体以身垂范之外，我们整个社会也应该关注家庭教育对青少年思想道德的影响。

第三，发挥学校道德教育的主渠道作用，加强青少年群体道德教育的地域针对性，强化文明湖北的青少年群体道德依托。对于青少年群体来说，学校是其实现社会化的摇篮，是其生活习惯、思维方式、道德价值取向形成的土壤。学校教育除了承担专业化、体系化、直接化的科学文化知识的传授外，还肩负着重要的育人职责。毫无疑问，在构建文明湖北的青少年群体道德依托过程中，我们应该注重有效发挥学校的主渠道作用。在教学活动中，老师在对青少年群体进行思想道德教育时可以就地取材，像组织青少年参观红楼、"八七"会议旧址等革命圣地开展爱国爱党爱社会主义教育；利用武汉的口号"敢为人先，追求卓越"进行自强不息精神的教育；等等。荆楚文化源远流长，荆楚大地人杰地灵，学校在塑造新时代文明青少年的过程中一定要注重传统资源的挖掘，注重传统道德的传承和发扬。青少年群体是一个国家的传承者，青少年自身具有深厚的文化素养对于提升个人的综合素质具有很大的促进作用，能够为个人未来的成功奠定基础，也能够在很大程度上提升个人及家庭幸福指数。

第四，凸显道德教育的自主性特征，增强青少年群体的道德自觉，强化文明湖北的青少年群体道德依托。教育是一种主体见之于客体的活动，确切地说是主体在一定的环境中，通过一定的媒介作用于客体，促使客体内部发生矛盾运动，促成内在思想发生转化和转变的过程。所以在构建文明湖北青少年群体道德依托过程中，强调对青少年进行思想道德教育过程中的社会、家庭、学校几大教育主体的作用，最终归结为教育客体，即受教育者——青少年的内在的一个吸收、转化过程。这就是我们经常说的自我教育。我们必须重视青少年在思想道德教育过程中自我教育的发挥。在当今互联网迅速普及和互联网技术飞速发展的时代，青少年群体获取外在信息的手段和渠道越来越多。外在的各种信息时时刻刻在影响着青少年群体思想道德内在的构建。这就要求青少年群体在接受社会、家庭、学校三大主体的思想道德教育过程中及自身在与外在的各种信息的不断交换中，一定要注重提高自我甄别、自我选择的能力。思想道德教育的最终目的是通过唤醒青少年群体内心的道德情感，使青少年群体能够将抽象的道德内化于心，外化于行。所以说，强化文明湖北的青少年群体道德依托，最后还是要体现在青少年群体的道德自觉上。要充分发挥青少年群体的主体作用，增强他们对文明湖北的道德认同，在道德践行中去显现文明湖北的精神驱动力。

全面提升区域文化软实力的战略思考

昌　灏[*]

（湖北工业大学经济与政法学院）

【内容提要】 区域文化软实力是国家文化软实力概念的延伸，直接关系着我国经济社会发展和区域综合实力的提升。区域文化软实力建设应该在全面、系统、准确把握区域文化软实力内涵和本地区特色的基础上，选择正确的政策路径，实现文化软实力各要素的普遍提高。

【关键词】 区域文化软实力　要素　提升

一　区域文化软实力的内涵及其构成要素

区域文化软实力是一个具有中国特色的概念，它在我国的出现是两种趋势作用的结果。其一，区域文化软实力是在我国地方政府纷纷实施文化强省战略的过程中提出来的。党的十七大召开前后，北京、广东、上海、浙江、江苏等20多个省市都制定并实施了文化强省（市）战略。地方政府文化强省战略可以说是国家文化发展战略在区域层面的贯彻实施，这是区域文化软实力提出的现实基础。其二，区域文化软实力是在

---

* 昌灏（1976—），湖北工业大学经济与政法学院讲师。

我国学术界对软实力的深入研究中提出的。"进入新世纪新阶段，我国学术界对文化软实力问题的研究呈现向纵深发展的趋势"①。

区域文化是一个区域的群体意识、价值观念、精神风貌、行为模式和管理方式等因素的总和。"区域文化软实力是指区域文化的价值观念、社会制度、发展模式等的影响力、感召力和渗透力"②。区域文化软实力的内涵十分丰富，主要包括：以区域精神为核心的文化凝聚力，以创意产业为核心的文化创造力，以文化输出为核心的文化辐射力，以区域形象、区域品牌和历史风貌为核心的文化识别力。在当代后工业化阶段，文化软实力已成为区域竞争的最重要的因素之一，是经济社会可持续发展的一种深层动力。区域文化软实力是国家文化软实力概念的延伸，两者是局部与整体的关系。一方面，区域文化软实力体现着国家文化软实力的主流、方向和要求，肩负着提升国家文化软实力的责任。另一方面，区域文化软实力在区域综合实力和核心竞争力中发挥着统领和支撑功能。所谓区域文化软实力，应当是这样一种"力"，它依托区域文化资源和文化自身的发展而产生，以无形和有形的形式，成为推动区域文化创新发展的持续动力，成为促进区域综合实力和核心竞争力提升的一种持续的辐射力和支撑力，并由此与更多的区域文化一起形成合力，成为提升国家文化软实力的重要资源和推动力量。

通过对区域文化软实力内涵的认识，我们认为文化软实力主要应由以下要素构成：（1）文化基础力，主要体现一个地区发展文化软实力的基础和资源条件。（2）文化保障力，主要体现一个地区在经济发展水平、人员投入、资金投入等方面为文化软实力持续发展提供经济和人员保障的能力。（3）文化生产力，主要体现一个地区文化产业提供文化产品和文化服务的能力，是推进文化软实力整体水平提高的产业支撑。（4）文化传播力，主要体现一个地区文化信息的传递、扩散能力。（5）文化创新力，主

---

① 王小拥：《试论区域文化软实力概念的提出背景》，《河南工业大学学报》（社会科学版）2010 年第 2 期。

② 曾德贤、何伟军：《文化软实力：区域经济发展的强大动力》，《前沿》2012 年第 13 期。

要体现一个地区对文化个方面要素的不断变革和创新的能力。（6）文化竞争力，主要体现一个地区文化市场的发达程度以及与其他地区文化开展市场竞争的能力。（7）文化吸引力，主要体现一个地区文化对国外和其他地区消费者的吸引力。（8）文化消费力，主要体现一个地区居民消费文化产品和服务的能力。（9）文化潜在力，主要体现一个地区实现文化持续发展的潜在能力。正是区域文化中的上述要素，相互补充、相互渗透，共同汇聚成对经济社会发展起着巨大作用的"软实力"。

二　提升区域文化软实力的重要性和紧迫性

软实力与硬实力是相辅相成、相互制约的两个方面。软实力是硬实力赖以生成、发展和壮大的强大的精神支撑，硬实力则是软实力的物质基础，软实力是硬实力的延伸拓展。文化软实力的强弱，直接关系着区域之间综合竞争力的强弱；文化软实力的强弱，直接关系着区域人文精神的创新，从而在精神的层面上影响着区域的可持续发展；文化软实力的强弱，直接关系着区域文化由量变向质变的发展进程，从而在转变经济发展方式的广阔视角上影响着区域的可持续发展；文化软实力的强弱，直接关系着区域的文化自觉与文化自信，从而从理念与规律的高度影响着区域的可持续发展。

从人类发展的历史和经济发展的态势来看，传统社会中的疆域辽阔、资源丰富、人口众多等物质要素在现代经济发展中的决定作用已显示出相对下降趋势。相反，影响人们行为的思想观念、制度体系等文化元素在现代经济发展中的功能则在不断提高，使得文化软实力成为区域发展的重要竞争力。一个地区要得赢得区域竞争的优势，不仅需要强大的经济实力、科技实力等硬实力，更需要有强大的文化软实力。一个区域只有具备了强大的文化软实力，才能做到刚柔并济，软硬结合，从而推动该区域协调均衡地持续发展。反之，没有强大的区域文化软实力，就没有真正的区域综合竞争力。"越来越多的事实表明：社会财富越来越向拥有文化软实力优势的国家和地区聚集，在区域经济竞争群雄并起的背后，是区域文化软实力百舸争流般的竞争"①。

面对国际国内日趋激烈的竞争和我国区域文化软实力建设方面存在的问题和不足，为推动我国区域文化软实力全面健康发展，必须把提高我国区域文化软实力作为一项关系我国经济社会发展和区域综合实力提升的重大社会战略任务来抓。根据我国社会经济持续健康发展的需要，各地区要在已有成就的基础上，进一步掀起社会主义文化建设新高潮，推动社会主义文化大发展大繁荣。这对实现全面建设小康社会的目标、开创中国特色社会主义事业新局面、实现中华民族伟大复兴具有重大而深远的意义。

三　提升区域文化软实力的基本方略

在研究制订本地区文化软实力建设的策略时，应着眼于区域文化软实力的客观实际和需要解决的问题，从而正确选择提升区域文化软实力的方针政策。

一是落实区域特色文化资源保护、开发和利用政策，运用市场手段和技术手段弘扬特色文化，树立区域特色文化品牌。提高文化软实力需要坚持文化自觉，全面认识各地文化在中华文化体系中的重要地位和影响，完整把握地方文化的历史成果和内在特质。对于地方特色文化基础性项目进行评估、研究和立项，通过实施若干重大基础性文化资源开发项目，促进文化资源的有效利用，培育和弘扬一大批知名文化品牌，增强各地文化软实力的特色和影响力。

二要制定文化传播的发展战略，构建综合型的文化传播体系，扩大区域文化在全国和世界的传播范围。提高区域文化软实力需要树立"大传播观"，营造具有地方特色的人文精神浓郁的氛围。我们需要在电视、广播、报纸、网络等大众媒体中扩大对于区域现代文化的传播，通过戏

---

① 何伟军、曾德贤：《文化软实力：区域经济发展的强大动力》，《光明日报》2012 年 5 月 30 日，第 7 版。

剧、电影、电视、音乐、舞蹈等各种文艺形式和文艺作品，创作在全国有较大影响的地方特色文化精品，借助会展、广告、促销等经济活动，运用经济文化高度整合的先进方式，表现地域文化的时代特征，扩大区域文化软实力的知名度。

三要加快建立和落实公共文化服务，进一步满足人民群众的精神文化需要，提高人们的文化素质和文化涵养。发展公益性文化事业，建立覆盖全社会的比较完备的公共文化服务体系，是提高文化软实力的基础性工程。我们要坚持文化民主，利用各级地方图书馆、博物馆、群众文化馆等公益文化设施和公共文化空间，开展多渠道、经常性的文化服务和文化传播活动，使人民基本文化权益得到更好保障，让人民有更多机会享受到先进文化的建设成果，为提高区域文化软实力做好基础性工作。

四要改进文化领域的科技创新工作，建立健全文化领域的科技创新机制，形成和发展新的文化业态。提高文化软实力需要充分利用高新科技力量，制定和落实科技成果激励机制和转化机制，引导文化企业开发具有世界先进技术水平的高科技文化产品，推进文化生产和文化传播模式向信息化、数字化、智能化和集约化转变。要加强文化建设领域的人才工程建设，培养和使用高素质文化人才，改进人才管理和用人制度，建立规范的人才有偿转让和自由流动机制，创造有利于人才成长和发展的良好环境，为提高文化软实力提供丰富的人力资源。

五要按照先进文化的根本要求科学发展文化产业，增强区域文化产业的市场竞争力。文化产业是朝阳产业，体现了当今经济文化一体化的必然趋势和客观要求。要加强文化体制改革，按市场经济的要求实现政府职能的科学化和合理化，实现文化管理部门由领导本位向服务本位转变，真正形成一个行为规范、运转协调、廉洁高效的文化行政管理体制，为区域文化产业的发展繁荣创造良好的环境。要形成以公有制为主体、多种所有制共同发展的文化产业格局，按照现代企业制度培育大型文化产业集团，发展具有全国优势的文化产业集群，通过文化的经济形态和技术形态提高地方文化的竞争力，促进区域文化软实力的增强和提高。

最后，在提升区域文化软实力过程中，还要从三个方面树立高度的自觉性：其一，思想认识上的高度自觉。文化自觉，就是区域的发展绝对不能只见物不见人，不能仅仅关注物质财富的增长、居民收入的提高，而是要更加关注文化与经济、政治、社会以及生态文明的协调发展。其二，工作推进上的高度自觉。我们国家和各个地区目前都把文化发展列入国民经济和社会发展的总体规划，不仅将文化作为推动经济社会发展的手段，而且作为社会进步的重要目标，作为区域可持续发展的支撑，通过规划引领经济社会的可持续发展。这就要求全社会在实际工作中，要自觉遵守和实施相关的规划和政策，产生推动区域文化发展的合力。其三，责任承担上的高度自觉。责任本身就具有自觉约束的要求，提升区域文化软实力内含着许多责任，如公共文化服务由政府主导，文化产业发展由政府扶持等。这就要求在国家的统一规划下，各地区、各部门、各企业都要切实履行其文化发展的责任，共同为国家文化软实力和区域文化软实力的提升做贡献。

四　统筹兼顾全面提升区域文化软实力

区域文化软实力的提升是一项系统工程，一定要在全面、系统、准确把握区域文化软实力内涵和本地区特色的基础上，实现文化软实力各要素的普遍提高。

一要提升文化基础力。提升区域文化软实力离不开对区域文化资源的开发和利用，离不开对传统文化的传承与创新。要坚持有效保护和科学利用有机结合，使物质文化遗产得到有效保护和利用，非物质文化遗产得到传承和发展，初步建立比较完备的文化保护制度，逐步完善文化保护体系，使文化保护成为全社会的自觉行动。在加强研究、保护的基础上继承创新，着力提升区域传统文化在当代的影响力，赋予区域传统文化以新的生命力，把丰富的文化资源优势切实转化为现实发展优势。如一些地方组织的"一地一品"的特色文化资源开发，使区域传统文化焕发出新的光彩和活力。

二是提升文化保障力。现代社会中经济文化一体化已是大趋势，经济文化化和文化经济化成为发展的鲜明特点。为此要创新政府对公共文化服务投入体系，通过公共财政直接投资、产业政策扶持、政府采购、特许经营、委托生产、公共文化项目外包等多种途径，打造链条完善、渠道多样、功能卓越的公共文化服务投入体系。要保证公共财政每年对文化建设投入的增长不低于财政经常性收入的增长幅度，人均文化事业费逐步达到全国平均水平，保障文化事业的持续快速发展。

三要提升文化生产力。我国目前整体的文化软实力水平还不高，最核心的文化产业还比较落后。对于振兴和发展本地区的文化产业，各地区必须在认识上高度重视，在行动上注重实效。"文化产业的高度发展，不但能够促进国民经济水平的提高，而且在客观上为国家文化的传承、保护和创新提供了雄厚的资金基础和有效的运作方式，从而提升了国家文化的生命力与创造力"①。政府部门主要是在宏观上进行调控，真正做到让文化成为一种产业。同时要强化精品意识，推出一批具有地域特色、民族精神，经得起历史、时代、群众、市场检验的文化精品。

四要提升文化传播力。文化的传播能力已经成为国家或地区文化软实力的决定性因素。提升区域文化软实力，必须不断提高区域文化的开放度和融合度，不断提升区域文化传播能力，切实增强区域文化的国际影响力与感召力，使区域形象实现全方位提升。把提升主流媒体影响力作为提高文化传播能力的战略重点；积极推进网络文化建设，提升网络文化供给能力，加强网上舆论引导，形成正面舆论强势。

五要提升文化创新力。创新是不竭的动力源泉，提升区域文化软实力，必须以构建完善的文化创新体系为重点，提升文化发展创新能力。应大力推进文化观念、体制、机制、内容、形式、传播手段、业态、科技等方面创新，特别是加强数字技术、网络技术和安全播出技术的研发和运用，努力掌握一批具有知识产权的核心技术。加强文化创新人才的培养与集聚，激发全社会的文化创造活力，让一切有志于文化创造的建设者的积极性得到充分发挥，打造文化创新人才高地，形成区域文化人

---

① 魏恩政、张锦：《关于文化软实力的几点认识和思考》，《理论学刊》2009 年第 3 期。

才竞争优势。

六要提升文化竞争力。重点是坚持政府主导、社会参与、群众共享共建的原则，加快构建结构合理、发展均衡、网络健全、运行有效、惠及全民的公共文化市场体系，使公共文化服务实现城乡全覆盖、功能更完善、服务上水平。现阶段主要应加强城乡公共文化市场体系建设，构建数量合理、层级有序、功能完备、适于开展群众性文艺活动和演出的公共文化设施体系；构建覆盖城乡的公共文化活动体系，扩大服务供给能力；进一步完善公共文化产品生产供给体系，增强生产供给能力；创新公共文化服务方式体系，提升服务质量，主要是鼓励和支持社会力量以兴办实体、捐助、免费提供设施等方式参与公共文化服务，健全公共文化设施服务公示制度，提高公共文化服务的信息化、网络化水平。

七要提升文化吸引力。区域文化的影响力决定着区域文化未来。各地区要大力推进文化展示，搭建展示平台，丰富展示内容，打造具有浓郁地方特色、广泛影响力和持久竞争力的地方文化会展品牌。应大力提升区域文化形象，在区域规划建设和管理的细节中显现文化品位，塑造一批代表区域形象、展示区域风貌的标志性区域品牌，打造一批具有区域文化个性的文化街区。应坚持"走出去"与"引进来"相结合，加强对外文化交流与合作，推动区域文化乃至中华文化更好地走向世界，使一些文化区域成为我国重要的对外文化交流中心和对外文化经贸合作中心。

八要提升文化消费力。不同的区域文化，展示着不同的区域价值观。文化的根本载体是人的素质，文化的核心是人的价值，有什么样的文化，就有什么样的价值观。价值观决定着人的思维方式和实践方式。一方水土养一方人，实际上指的是一方文化滋养一方人。要提高居民的素质和修养，最有效的方式是增加居民的文化消费，让居民尽可能多地接受现代文化的熏陶，接受先进文化的洗礼。政府既要为居民的文化消费创造条件，鼓励文化企业提供符合人民群众需要的文化产品，也要通过提高居民收入水平，缩小居民收入差距，使居民在满足物质消费的同时，增加文化消费支出。

九要提升文化潜在力。文化需要在传承中丰富和发展。在文化软实力的影响下，不同的区域群体所形成的文化传统、风俗习惯、伦理道德、价值观念等的差异往往导致人们对客观世界的认识不一致。区域文化氛围和熏陶的过程必然影响人们的生产经营观、生活消费观、社会责任观、竞争意识、合作意识和责任意识，同时也形成不同的创造精神、开拓意识等等，由此必然导致不同的经济选择和社会行为，从而产生不同的经济社会发展成效。因此，为了地区社会经济的发展，需要加大对文化教育的投入，加强对青少年的培养和教育，使其从小就树立正确的文化观，长大后成为推动区域文化发展的新生力量。

总之，文化是软实力，但提升文化软实力是"硬任务"。我国各地区应以科学发展为指导，加快转变经济发展方式、全面建设小康社会的进程。这一进程必然也是立足自身文化优势、不断提升区域文化软实力的进程。面向未来，提升区域文化软实力应当作为一项重大的战略任务来落实，成为区域发展的一种文化自觉、文化自信、文化自强的实践行为。

以传统"诚信"伦理为本推进"文明湖北"建设

张志云　吕丹丹[*]

（湖北大学文学院）

【内容提要】　我们不能在文化废墟上建立起健全的社会，也不能在文化废墟上开展精神文明建设。历史经验教训告诉我们，应当珍视传统文化资源，走融贯中西新旧的道路。要实现"文明湖北"的愿景，切不可忘记此一根本原则。而以传统"诚信"伦理为本，建构和谐的社会伦理秩序，则是建设"文明湖北"的重要路径。

【关键词】　诚信　伦理　传统　文明湖北

　　社会的发展，不仅是经济的发展，更应该是文化的发展；不仅是物质文明的进步，更应该是精神文明的提升。孙中山于 1917～1919 年撰《建国方略》，规划中国现代化蓝图，以"心理建设"开篇，次论实业计划（物质建设），三论民权初步，把思想建设提到的首位，实乃远见卓识。[①] 如今省第十次党代会提出建设"文明湖北"的战略，无疑具有重大意义，是顺应时代发展的科学抉择。建设"文明湖北"的要义，无外乎以人为中心，提高人的素质与精神境界。就目前情况来看，伦理道德

＊　张志云（1972—），湖北大学文学院副教授。吕丹丹（1990—），湖北大学文学院硕士研究生。
①　参见孙中山《建国方略·心理建设》，人民出版社 1956 年版。

的建设尤为迫切，是建设"文明湖北"的关键议题。而伦理道德的建设可谓千头万绪，如何"举一纲而万目张""牵一发而全身为之动"？笔者认为，应该以传统"诚信"伦理为本，来推进当前和谐的社会伦理秩序的建构。

一　现代化进程中不断受排挤的传统伦理

有别于世界其他民族文化，中国文化是一种非常独特的伦理型文化①，有着丰富多彩的伦理资源。然而在百年来中国社会现代转型过程中，相当长时段未能正确处置传统伦理的继承与发展问题，有着令人非常心痛的历程，对此可稍作回顾。

（1）1894年中日甲午海战以后，维新变法运动开始将传统伦理当作攻击对象，在介绍西方民主、自由、立宪、共和等政治理念的同时，开始了对中国传统政治理念和伦理观念的检讨与批判，其中以谭嗣同为典型，他激烈地批判传统政治理念和伦理观念，号召人们去"冲决罗网"。而他所谓的"罗网"就是传统伦理观念的核心——"三纲五常"②。

（2）民国初年"新文化运动"对传统伦理的清算，把批判传统伦理作为根本的任务。新文化运动高举"德先生"（民主）和"赛先生"（科学）两面大旗，要"打倒孔家店"。新文化运动健将们认为，以儒家为代表的传统文化，特别是它的伦理观念，是与以"民主""科学"为标志的新文化水火不容的，不彻底打倒"孔家店"，就不可能建设起"民主""科学"的新文化。与维新运动的领袖们相比，他们的批判来得更尖锐，更激烈，如陈独秀、胡适、鲁迅、李大钊等新文化的领袖人物，无不致力于对传统文化和伦理观念的大批判。鲁迅通过小说，把中国两千多年封建社会的历史，描绘成一部"吃人的历史"，把传统儒家伦理

---

① 参见冯天瑜《中国文化生成史》（下册），武汉大学出版社2013年版，第499页。
② 谭嗣同指斥二千年来封建专制制度为"大盗"，并猛烈抨击三纲五常"钳制天下"，所谓"二千年来之政，秦政也，皆大盗也；二千年来之学，荀学也，皆乡愿也。惟大盗利用乡愿，惟乡愿工媚大盗。"参见谭嗣同《仁学》卷下。

称为"吃人的礼教"。吴虞大力攻击宗法制度与儒家伦理①，胡适称他是"只手打翻孔家店的老英雄"。

（3）在中国共产党领导下的新民主主义革命时期，对传统伦理的批判开始扩展为广大民众的社会实践活动。受到毛泽东高度赞扬的湖南农民运动，其重要意义就在于农民运动把对传统文化和伦理的理论批判变成了行动的批判。毛泽东把传统伦理概括为套在广大民众头上的"四大绳索"，即"神权""政权""族权"和"夫权"，农民运动则把它们彻底打翻在地。他认为，只有经过这样的实践批判，广大民众才有可能获得精神上、肉体上的真正解放。

（4）20世纪50—70年代的"反右""四清"和"文化大革命"等频繁的政治运动对传统伦理的扫荡。尤其是"文化大革命"，将传统伦理作为"封资修"之首加以涤荡。在"大破四旧"（即破除"旧思想""旧观念""旧风俗""旧习惯"），"狠批封资修"，"横扫一切牛鬼蛇神"等口号下，传统伦理再一次遭到了"史无前例"的批判与否定。在林彪事件发生以后，更把"批孔""批儒"运动推向了家家户户，传统文化、伦理观念变成了最现实的政治斗争问题。频繁的政治运动，也导致友朋即刻反目，父子不相认，夫妻划清界限，检举揭发，告密公行，对传统伦常有着致命打击，令人触目惊心。

（5）20世纪80年代以来，随着改革开放，以经济建设为中心，利益原则开始大举进入私人生活与公共生活，逐利的热潮进一步排挤着传统伦理。如果说此前对传统伦理的排挤主要发生在思想、政治层面，那么这一时期则属于"经济力排挤"。改革开放是一个利弊并存的过程，其利在激活社会发展机制，其弊则在贬抑道义，常常助长见利而忘义。

回顾这一历史过程，客观地说，对于传统伦理的批判是有其历史的必要性和合理性的，没有这种冲击，中国社会向近现代转化可能要困难得多。然而从新文化运动始，对传统伦理的批判已出现全盘否定的倾向，至"文化大革命"这种全盘否定达到顶峰，传统伦理被摧毁殆尽。有破

---

① 1919年11月，吴虞在《新青年》6卷6号发表《吃人与礼教》，大力攻击"吃人的礼教"。

而无立，有革命而无改良，适合中国人的现代伦理秩序却远未建立。当今中国的道德真空和价值失落，恰恰就包含着错误理解传统、彻底摒弃传统所必须付出的那部分代价，因为我们显然不能在文化废墟上建立起健全的社会，也不能在文化废墟上建构和谐的伦理秩序。

历史的教训与现实的危机告诉我们，当前中国社会最迫切需要的是强调继承和发扬中华民族的传统美德，并且认真地研究和吸取儒家传统伦理观念中那些合理的内容，建立起符合时代精神所需要的伦理观念、道德规范和社会伦理秩序。传统伦理的许多基本要素理当传袭，在传袭间改良，而不可决然斩断前缘。要实现"文明湖北"的愿景，切不可忘记此一根本原则。

传统伦理的许多基本要素，如"礼义廉耻""孝悌忠信""信义和平""讲信修睦""父慈子孝""兄友弟恭""夫和妇顺""朋谊友信"等，对于纠正我们当前社会现实生活中存在的问题都是很有启发的，应当积极继承与发扬，赋予这些伦常传统以现代性。而目前尤其要以"诚信"为本，来推进伦理道德建设。

二　"诚信"在传统伦理中的关键地位

中国文化是一种"伦理—政治型"的文化范式，讲求"修齐治平"，"内圣"与"外王"的兼济。① 《礼记·大学》称："自天子以至于庶人，壹是皆以修身为本。"② 非常重视和强调伦理道德的作用，视其为齐家、处世、为政、王天下之本，而"诚信"在整个伦理道德体系中占有重要位置。

中国传统"诚信"伦理，是由"诚""信"两个基本概念构成的伦理范畴。《说文解字》："诚，信也。从言，成声。""信，诚也，从人从

---

① 参见冯天瑜《中国文化生成史》（下册），第 640 页，武汉大学出版社 2013 年版。
② 《礼记·大学》。

言。"① "诚""信"互训，两者含义相近。然细考之，两者内涵还是各有侧重的。

传统伦理的"诚"，是由古代神权政治传统肇始的，带有浓厚的宗教色彩。"诚"，从"言"，在甲骨文中，"言"表示告祭，指在对祖先、神的告祭活动中不能有丝毫的欺蒙和亵渎之心，必须始终处于一种虔诚的宗教情感和心理状态方能完成告祭，与祖先神灵相通。《尚书·太甲》谓："鬼神无常享，享于克诚。"《礼记·曲礼》有"祷祠祭祀，供给鬼神，非礼不诚不庄"之说。商周时期，"信以祷神""诚以举祭"是祭祀活动的两条基本原则。可见，"诚"概念的原始含义，乃在强调祭祀过程中内心状态的专心一致，精神意念的纯正虔敬。

春秋以降，"诚"的宗教色彩逐渐淡化，伦理色彩与道德含义开始凸显。如《易传·文言》"修辞立其诚，所以居业也"之说，把"诚"视为人格修养的根本出发点。此后，在《大学》《中庸》和《孟子》《荀子》那里，此内涵得到了进一步阐发，"诚"的社会伦理性，最终得以定型。

《中庸》认为，"诚"是"天之道"，能够做到"诚"，是"人之道"②。并提出"诚"是"物之终始，不诚无物"。把"诚"的价值理念视为天道和人道的核心问题。孟子说："诚者，天之道也；思诚者，人之道也。"③ 诚不仅是宇宙的本体和人的本性，也是人伦道德的本原，同时又是贯通人性与天道，达到天人合一的桥梁。荀子对"诚"的意义寄望极高，他提出，"不诚则不能化万物"，也"不能化万民"。因此认为"诚"是"君子之所守"，也是"政事之本"。他甚至提出："诈伪生塞，诚信生神，夸诞生惑。"④ 宋代理学对诚的本体意义作了进一步的概括，周敦颐说："诚者，圣人之本。'大哉乾元，万物资始'，诚之源也。'乾

---

① 参见许慎撰、徐铉校订《说文解字》，中华书局 2013 年版。
② 《礼记.中庸》云："诚者，天之道也，诚之者，人之道也。"
③ 《孟子·离娄上》。
④ 《荀子·不苟》。

道变化，各正性命'，诚斯立焉，纯粹至善者也。"① "诚，五常之本，百行之源。"② 在他看来，"诚"不仅是宇宙的精神实体，而且是一切伦理规范和道德行为的根基和源头。

传统伦理的"信"，其伦理内涵，经历了一个从"敬神为信"到"立言为信"的历史变迁过程。

早期的"信"通常写作"允"，《尚书·尧典》中有"惟明克允"之说，《尔雅·释诂》解释为"允，信也"③。商代甲骨卜辞中有以"允"字表示商王占卜应验的用法，用来表达预言传达者（神灵与先祖）与从受者（商王或贵族）的互信关系。《左传·桓公六年》中有云："所谓道忠于民而信于神也。上思利民，忠也；祝史正辞，信也。"此即所谓"信以祷神"也。

神权政治背景下的"信"观念，以强调人神之间的信任关系为主，带有浓厚的宗教色彩，后逐渐由神人关系延伸到社会交往之中，"信"的伦理内涵也初步展开：一方面，古人强调，"民有忠信"是"神有明德"的前提，只有具备"忠信之质"者，才有资格"以为之祝"④；另一方面，能否真正获得"神降之福"，关键不在言辞的华丽，而是要看其行为是否真正符合"德以施惠，刑以正邪，详以事神，义以建利，礼以顺时，信以守物"⑤ 的要求。"信"在先秦伦理体系中，已占有重要位置。

西周以来，随着"礼乐"制度与"德治"传统的确立，"信"观念的神权色彩日渐消退，由以往的"敬神事鬼"为主，转变为"立国""使民"的"为政之本"，成为古代礼乐政治传统的内在伦理标准之一。"信，国之宝也，民之所庇也。"⑥ "长众使民之道，非精不和，非忠不

---

① 《通书·诚上》。
② 《通书·诚下》。
③ 《尔雅·释诂》。
④ 《国语·楚语下》。
⑤ 《左传·成公十六年》。
⑥ 《左传·僖公二十五年》。

立，非礼不顺，非信不行。"①

从春秋晚期开始，"信" 的伦理内涵，逐渐由国家政治伦理范畴向人际交往的基本社会伦理准则转化。"讲信修睦" 被视为人际交往的基本原则而得到刻意强调。"人而无信，不知其可也"②。在个人品德修养方面，孔子主张 "入则孝，出则悌，谨而信，泛爱众，而亲仁"③。孟子则把 "父子有亲、君臣有义、夫妇有别、长幼有序、朋友有信"，视为人际交往的 "五伦"。④《管子·戒》以 "忠信" 为 "交之庆"。而 "士以信相考，百姓以睦相守"⑤ 则成为天下 "大顺" 的重要标志。"信" 在人际交往中的伦理价值，受到了普遍重视，成为 "君子" 人格的基本特征之一。所谓 "人所以立，信、知、勇也"⑥，所谓 "君子有大道，必忠信以得之，骄泰以失之"⑦，都体现了 "信" 观念在理想人格塑造方面的重要作用。

西汉以后 "三纲五常" 理念提出，"仁、义、礼、智、信" 成为五种最基本的人伦规范（"五常"），"信" 在中国传统信用伦理体系中的主导作用，也由此得以确立。

"诚" "信" 两个基本概念经历了不断演变和发展的过程，内涵各有侧重但又彼此互通，后逐渐融为一体，共同组成中国传统社会的 "诚信" 伦理。在传统伦理体系中，"诚信" 被认为是最基础性的伦理规范之一，是一切伦理规范和道德行为的根基和源头。"诚信" 是个人立身处世以及道德修养的基本要素，要求个体真实无妄、人己不欺和以义理为宗；"诚信" 是社会交往所需要遵循的基本规范准则；"诚信" 也是治理国家所需要遵循的基本规范准则。

---

① 《国语·周语上》。
② 《论语·为政》。
③ 《论语·学而》。
④ 《孟子·滕文公上》。
⑤ 《礼记·礼运》。
⑥ 《左传·成公十七年》。
⑦ 《礼记·大学》。

三 传统"诚信"伦理的现代转换

2012年9月13日，托马斯·L.弗里德曼在《纽约时报》发表《中国缺少的不是创新，是信任》^① 一文。他一针见血地指出，中国现在缺失的不是创新文化，而是一种更基本的东西：信任。他认为当前中国存在巨大的信任亏空，因为中国现在正处于旧社会结构和新体制之间的过渡阶段。旧社会结构是由村落和家庭组成，它们拥有自己的信任形式，新体制则建立在法治和独立的司法系统之上。

他阐述了社会信任与创新社会之间的关系：当社会中存在信任时，就会出现持续创新的情况，因为人们有安全感，他们就敢于进行冒险，做出创新所需的长期承诺。当有了信任时，人们就不会害怕自己的创意被盗取，愿意分享他们的想法，愿意合作开发彼此的创新项目。现代中国想要成为一个创新社会所面临的最大问题是，它现在还是一个信任度很低的社会。而中国如果想要继续提高该国的收入水平，就必须成为创新社会。

1999年马云创办了阿里巴巴，2012年其销售量超过 eBay 和亚马逊（Amazon. com）的销售总和。托马斯·L.弗里德曼分析了马云大获成功的原因：阿里巴巴能有如此成绩，部分是因为，它在中国国内建立了一个可信可靠的买卖双方市场，将消费者、发明家以及制造商会聚在一起，而如果没有这个平台，这些人都会觉得很难做交易。

这是一篇充满了真知灼见的文章，读来振聋发聩、发人深省。它启发我们，无论是中国现代化的成功转型、传统伦理的现代化转型，还是"文明湖北"的建构，都应该紧紧攥住"诚信"二字，以"诚信"为本来实现传统与现代的继往开来，达到中西伦理的沟通融合。这不仅必要，而且可行。

从现代伦理学观点来看，中国传统伦理多属私德。正如梁启超所说：

---

① 参见《纽约时报中文网》，http://cn. nytimes. com/opinion/20120913/c13friedman/。

"私德居十之九，而公德不及其一焉。"① 公德的严重缺乏导致中国现代化转型困难重重。直至今日，还有不少人对中国传统伦理的现代转换、私德与公德之间的顺利对接持怀疑甚至悲观的看法。② 笔者深不以为然，因为"私德公德，本并行而不悖者也""是故欲铸国民，必以培养个人之私德为第一义；欲从事于铸国民者，必以自培养其个人之私德为第一义"。③

作为中国传统伦理基石的"诚信"伦理，正可以拿来当作重塑现代公民伦理道德的基础，以"诚信"之私德开出现代之公德，实现私德与公德的整合。

另外，以传统"诚信"伦理为本，还能实现中西伦理的沟通与融合。中国历史上晋商、徽商所体现的"儒商精神"，即是把"诚信"道德规范具体运用到商业经营活动中，视其为职业道德之本。它包含了三个层面的内容：

一是守信，指在职业活动中重然诺，讲信用，守合约，以诚正己，作为立业之本。

二是正直，即不欺人、不欺己、不欺心，在职业活动中不允许有欺骗行为，杜绝以次充好、以假乱真、欺行霸市。

三是重义，即信不仅仅是信于约，更要信于义。儒家认为诚信不是机械的言必信、行必果，而应以义作为诚信的标准，作为该不该守信的根据。

中国古代的儒商精神，就是以义为一切经济活动的目的和行为准则的。④ 市场经济必须以契约精神做保障，而契约精神的前提是诚信。民无信不立，市场经济无诚信亦不立，传统伦理中的"诚信"精神是现代文明须臾不可缺的资源。在此意义上，我们可以说，传统与现代的对接，

---

① 梁启超著、吴松等点校《饮冰室文集点校·论公德》，云南教育出版社 2001 年版，第 554 页。
② 如刘清平《儒家伦理与社会公德——论儒家伦理的深度悖论》（《哲学研究》2004 年第 1 期）、崔大华《儒学的一种缺弱：私德与公德》（《文史哲》2006 年第 1 期）、许建良《儒家道德缺乏公德机制论》（《伦理学研究》2008 年第 2 期）等。
③ 梁启超著、吴松等点校《饮冰室文集点校·论私德》，云南教育出版社 2001 年版，第 622 页。
④ 参见唐凯麟、张怀承《成人与成圣——儒家伦理道德精粹》，湖南大学出版社 1999 年版，第 302—303 页。

中与西的融合，伦理式诚信与契约式诚信的整合，完全是可行的。

传统与现代的顺利对接，中与西的成功融合，还可略加申述。20世纪下半叶，东亚国家和地区创造经济奇迹，除利用最新科技成就，借用西方市场经济的竞争与激励机制以外，一个重要原因是东亚伦理的人际和谐精神得到现代式发挥，将企业和社会组合成风险共担、利益均沾的"命运共同体"，使管理者与劳作者在"和"的精神凝聚之下，形成长久、牢固的"合力"，而不是短暂的利用关系。这是对东亚和合精义的创造性发挥①，也是中西沟通与融合的成功案例。

总之，应当珍视传统文化资源和西方文化资源两种价值，走融贯中西新旧的道路，这是建设"文明湖北"必须坚持的基本原则。而以传统"诚信"伦理为本，建构和谐的社会伦理秩序，则是建设"文明湖北"的重要路径。

---

① 参见冯天瑜《中国文化生成史》（下册），武汉大学出版社 2013 年版，第 525 页。

湖北人网络形象的文化分析

——基于新浪微博的研究

张　宁　柴海燕[*]

（湖北大学历史文化学院　中国地质大学经济管理学院）

【内容提要】　提升湖北人的文明形象是"文明湖北"建设的重要任务。但统计分析新浪微博"湖北人性格"的检索结果，可以发现精明强悍但偏于负面的"九头鸟"形象是湖北人的文化标签，与刚烈敢为且偏于正面的湖南人形象形成鲜明对比。"九头鸟"是历史形成的地域偏见和刻板印象，又因近代以来名人效应匮乏、缺少有辐射力的文化象征以及经济不发达等因素而强化。突破"九头鸟"的束缚，需要提炼出融地域特色和时代特点为一体的湖北精神，应突出湖北人聪明、不服输的特点，重视当代湖北籍名人的宣传效应，打造新湖北人形象，提升湖北的软实力。

【关键词】　湖北人　网络形象　新浪微博　文化分析

中国地域辽阔，山川纵横，被分割成大大小小的地理区块。在此基础上，形成了各具特色的区域文化。自古以来，各地民风之异，人情之别，就是史家文人的关注点。司马迁在《史记·货殖列传》中，首次系

---

* 张宁（1971—），湖北大学历史文化学院副教授；柴海燕（1975—），女，中国地质大学经济管理学院副教授。

统介绍了各地的地理特点、物产和人民性格。此后，各地士风民风的差异，常见于历代典籍的记载。

区域文化有继承性，又有随时代而变异的一面。在交通通信发达，跨地区大规模人口流动成为常态的现代社会，以古人的眼光看，可谓"天涯若比邻"。不过，社会上对各省各地人的性格形象，仍有许多趋同的认知，其中多有刻板印象，甚至形成地域歧视。

某地人的性格特点，外化为文化形象，是地域文化研究的重要课题。关于湖北人，最流行的说法是一句毁誉参半的俚语——"天上九头鸟，地下湖北佬"。但相关的学术探讨很少，一般是溯古论今，研究湖北人性格形成的历史地理背景，以及"九头鸟"的来龙去脉，也有从文化建设和提升软实力的角度讨论改造"九头鸟"文化和弘扬湖北精神的论述。① 其中不乏真知灼见，但在研究方法上是以"我"为主，从湖北本地研究者的角度出发，举例子加分析。由于缺少自外而内的研究路线，并不关注本省及外地的普通人对湖北人性格形象的看法究竟是怎样的，研究的现实意义有所不足。而要摆脱"高大上"的姿态，转换为草根视角的实证研究，主要难点在于信息的搜集。随着互联网越来越广泛地渗透进人们的日常生活，普通人（特别是 40 岁以下的城市居民）对各种问题的看法，以海量信息碎片的形式存留在网络空间。因而，针对特定问题的大数据分析成为近年来国际上人文社会学科领域方兴未艾的学术热点，这一研究取向完全可以应用于地域文化的研究。

本文尝试利用新浪微博的信息，以"湖北人性格"为内容检索词，利用检索结果研究湖北人形象。由于发言者来自全国各地，几乎都是各行各业的普通人，在微博上随机发言，如果表现出某些一致的内容特点，

---

① 参见萧放《湖北民俗性格略论》，《湖北大学学报》1994 年第 3 期；胡晓蓓《"九头鸟"形象的流变及其文化内涵》，《华中科技大学学报社会科学版》2006 年第 2 期；刘玉堂《九头鸟的来龙去脉及其与湖北人的瓜葛》，《今日中国论坛》2009 年第 2～3 期；郝勤《宏扬与反思"九头鸟"文化，展现"湖北佬"的文化风采》，《湖北社会科学》2012 年第 2 期；袁红、王英哲《从文化视角探讨九头鸟形象对湖北人形象塑造的价值》，《湖北社会科学》2013 年第 12 期；熊霞《凝炼湖北精神与提升区域软实力的路径》，《学习月刊》2014 年第 1 期下半月。

基本上可以代表全国各地对湖北人的普遍认知。某省某地人的性格形象经常是在与他省他地人的对比中形成的，为增强研究的可信度，本文加入明清时同属湖广的邻省湖南作为比较对象，以"湖南人性格"为内容检索词，将两省的检索结果进行对比，以进一步凸显湖北人网络形象的特点。

一 "湖北人性格"与"湖南人性格"微博检索结果的比较分析

2014年6月13日，笔者以"湖北人性格"和"湖南人性格"为检索词在新浪微博进行检索，先对检索结果做初步筛选，淘汰介绍个人情况和意义不明的微博后，分别得到131条描述"湖北人性格"的微博、169条描述"湖南人性格"的微博。将微博中关于湖北人和湖南人性格的描述分别复制到 Word 文档中，利用中文词频统计工具对其中出现的关键词进行词频统计，结果如下。

表1 新浪微博中关于湖北人性格的词频统计结果

排序	词语	频次
1	九头鸟	33
2	聪明	17
3	精明	16
4	不服输	15
5	好斗	10
6	内敛	7
7	狡猾	7
8	奸诈	7
9	韬光养晦	6
10	算计	5
11	打架	5
12	善变	4

续表

排序	词语	频次
13	吵架	4
14	狡诈	4
15	不团结	4
16	小聪明	4
17	灵气	4
18	火暴	3
19	执著	3
20	率真	3
21	急躁	3
22	老谋深算	3
23	勇气	3
24	心机	3
25	直爽	4
26	泼辣	2
27	倔强	2
28	细腻	2
29	敢作敢为	2
30	坚韧不拔	2
31	不拘小节	2
32	一鸣惊人	2
33	敏捷善思	2
34	兼容开放	2
35	通达善变	2
36	脾气硬	2
37	嗓门大	2

表1的统计结果中，湖北人的形象标签"九头鸟"（33次）居首。出现最多的是两类词汇：一类是形容为人精明的词语，其中偏正面的有"聪明"和"灵气"，共21次；中性的为"精明"，计16次；偏负面的词汇（"狡猾，奸诈，狡诈，算计，小聪明，老谋深算，善变，心机"）总计37次。另一类是形容性格强悍的词语，包括"不服输、好斗、吵

架、火暴、急躁、泼辣、倔强，敢作敢为，脾气硬，嗓门大"，共计 45
次。① 其中，词义比较正面的有"不服输、倔强、敢作敢为"，共 19 次。
这两类词汇解释了"九头鸟"的含意，总体色彩是偏于负面的。

表 2　新浪微博中关于湖南人性格的词频统计结果

排序	词语	出现频次
1	霸得蛮	28
2	耐得烦	20
3	吃得苦	16
4	辣椒	16
5	刚烈	14
6	倔强	11
7	不怕死	9
8	不蔓不枝	8
9	不怕辣	7
10	不怕邪	7
11	不怕压	7
12	勇敢	7
13	执著	7
14	暴躁	6
15	敢为人先	6
16	骡子	6
17	聪明	6
18	中能（应为通）外直	5
19	匪气	5
20	吃苦耐劳	5
21	实事求是	5
22	率直	5
23	火辣	5
24	血性	4

① 表 1 中有"打架"一词，多来自网友讨论《中国打架排行榜》的微博，引用其中湖北人打
架能力弱的评论，故不能算作第二类词汇。

排序	词语	出现频次
25	意气	4
26	义气	4
27	嗓门	4
28	直爽	4
29	开朗	4
30	果决	3
31	急躁	3
32	敢作敢为	2
33	拔刀相助	2

表2呈现出鲜明的湖南人形象，其中，"吃得苦，耐得烦，不怕死，霸得蛮"是描述湖南人性格的流行俗语，在微博中或者连用，或者用一词两词，而以"霸得蛮"使用最多。"不怕邪，不怕压，不怕辣"是类似的另一段俗语，共出现7次。"中通外直，不蔓不枝"出自生于今天湖南道县的宋代大儒周敦颐名作《爱莲说》，比喻君子刚直不阿、表里如一的品质。在33条词语中，仅有3条（暴躁，匪气，急躁）偏于负面，共14次。其他词语皆为褒义，而且词义接近，总体形象是"霸蛮、刚烈、正直和敢作敢为"。只有"聪明"一词（6次）显得另类，且有3次是与"勇敢"连用（"聪明勇敢"）。

湖北人与湖南人网络形象的差距，也从相关微博对两省人性格的正面／负面评价比例中反映出来。在关于"湖北人性格"的131条微博中，有25条正面评价（其中5条是外省人的评价），50条中性评价，56条负面评价（其中27条是外省人对湖北人的评价）。而在关于"湖南人性格"的169条微博中，只有19条负面评价（其中5条是外省人评价），中性评价有43条，正面评价107条（其中只有12条是外省人的评价）。由此可见，湖北人的总体形象偏于负面，省籍自豪感也很淡薄。湖南人则有极其强烈的省籍自豪感和乡土意识，外地人对湖南人的劣评较少。

二 "九头鸟"形象负面意蕴的成因

湖北人网络形象偏于负面,与晚清民国以来湖北人的文化形象大体吻合。20 世纪 30 年代,林语堂在《南人与北人》中谈道:"至汉口南北,所谓华中部分,居住有狂噪咒骂而好诈之湖北居民,中国向有'天上九头鸟,地下湖北佬'之俗谚,盖湖北人精明强悍,颇有胡椒之辣,犹不够刺激,尚须爆之以油,然后煞瘾之概,故譬之于神秘之九头鸟。"①

"九头鸟"成为湖北人的文化标签,有特定的历史背景。明代中叶以降,长江中游与下游之间、中游与上游之间的水路贸易打通,"黄金水道"对全国性商品流通格局的形成起到至关重要的作用。此作用又因晚清时蒸汽轮船的推广而强化。直到 20 世纪 20 年代,长江水道的地位才因铁路的竞争开始降低。在这一经济进程中,正处长江中游的湖北,因联系东西南北的地理位置而成为转运贸易的枢纽地带,汉口跃升为"九省通衢"和"天下四聚"之一。由于贸易发展,外地人与湖北沿江地带的民众接触增加,当地人精明强悍的个性难免给外地人带来一些负面印象。而本地不是重要的生产中心,转运贸易主要由外省商帮经营,本省人并未因此富裕。外省人与本地人的隔阂矛盾又强化了负面印象。于是,可能在明代曾具有褒义的"天上九头鸟,地下湖北佬"②,逐渐转变为更多具有贬义的俗语,晚清民国时成了外省人对湖北人的流行看法。地域偏见一旦形成,便长期沿袭下来,难以扭转。

"九头鸟"作为湖北人的文化标签,掩盖了省内各地的民风差异。湖北省处于中国地势第二级阶梯向第三级阶梯过渡地带,省内地貌类型多样,与六省市相邻,各地民情风俗差异很大。2008 年左右,网上出现一个"完整揭秘湖北人"的帖子,2014 年 4 月 14 日由新浪微博大 V "清华南都"以长微博形式转载,到 6 月 13 日转发 2441 次,评论 1004

---

① 林语堂著、黄嘉德译《吾国与吾民》,陕西师范大学出版社 2006 年版,第 5 页。
② 刘玉堂:《九头鸟的来龙去脉及其与湖北人的瓜葛》,《今日中国论坛》2009 年第 2 - 3 期。

次，已达到影响力大的高热度微博级别。作者生长于潜江，在武汉上大学，强调湖北被切割成多个地理区块，"湖北人尽管是个统称，但实际上湖北人内部却分得非常清楚，各地人的性格和脾气都完全不同"。从微博的热度和网友们的评论看，该文的观点引起了湖北网友们的强烈共鸣。湖北各地的民风差异无法改变外省人对湖北的印象。"九头鸟"文化形象本来是外省人对湖北长江沿岸民风的夸张性认识，但受到明清以来行政区划的影响，外省人往往将湖北人作为一个整体进行评价。这样，"九头鸟"成为强加于所有湖北人的刻板印象。

"九头鸟"确实折射出湖北某些地区民风的缺点，但世界上任何地域文化皆有缺点，如果用放大镜去看，必然产生偏见。在当今中国社会，形形色色的地域偏见是常见的社会现象。招远邪教杀人案发生后，网上发生地域歧视的骂战，《人民日报》刊文讨论这一问题。国家行政学院社会和文化教研部主任龚维斌认为："地域歧视近些年比较集中地凸显出来，与中国人口流动性的快速增加不无关系……人口流动会产生扩散效应，负面新闻也更容易被传播，个人的缺点被放大了，上升为其籍贯地的缺陷，并形成一些个体的错觉。"上海大学社会学系教授顾俊则认为，这是不同人群、不同地域之间客观存在的现象，"背后主要是各个地区资源、发展不均衡，形成了地区优越感，比如城市歧视农村、本地歧视外地"①。对某些省份而言，省内个别地区在外人群里负面新闻太多，省内某些地区负面新闻多，影响了全省人的形象。但这一规律对湖北人似乎不成立。如果与湖南对比，两省经济发展水平相当，近年来湖南省内的各类负面新闻，以及湖南人在外省（主要是广东）的负面新闻，显著高于湖北。在新浪微博检索"湖南人性格"时，不少湖南网友也提到湖南负面新闻比较多的问题。然而，这没有削弱湖南人的自豪感，也没有影响外省人对湖南人的看法。因此，湖北人形象较负面的成因，还有更复杂的社会文化背景。

进一步对"湖北人性格"与"湖南人性格"的新浪微博搜索结果进

---

① 引自赵展慧《你是哪里人？——地域歧视面面观》，《人民日报》2014年6月13日。

行比较分析，发现了两点极为突出的差异，即湖南人的正面形象和强烈的乡土自豪感，与历史名人和"辣"饮食文化的密切联系。

历史上，湖湘文化的异军突起，与近代以来湘军兴起、辛亥革命及中国共产党的红色革命过程中湖南人的作用相为表里，曾国藩、左宗棠、黄兴、宋教仁、毛泽东、刘少奇等历史人物，改变了中国命运。直到今天，他们仍是湖南人形象的文化基础。统计"湖南人性格"的微博检索结果，10 条微博提到曾国藩，6 条微博提到左宗棠，10 条微博提到毛泽东，10 条微博提到湘军。① 还有几个相关词，如近代史（3 条），英雄（5 条），先烈（3 条）。阅读微博文本，更能直观深切地感受到这些历史人物是湖南人形象（包括湖南人自我认知和外地人评价湖南）的关键支撑。与此相对比，统计"湖北人性格"微博检索结果，只有两个与湖北有关的历史人物，张之洞（1 条），他是今天河北沧州市南皮人，还有林彪（3 条）。名人效应是理解湖北人和湖南人形象差异的重要线索，早在民国时已如此，如林语堂在讥讽湖北之后，称赞"湖南人则勇武耐劳苦，湘军固已闻名全国，盖为古时楚国战士之后裔，具有较为可喜之特性"②。

文化辐射是影响地域文化形象的另一个重要因素。提起湖南，人们容易联想到以辣而闻名的湘菜，加之毛泽东"辣椒革命论"的影响，"辣"成了湖南人闻名遐迩的文化特征。统计"湖南人性格"的微博检索结果，多达 32 条微博提到"辣"（指饮食的辣）和"辣椒"。饮食之"辣"又譬喻性格之"辣"，7 条微博引用了"不怕邪，不怕压，不怕辣"的俗语，10 条微博专门以"辣"形容湖南人的性格。这样，饮食与湖南人的性格完美地融为一体，强化了湖南人的文化形象。与之相比，检索"湖北人性格"微博结果，除"九头鸟"外，较多出现的文化元素是"楚"（14 条微博提到荆楚，楚国，楚人，楚文化，楚地），反映了湖北人对楚文化的强烈认知，但它并不具有特定的文化气质，且楚国的

---

① 统计时已考虑到同一人物有不同称呼，如曾国藩（曾文正），毛泽东（毛，老毛，毛主席），以及同一词汇的多义，如统计湘军时删去"电视湘军""出版湘军"。

② 林语堂著、黄嘉德译《吾国与吾民》，陕西师范大学出版社 2006 年版，第 5 页。

时代过于久远，很难引起人们的共鸣。

综上所述，湖北人形象的偏负面色彩，是历史和现实因素交织形成。其中，有三种因素在现实生活中固化了"九头鸟"的刻板印象：一是湖北经济不发达，除武汉外，其他地区缺乏吸引力，而武汉的城市和文化形象欠佳，强化了"九头鸟"的印象。二是湖北人形象的历史文化基础薄弱，主要是明清以来的名人效应太小，难以引起本省人的自豪感和外省人的钦佩之情。三是缺少文化辐射力，湖南、四川之火辣，西藏之神秘，皆为当地的文化标签，有正面意蕴。湖北人最有名的标签"九头鸟"，却以负面意蕴为主，即使努力改造宣传，也很难让外省人改变印象。

三 重塑湖北人形象与文明湖北建设

2012 年 6 月召开的湖北省第十次党代会提出"五个湖北"的建设目标。其中，文明湖北的建设包括"凝炼荆楚人文精神""不断提升湖北的美誉度和湖北人民的文明形象"，提出"做一个爱国守法、崇德守信的湖北人，做一个和善开明、务实敬业的湖北人，做一个敢为人先、追求卓越的湖北人，做一个语言文明、举止优雅的湖北人"。① 这一愿景与湖北人的文化形象之间，存在很大的落差。官方也意识到这一问题，在对"五个湖北"的解读中，强调"坚持把人民群众素质的提升作为'文明湖北'建设的关键""应当下大气力提升公民的文明素质，培育文明湖北人，增强湖北人魅力"。② 这篇解读的另一稿特别提到"天上九头鸟，地上湖北佬。这句话既形容了湖北人的正面形象，也包含了湖北人的负面形象"③。此语在《湖北日报》正式刊载时删去，但足以说明偏于负面的文化形象在湖北人心中投下的阴影。

湖北人的文化形象总体偏于负面，已内化为湖北官方与民众的自我

---

① 《李鸿忠在湖北省第十次党代会上的报告》，《湖北日报》2012 年 6 月 15 日。
② 中共湖北省委政策研究室：《"五个湖北系列解读之四"——论文明湖北》，《湖北日报》2012 年 10 月 11 日。
③ 中共湖北省委政策研究室：《关于"五个湖北"的深度解读》，《政策》2012 年第 10 期。

认知。但这一认知具有多少合理性，又有多少偏见的成分，并未得到认真的探讨。如上文所分析，"九头鸟"的刻板印象有明显的偏见色彩。简单被动地接受这一刻板印象，等于是默认其中的偏见。

地域文化的差异是客观存在的文化现象，美国有深红州、深蓝州，日本有关东、关西之别。无论怎样发展，湖北人也不可能变成湖南人、四川人。所以，文明湖北建设的落实，除了中国各省份都需要做的"大力提升公民的文明素质"的长线工程之外，还要突破"九头鸟"的束缚，提炼出融地域特色和时代特点为一体的湖北精神，宣传新湖北人的形象，提升湖北的软实力，并为此设计、实施可操作性强的中短期方案，有的放矢地改善湖北人形象，提高湖北人的自我认知。

打造新湖北人的形象，需要从"扬长"的思路出发。根据前文的数据分析，聪明、不服输是湖北人形象最突出的特点，具有正面和积极的价值，可以作为湖北精神的关键词。抽象的湖北精神需要具体人物的支撑，应借鉴国务院新闻办公室制作的中国国家形象宣传片的思路，以厚今薄古为原则，这样，更适应年轻一代的品味。2013 年，零点调查与新华网共同发起"2013 年各省（区市）形象"调查，其中一项是请各省（区市）居民推选自己老家的形象代言人。湖北省候选人有屈原、李时珍、张居正、池莉、李娜等，结果屈原以 32.7% 的最高得票率当选，遥遥领先于李娜的 10.2%，引发网上热议。几千人进行了转发评论，多数网友质疑古代名人代表湖北形象的合理性。[①] 古人变身为今天的湖北形象代言人，说明了湖北人的文化不自信。无论屈原如何伟大，也不能展现当代湖北人的精神风貌。事实上，许多优秀的当红湖北籍名人，完全可以组成群像，作为湖北精神的代表，如 IT 网络界鼎鼎大名的三个湖北火枪手——360 公司董事长周鸿祎（蕲春人），小米科技创始人、金山软件董事长雷军（仙桃人）和人人网董事长陈一舟（武汉人），还有 1 号店创始人于刚（宜昌人），体育界有李娜、李小双，文化界有池莉。比起屈原等古代名人，他们更容易吸引今天的年轻人，获得年轻一代的认

---

① 《李娜落选湖北形象代言人　屈原高票当选遭网友质疑》，《长江日报》2013 年 11 月 23 日。

同。在新浪微博搜寻"湖北人性格"时，出现频率最高的人物正是当今名气最大的三个湖北人——周鸿祎（10 条）、雷军（10 条）和李娜（8 条）。有 6 条微博认为李娜代表了湖北人性格，其中 4 条微博为好评。2012 年对周、雷的两次采访，有对湖北人性格的正面评价，如"湖北人的性格最适合创业""湖北人性格中最大的一个特点是'不服周'"，这也多次出现在检索结果中。通过百度搜索，可以发现这两次采访被各类网站论坛广泛转载，客观上宣传了湖北人的正面形象。① 因此，扬长避短，利用现实中的名人效应，是塑造、宣传新湖北人形象的可取之道。

---

① 《周鸿祎的"二"逻辑》，《湖北人陈一舟最聪明，雷军第二我第三》，《新楚商》2012 年第 7 期；《雷军的乌托邦》，一财网 2012 年 3 月 1 日，http://www.yicai.com/news/2012/03/1478299.html。

庄严国土　利乐有情

——禅文化对于文明湖北建设的现实意义

郝祥满　金　丹　陈孟莹[*]

（湖北大学历史文化学院）

【内容提要】 作为禅宗发源地的湖北，要充分利用并丰富这一精神财富、文化资源，以解决伦理道德滑坡、信仰缺失的问题，更好地推进文明湖北建设。从净心、忏悔开始，以"平常心"做"本分事"，从修身齐家开始，培养服务意识，复兴禅宗，促进文明建设。

【关键词】 文明湖北　禅文化　现实意义

伦理道德滑坡、信仰缺失，是当下中国面临的一大社会问题。网络等媒体流传着中国人"扶不起"的话题，电视、报纸、网络等各种媒体也不断讨论"伦理秩序构建"的问题，这一问题关系到国家的发展方向，关系到文明进程。

倒下的老人要不要扶？在中华传统伦理范畴中本来是不成问题的，于今却成了问题，并且成为普遍困扰国人的大问题。这个不成问题的问题说明这个时代需要反思、反省。如何反省？禅宗的参习给我们的时代

---

[*] 郝祥满（1968—），湖北大学历史文化学院副教授，湖北大学中日社会文化比较研究中心负责人；金丹（1990—），湖北大学历史文化学院硕士研究生；陈孟莹（1991—），湖北大学历史文化学院硕士研究生。

一个静思和忏悔的机缘，特别是作为禅宗发源地的湖北，要充分利用并丰富这一精神财富、文化资源。

世间需要反省：从净心、忏悔开始

中国当下的文明建设，包括"核心价值观"的重建和中华传统美德的弘扬，是一个综合的文化工程，需要各个省份做好各自的工作，需要每个人从我做起，从调整大众的心态着手。树立信仰是道德修养的基础，要让大众有信仰。

信仰建设如何从自我做起，从身边做起？湖北地区的佛教人士率先行动起来了，以四祖寺的净慧法师等为代表，把建设人间净土作为人间佛教的最高目标，为此提出了"生活禅""人间佛教"等理念。湖北黄梅四祖寺前任住持净慧法师，在最初提出"生活禅"的理念时就指出：

> 我们提倡"生活禅"是希望佛法普及于世间，使佛法能够深入人心，净化人心；深入社会，净化社会，使我们的社会变成一个幸福的、祥和的、清静的社会。……我们每个人都有责任把我们所居住的世间建设成人间净土。①

净慧法师不仅如此呼吁大众，并以身作则。国家、社会的精神危机，总能激发有良知的人呼吁重建伦理道德，并树立道德楷模。何况发愿"持五戒、修十善、培福德、净心田"②，立志"庄严国土，利乐有情"的佛教徒。佛教所言的庄严即"建设""改造"之意，这里的"国土"乃指国家、社会，或者说人间净土。"利乐"即有益，"有情"即指众生，利乐有情就是为众生谋利益。③

无论僧俗，要生活便离不开世间，故要建设美好的人间、世间，亦即佛教所谓的"庄严国土"。因为只有"庄严国土"才能"利乐有情"，

---

① 净慧：《水月道场》，河北省佛教协会虚云印经功德藏，第42—43页。
② 净慧：《守望良心》，黄梅四祖寺印，2012年，第85页。
③ 参见黄夏年主编《生活禅研究2》（上），中州古籍出版社2012年版，第134、135页。

这里的"有情"首先是人,"利乐有情"也就是"为人民服务"、为人民谋利益。佛教的作用在于净化世间、净化国土,与当下伦理秩序构建、文明建设的追求是一致的。

个人的道德修为、伦理观念的培养,必须从"治心",即调整心态开始。按照禅宗的观念,"治心"要求先"净心"(《坛经·自序品第一》),若要"净心",其主要方式是禅修。禅宗的禅修,和佛教其他宗派的禅法、儒家的修身等都有相通之处。故净慧法师在《〈坛经〉中的几个问题》中指出:

> 无论是净土法门也好,还是禅宗法门也好,最后都归结到一点,那就是心净则土净,心不净则土不净。佛在每个人的心中,净土亦在每个人的心中,关键是我们的心能不能够清净。若能清净自心,当下即是净土。也就是说,只要正报庄严了,依报也就一定能够庄严;心灵净化了,环境也就一定能够净化。[①]

佛言:"随其心净即佛土净。"[②] "心净则国土净,心秽则国土秽。" "一念善即天堂,一念恶即地狱。"[③]

要净心先须学会放下,所谓"放下屠刀,立地成佛"。若要放下,必须有忏悔、反省的意识,当然,能放下时便有了忏悔之心。当下的伦理秩序构建,首先要培养国人的忏悔、反省意识。因为当下中国人,犯错误爱找借口、爱粉饰,特别是官员、国企高管等,每当贪赃枉法的事件东窗事发之后,习惯去掩盖,面对媒体狡辩,依然没有惭愧、负疚的感觉,缺乏反思、反省的意识,更不用说触及灵魂的忏悔,

部级官员、国家发改委副主任、国家能源局局长刘铁男,在 2013 年 5 月 12 日下台前,面对实名举报的内容,那样声色俱厉地辟谣。副部级

---

① 净慧:《生活禅钥》,黄梅四祖寺印,2012 年,第 83 页。
② 慧能:《坛经·决疑品第三》。
③ 转引自净慧《生活禅钥》,黄梅四祖寺印,2012 年,第 194 页。

官员、华润集团董事长宋林，在 2014 年 4 月 17 日双规前，面对贪腐、包养情妇的检举，曾经斩钉截铁、信誓旦旦地否认、辟谣。还有更多的更大的官商，在倒台前有更坚决、更义正词严的狡辩……一切都成了笑话，暴露了中国官商道德沦丧的严重性。

针对当下国人自我意识膨胀、反省意识缺乏，特别是官员，遇事则推诿，犯错极力掩盖，面对舆论的追问则狡辩，有必要借助佛教的忏悔精神培养他们的自省意识。

佛教主张"忏悔"，有忏悔才有觉悟，才能发愿心，"众善奉行"。《阿含经》说："以世间有此——惭愧——二法，与六畜不共。"这是强调人有惭愧心的重要性，惭愧心是人与人之间、个人与人群之间人伦关系的基础。

有惭愧，所以人是有自觉有德行的众生，他会从尊重真理、尊重自己、尊重大众舆论中，引发惭愧而励行入情入理的德行。不同于其他的众生，从本能所发而行为，所以堕落，六道轮回。

国人当戒骄戒躁：以"平常心"做"本分事"①

1978 年改革开放以来，中国经济高速发展，物质的追求得到政治的承认甚至鼓励，国家鼓励一部分人先富裕起来。"共同富裕"是国策。但如今对富裕的追求，使开放的中国变成躁动的中国，抛弃了"安贫乐道"的传统训诫，拜金主义毒化了国人的精神，以致一些国民呈现出六"神"无主的虚无状态、失常状态。

调适国民精神、生活作风，使之趋于正常，在当今社会非常重要。

当理想成为空洞的口号的时候，当理想变为欲望的时候，当贫穷落后的中国因拜金主义而躁动起来的时候，很多人总想投机取巧、不劳而获，想一夜暴富，一心寻找成功的捷径。仅空谈理想、空谈追求往往是危险的，而不顾道德、涵养更是危险的。一些媒体宣传和追捧各种所谓的成功人士、成功学、励志模范，以致许多年轻人都想"复制"所谓的成功人士的经历，或偏执而陷入不义，或伪造假劣，以至不择手段。

---

① 参见净慧《生活禅钥》，黄梅四祖寺印，2012 年，第 108—118 页。

物欲追求（贪嗔痴）让人生非分之想，让人躁动而失去本性、失去涵养。禅宗讲究实行，禅可以使人具有涵养，正如星云大师在《星云法语·涵养之道》中所言：

> 淡泊可以使人宁静，宁静也可以使人淡泊。当我们懂得淡泊的生活，那才真正拥有了人生；当一个人能够享受宁静的时刻，才能知道生活的情趣。我们如果淡泊生活，则没有人嫉妒；能宁静过日子，则没有人讨厌。所以淡泊宁静，才能通达人生的意义，才能有秩序、有条理地安住身心。所谓"大海之水，只取一瓢饮"，尽管五光十色的世间，有着五欲六尘的诱惑，都能自觉心安，有此涵养，不就是最美的人生禅境吗？①

社会对利益的追求，风气的败坏，不仅使商人唯利是图，也使科研院所、学校、医院等曾经清净的场所，科学家、教师、医生等神圣的职业，受到侵害，例如高校假文凭泛滥，学术造假等。更为恐怖的是，官员和商人相互勾结，弄虚作假，许多官员权力寻租，社会信用崩溃、道德败坏！

湖北籍的几个贪官，本来出身清贫，也曾经"奋斗"过、"追求"过，肯定谈过理想。例如原铁道部部长刘志军，湖北鄂州人，父母也是普通农民，家境贫寒。

运输局副局长兼营运部主任苏顺虎，2014 年 9 月 4 日在北京市第二中级人民法院庭审表示认罪，哭求轻判，称自己出生在湖北的一个贫苦农民家庭，家里兄弟 8 个，先后有 6 个夭折，均是因为病了没有钱治；上学的学习用具和作业本，都要靠自己捡破烂卖钱获得。

曾经清贫的他们，何以堕落腐败，成为贪官？主要是当官之后，在迎来送往时物欲膨胀，贪得无厌，在追求享受的过程中利欲熏心，丧失平常心而狂妄，狂妄而丧失自我。简单地说，就是因为道德沦丧。如何

---

① 星云大师：《当下就是禅》，上海文化出版社 2013 年版，第 38、39 页。

防止道德沦丧？只有坚持廉洁朴素，如禅师在禅院守清规一般坚持。

2013 年，净慧法师和湖北省、黄冈市等单位，在禅宗国际学术会议上，提出了"禅宗与廉政建设"的论题。从吃吃喝喝等细节开始自律，从学会"知足"开始遏制搜刮。

公款吃喝在世界各国都存在，多数西方国家的官员能够节制，在于他们有严格的舆论监督，在于他们有基督教伦理精神的约束。政府官员的公款消费在公众道德监督下，稍有不慎，他们就面临下台的危险。

中国要解决屡禁不止的公款吃喝问题，除了阶段性反腐，还必须强化舆论监督和制度约束，要从制度上反腐，这些和伦理秩序构建是相辅相成的。

伦理的重建比制度的重建在当下更少阻力。谈及伦理重建，谈细微处的自律有时比谈远大的理想更重要，更接地气。佛教、儒家思想都讲究自律，这是人修为、修养的起点。

中国谈远大理想，谈革命并不少，1915 年新文化运动以来，1949 年新中国成立以来，1966 年"文化大革命"以来，我们都在谈理想、谈革命，但文化革命、伦理革命似乎都没有让国人占领道德的制高点，在国际上中国当下的国民形象似乎遭遇诟病，显然我们的文化建设、伦理重建出现了问题，甚至误入歧途，追逐金钱而牺牲诚信。因此当下普遍要求必须文明重构，提高文化软实力。道德是文化软实力的重要内容，日本在这方面是成功的。

引导国民道德、伦理生活进入正轨，禅宗给我们提供了一个方便法门。禅宗认为，"平常心是道"，有平常心就有道，有道德，有伦理。故个人修养要学会以平常心对待一切、善待一切，如生活中遭遇的毁誉、贫富、起落等。不失平常心而不怨天尤人，这样就不失其做人应该具有的伦理道德。大众坚守伦理道德，要不失平常心，要保持平常心，则一切和谐。平常心让人们耐得住寂寞，耐得住平凡，守得住清贫生活，对于教授来说，要耐得住坐冷板凳；特别是官员，有了平常心，就能上能下。

如何才能拥有此心？禅修自称"传佛心印"，被称为"佛心宗"，简称"心宗"。禅宗传法的目的之一是"安心""入道",安心是达摩祖师禅的中心思想。禅宗四祖大师撰写了《入道安心要方便法门》,为大众入道安心提供方便法门,那就是以参禅为方便。禅定让人安心入道,禅悦促人安于本分。这里的"道",可以包括各行各业的道,用今天的话来说就是"职业操守""职业道德""职业伦理"。近几年来,网上流传:"这年头,教授摇唇鼓舌,四处赚钱,越来越像商人;商人现身讲坛,著书立说,越来越像教授。医生见死不救,草菅人命,越来越像杀手;杀手出手麻利,不留后患,越来越像医生。"何以出现这种现象?主要是他们失去了平常心,以致不能坚守各种伦理道德。儒家认为,"君子爱财,取之有道"。

为防止大众误入歧途,禅宗在行为上也提供了方便,那就是让身体勤劳起来。四祖大师主张"不作不食",此后,到百丈禅师时,提出了"一日不作,一日不食"的口号。也正是基于这种在生活体验中求道的思想和精神,"马祖建丛林,百丈立清规"。星云大师在《人间佛教系列·禅学与净土·从衣食住行谈禅宗的生活》中说:"禅,就是如实面对现实的生活。要工作,要苦心志、劳筋骨,要在生活里面植根,再慢慢地升华,渐渐地扩大。心灵可以高上万丈青天,脚却要踏着实地,这才是禅的主要内容。"①

禅宗的这一主张,正好可以让俗世参考。大则可教化国人,实业兴国;小则自我克服好逸恶作、一夜暴富的狂躁心态。社会上泛滥的暴发、暴富之梦想,或引诱一些人制假造假并售假,或引诱一些人不务正业,诈骗、盗窃,使处在社会转型期的当代中国社会,升学竞争、就业竞争、商业竞争、升职竞争都非常激烈。欲望膨胀,生活节奏加快,社会压力加大,难免使一些人感觉失落,使社会出现精神文明极度贫乏的现象。特别是竞争让人心躁动,让人与人之间情感扭曲,亲情、友情变得淡漠,人与人之间猜疑、嫉妒,以致同学打人、投毒等事件频发;竞争带来的挫折感和失落感让人们心理极度不平衡,许多人感到空虚、孤寂、抑郁,

---

① 星云大师:《当下就是禅》,上海文化出版社2013年版,第25、26页。

自杀现象也时有发生，人们的身体、良心也出现了问题。

信仰可让我们净心，从而安静下来。我们需要伦理秩序来调节这个躁动的社会，让这个社会有序化。我们需要信仰引导急功近利的人，做好本分事，耐得住清淡、清贫，抛弃享受、奢侈。若想借助法律之外的辅助力量，发挥人们的主动性，培养自律精神，必须借助重视戒律的禅宗，禅宗依然能服务于今天的社会。湖北地区恰恰拥有丰富的禅宗文化资源，这是湖北省构建伦理秩序的精神源泉。尤其是火炉"武汉"，风土让武汉人相对更易于急躁，作为华中地区乃至全国中心城市的武汉，其文化辐射的不仅是所有湖北人……，武汉人和湖北人更要学会克制、冷静。

中国几十年反腐的历史显示，处罚难以杜绝腐败。难以杜绝不仅是法律监管不严，也是道德伦理观念的缺失。中国那些缺乏权力制约的官员，并不信仰马克思主义的官员，如果能接受一点佛教的戒律观念，也可以帮助他们培养一点自制力，督促他们遵纪守法，最终自保。也就是说，用自律的戒律完善强制的"笼子"岂不更好。

从修身齐家开始："家庭是道场"与"处处是道场"

伦理秩序如何构建的问题，其实就是讨论人们在各种场合下如何生活，如何做人的问题。净慧法师提出"生活禅"的理念，就是倡导人们基于自我、基于生活修行。佛教是一个与时俱进的宗教，讲求契理契机。黄梅四祖寺的净慧法师早在1992年就提出了以"觉悟人生、奉献人生"为宗旨的生活禅的修行理念，"在生活中修行，在修行中生活，从生活禅进入禅生活"①，这在当下依然具有指导大众生活的意义。

2013年11月，习近平总书记在曲阜考察时强调，国无德不兴，人无德不立。加强全社会的思想道德建设，离不开家风的传承。2014年春节期间，中央电视台"新春走基层"派出几十路记者在各地进行"家风是什么"的海采，于是全国兴起了探讨家风问题的热潮。的确，家风是社风、民风的基础，甚至对党风、政风也会产生重要影响。儒家的伦理

---

① 净慧：《生活禅钥》，黄梅四祖寺印，2012年，第223页。

修行讲究"修身、齐家"，能齐家才能"治国、平天下"。

家风建设是伦理秩序构建与文明湖北建设的最好途径。重拾家风是重拾价值观的起点，良好的家风可以养成每一个家庭成员的优良品行，"老吾老以及人之老"，每一个人都以自己的善心善行感染他人，将给社会带来潜移默化的影响。家风可以内化为道德伦理，外化为行为规范，以温暖的人情净化社会，可以起到冰冷的法律和规章制度无法起到的作用。

净慧法师著有《做人的佛法》一书，探讨修心、修身、修行问题，讨论如何做人，其思想可以作为湖北乃至全国家风建设的参考。儒家的修心，主张从自我做起，从家庭做起。释家的修心、修行，主张不必选择场所，处处是道场。为此，净慧法师以"道场"为题著有四部著作，分别为《何处青山不道场》《家庭是道场》《水月道场》和《处处是道场》。

净慧法师的《家庭是道场》一书，收录了净慧法师 2007 年 1 月在石家庄真际禅林第一届七日禅修时的开示。"家庭是道场"这一命题包含两个方面的含义：其一是与"寺院是道场"相对而言。这一命题主要是针对许多在家居士修行过程中出现的一种普遍现象，即在寺院修行较为精进，而在家修行则较为怠惰而提出的。

净慧法师发扬了慧能在《坛经》中主张的在家修行的观念。

> 心平何劳持戒，行直何用修禅。
> 恩则孝养父母，义则上下相怜。
> 让则尊卑和睦，忍则众恶无喧。
> 若能钻木出火，淤泥定生红莲。
> 苦口的是良药，逆耳必是忠言。
> 改过必生智慧，护短心内非贤。
> 日用常行饶益，成道非由施钱。
> 菩提只向心觅，何劳向外求玄。

听说依此修行，西方只在目前。①

"家庭是道场"的另一含义，便是将道场中具有代表意义的家庭单提出来，举一以赅全，其含义为"家庭是道场"，处处是道场。修禅必先安心，道德修养也是如此。安心才可能安身立命，安居才可能乐业。净慧禅师说：安心，在于少欲；安身，在于勤俭；安家，在于敬爱；安业，在于廉正。这些都体现了佛教守戒的精神，对于官员来说，守戒才能守节。

大乘佛法的菩萨道精神，是指大乘佛教修行者上求佛道、下化众生的自利利他精神。所谓菩萨，是梵语"菩提萨埵"的简称。菩提意译为"觉"，萨埵意译为"有情、众生"。"菩提萨埵"或者说菩萨，就是自己觉悟也使众生觉悟的人。

对于中国人的道德，网上有批评文章说：

> 当今中国的主流文化，从官员到民众，说的与做的、想的与行的、理论与实际、意念与嘴巴、脑袋与身体实行分离，号召言行不一，鼓励说假话，睁眼说瞎话，公开说人话，暗里讲鬼话，好话要说透，坏事可做绝，脑袋埋地里，屁股撅天上。中国人的人格分裂、精神分裂、思想分裂、文化分裂成了主流和主导，还有什么道德可言呢！②

如何治愈中国人的这种"精神分裂症"，使大家都成为有道德修养的健康人？净慧法师曾倡导说，做人有四件事，信佛的也好，不信佛的也好，都要重视：一个是信仰，一个是因果，一个是良心，一个是道德。星云大师在《六祖坛经讲话·坐禅品》中称：

---

① 慧能：《坛经·决疑品第三》。
② 徐景安：《中国人怎么会被非洲人视为垃圾？》，http://jinganxu.blog.163.com/blog/static/3295814920144825615635/? touping。

禅是健康之道，禅的功用可以开阔心胸、坚定毅力、启发智慧、调和精神、净化陋习、强化耐力、改善习惯、磨炼心志、理解提起、记忆清晰，尤其禅能令我们认识自己，所谓明心见性，悟道归源也。[①]

湖北作为一个传统宗教文化的大省、禅宗文化的发源地，更有必要利用优势，提升地区文化的软实力。净慧法师提倡不论僧俗的"生活禅"的禅修，目的是希望有利于人们的身心健康。净慧法师认为，"我们的身和心是不可分离的整体，净化心念、净化身心的方法很多，数息观是一个最简便最亲切的方法。对于我们现代的人来说，信教也好不信教也好，这个方法没有宗教色彩，你只要去做就会有利益有受用，这是个很实际的东西"。

培养服务意识：因舍而得，以布施为分享

佛教两千年来，曾经为中国的伦理重建、文明进步做出了贡献。余英时教授认为，"唐、宋精神世界的变迁是从慧能的新禅宗开始的"是新禅宗的"入世转向"引导出了宋代"道学"（或"理学"）所代表的新儒学（Neo‐Confucian）伦理。[②]《华严经普贤行愿品》称菩萨精神、佛的精神为"不为自己求安乐，但愿众生得离苦"[③]。佛教的"无我"思想、施舍精神，有利于破除中国当下猖獗的名利观、个人主义、享乐主义和奢靡之风。

中国庞大的"三公消费"，于今已经成为影响中国伦理建构、社会和谐的一大问题，成为影响中国国家文明形象的一大问题，因为中国官员太无节制了。

2008 年，全国人大常委会办公厅研究室特约研究员王锡锌在

① 星云大师：《当下就是禅》，上海文化出版社 2013 年版，第 5 页。
② 余英时：《史学研究经验谈》，上海文艺出版社 2010 年版，第 67 页。
③ 转引自净慧《禅在当下》，《禅的故事》，方志出版社 2010 年版，第 25—26 页。

《新闻1+1》节目中透露：我国公款吃喝、公费出国、公车开支一年9000亿。王锡锌提供的数字，让主持人柴静似乎很吃惊的样子，重复地问："您再说一遍，是多少？"王再次肯定地说："公款接待、公费出国考察、公车，也就是'三公'，一年9000亿。9000亿的概念可能相当于我们财政支出的30%。"柴静马上问："财政部不是公布29个亿吗？"王锡锌答："统计口径不一样吧，财政部可能指的是中央财政支出。"①

对于公款吃喝，习、李上任后，推出了比较严厉的八项规定，暂时遏制了官员舌尖上的腐败，但类似华润前董事长宋林这样权倾一世的官员，依然我行我素。2014年4月23日，据香港《苹果日报》消息，继华润集团中层被指豪花150万元公款宴客后，涉嫌严重违纪违法被中央免职受查的宋林亦爆出豪饮豪食。宁愿奢侈、浪费而不愿施舍贫困的官员、权贵，对社会的危害极大，激化了社会矛盾，败坏了社会伦理道德。

净慧法师在《信仰、因果、良心、道德》一文中论及"道德"时指出："良心是在家庭、社会、个人的道德修养中来体现的。道德不是空洞的概念，道德是一种伦理关系、社会关系。"② 正确处理这种关系很重要。若大家都不培养良心和道德，富人愈来愈冷漠，穷人则越来越仇富，将使中国陷入一个冷酷无情的社会，特别是传媒、网络发达的今天，毕竟是"好事不出门，恶事传千里"。官员腐败与大众愤怒的恶性循环，将使当代中国社会的人情关系越来越冷漠。社会的冷漠化、道德的丧失逼走好人，大家不愿相互扶持。人与人之间的信任下降，不得不相互提防，提防所有的陌生人。我们的教育不得不从育儿园就开始教育孩子，提防陌生人，"不吃陌生人的糖果""不给陌生人开门"等。

当下中国令人担忧的道德危机，根本原因除了国家有关制度的缺陷

---

① 蔡慎坤：《多少人每餐最少花掉60万公款？》，http://blog.ifeng.com/article/32646051.html?touping。
② 净慧：《生活禅钥》，黄梅四祖寺印，2012年，第199页。

之外，就是社会缺乏维系伦理关系的精神纽带，从家庭到社会，普遍缺乏服务意识。许多人只想"人人为我"，不想"我为人人"，以自我为中心。谈"毫不利己，专门利人"，对一些人已经没有用了。禅宗的"自利利他"精神更能说服人，佛教的目的就是教人学会遏制乃至根绝贪、嗔、痴，导人施舍。黄梅四祖寺净慧法师曾提出"做人的八字方针：信仰、因果、良心、道德"和"做事的八字方针：感恩、包容、分享、结缘"。①

　　布施作为佛教的六度之一，充分体现了佛教的慈悲精神，就是教导人做善事，布施大众。与大众分享就是最基本的善事。佛法所谓的布施，通常分为财施、法施和无畏施，"施"意味着给予，给予的内容就是上面所说的财、法、无畏三施，而所施的对象就是众生。佛法所谓的"舍"意为舍弃，表面看来是舍弃我们的财物等，实际上是让我们从中学会舍弃我们的贪心、悭吝、执著。如果不能克服内心的贪着与悭吝，就不能真正地去关爱他人、施送财物等。星云大师在其《星云法语·四心妙用》中说：

　　　　禅是一种"舍"，舍掉自己的分别执着，舍掉自己的贪爱束缚。舍是将欢喜给人，将希望给人，甚至自己最喜欢的东西，都能舍得给人。金碧峰禅师舍去对玉钵的贪爱，而免遭无常鬼的追捕。所以，能舍的人，才能获得自在解脱。②

　　社会舆论说，中国商人为富不仁，就是因为他们执着而陷入悭吝。从对社会的观察看，许多中国人有钱了，爱做面子，挥霍消费，"土豪"气十足。一些人从一种贪扩大到其他的贪，故土豪、官员包二奶、养情人的非常多。商人炒房，囤积取巧，官员的贪腐、浪费，也同样是冷漠。

　　所以说今天中国的伦理重建，同样可以利用佛教，借助禅宗。净慧

---

① 净慧：《生活禅钥》，黄梅四祖寺印，2012年，第203页。
② 星云大师：《当下就是禅》，上海文化出版社2013年版，第38页。

法师等湖北禅宗大师号召"觉悟人生，奉献人生"。① 基于本身施舍的体验，他告诉大众"喜舍"的境界：

> 在行住坐卧当中，能够时时观照当下，使自己的心与佛相应、与法相应、与戒相应，我们当下便是身居乐土。这种觉性形之于语言，必然是清净语、慈爱语、柔软语，由此而达至我们的口业清净；这种觉性见之于行动，必然是慈悲道德奉献、助人为乐、与人为善，由此而达至我们身业的清净；这种觉性能使我们的心保持灵明不昧，照破内在的贪嗔痴三毒，养成慈悲喜舍的心态，成就觉悟奉献的精神，由此而达至意业的清净。②

随着中国"老龄化社会"的到来，越来越多的人将度过漫长的老龄生活。如何充实老龄生活，让更多的老人从病痛和死亡的痛苦体验中解脱出来？终极关怀的理论建构提上日程，佛教的参考意义越来越大。

> 历史告诉我们，佛教的兴盛和繁荣离不开现实生活，离不开社会人群，佛教存在的价值不仅要通过个体的解脱这一出世的方式表现出来，同时还要通过帮助社会确立和完善健康的道德体系、积极的人生价值关怀、依正不二的环保意识，通过净化人心、祥和社会、维护世界和平等等入世的方式表现出来，而且这两者在时空上是不能够分开的。③

入世是人间净土的问题，出世是终极关怀的问题，净慧法师强调两者不能分开，便是要把两者融通结合起来。正是在这样一种理念之下，生活禅不仅继承了佛教解脱出世的超越性精神，而且使得原始佛教与大

---

① 净慧：《禅在当下》，《禅的故事》，方志出版社 2010 年版，第 24、128 页。
② 参见黄夏年主编《生活禅研究 2》（上），中州古籍出版社 2012 年版，第 123 页。
③ 净慧：《生活禅系列丛书·总序》，《禅的故事》，九州出版社 2005 年版。

乘佛教的积极入世精神得以回归和发扬。

中国的"扶不起"是因为缺乏人与人之间的相互信任，或期待回报。佛教的俗语说："救人一命，胜造七级浮屠。"佛教救人也救生物，"放生会"是重要的佛事之一，引导人们从细微处做起，以此养成慈悲、怜悯、救助之心。

复兴禅宗促进文明建设：兴禅护国、相互供养

"爱党，爱祖国，爱人民！"可以说是中华人民共和国人人皆知的口头禅。号召这种爱，其实就是强调一种回报意识、感恩意识。当下的中国人，缺乏回报的意识，缺乏奉献的精神，在一些人心中似乎也缺乏回报的理由。比如，政策让一部分人先富裕起来了，但是他们并没有带动其他人共同富裕。据网络的信息，中国富豪的慈善捐款在世界排名靠后，对于号称"文明古国""礼仪之邦"的中国来说，颇不相称。

社会的和谐，需要大家都有"感恩的心"，感恩的心体现在各个方面。湖北黄梅地区的禅寺复兴，始终强调感恩、报国观念。净慧法师在他的"生活禅"宣传中特别强调"报国家恩"的意识。2012 年 2 月，净慧法师在上元节吉祥法会的开示中，以"慈悲就是给力，感恩就是加油"[①] 为题，提倡感恩、报国精神。他说：

　　　　我们要感恩这个时代，感恩改革开放给我们带来了佛法的春天。我们首先要报国家恩，国恩包括国主恩和国土恩。过去国主是国王、皇帝，现在是国家领袖，名称虽然不同，领导作用相同。贤明的国主能使国家安定统一，人民安居乐业；英明的领袖能使国家强盛，人民生活幸福，社会发展顺利。国家从宪法上保护了我们信仰的自由，保护了我们信仰的合法权益，保护我们在寺院修学不受干扰，使我们能很安全地在这个深山古寺里共修。另外我们还要报国土恩，没有山河大地，没有草木丛林，没有平衡的生态环境，我们人类将

---

① 净慧：《守望良心》，黄梅四祖寺印，2012 年，第 122 页。

无法生存。①

从上可见，净慧主张树立的"报国土恩"的观念，范围很广，包括对祖国环境的保护。法师为何要强调感恩、报国？因为没有国家的安定，没有社会的发展，没有改革开放的时节因缘，佛教就不可能有今天这样大好的发展形势。在世局动乱、匪盗蜂起的年代，佛教的发展兴盛会受到制约。最明显的是"三武一宗"灭佛的时候，整个国家的状况都不好，佛教也遭遇困境。强盛的汉唐，特别是最辉煌鼎盛的唐朝时，佛教的成就也最高。

现在亦如此，随着中国国力的提升，佛教也会慢慢得到发展。佛教的发展离不开社会，离不开世间，四祖寺等禅宗寺院的住持等认识到国家和地方文化复兴事业的重大意义，顺水推舟，弘扬佛法，用佛教的话来说是"相互供养"。寺院的高僧具有道德责任，同样，寺院、禅僧的佛法研究也要研究社会，引导社会。中国的老百姓，许多人无论有钱没钱，都想发大财，都爱烧香拜佛许愿，与佛祖做交易，到了寺院还放不下功利心。为了引导大众，湖北当阳玉泉寺，黄梅四祖寺、老祖寺、芦花庵在净慧法师的坚持下，不收门票，不烧香，这就是基于"大众认同、大众参与，大众成就，大众分享"②的理念，在方便国民分享国家文化遗产的同时，改变了地方政府和寺院在大众心目中敛财、贪欲的形象。

在净慧法师等高僧的努力下，湖北的寺院和高校密切合作，推动了佛教研究的发展，希望佛教有助于促进湖北地区高校规范学术道德。教师特别是高校教师，有道德教化的责任，首先自己在学术道德的培养上要做文章，不捏造材料，不篡改史料，不剽窃他人的学术成果。

国家的伦理重建、文化建设不可忽视宗教文化。从中国几千年来佛教信仰与政治伦理的关系来看，新时代伦理秩序构建与社会秩序的构建

① 净慧：《守望良心》，黄梅四祖寺印，2012 年，第 128—129 页。
② 净慧：《禅在当下》，《禅的故事》，方志出版社 2010 年版，第 126 页。

应该是相辅相成的，精神文明的建设和国家体制的完善应该相辅相成。当下，网上各种跟帖说中国的腐败："不是人心坏了，而是制度让人变坏。"这说明，有情大众已经意识到制度对文化建设的反作用力。

2014 年 2 月 24 日下午，中共中央政治局就培育和弘扬社会主义核心价值观、弘扬中华传统美德进行第十三次集体学习。习近平同志在主持集体学习时指出：

> 要建立和规范一些礼仪制度，组织开展形式多样的纪念庆典活动，传播主流价值，增强人们的认同感和归属感。要把社会主义核心价值观的要求融入各种精神文明创建活动之中，吸引群众广泛参与，推动人们在为家庭谋幸福、为他人送温暖、为社会作贡献的过程中提高精神境界、培育文明风尚。要利用各种时机和场合，形成有利于培育和弘扬社会主义核心价值观的生活情景和社会氛围，使核心价值观的影响像空气一样无所不在、无时不有。[①]

对于伦理秩序构建与文明建设来说，树立信仰是基础。没有崇高的、纯洁的信仰，精神家园就被贪欲填充。如今"道德败坏""生活糜烂"成为官员堕落、腐败的重要内容和根本因素，进而激化社会对立、社会矛盾，破坏社会和谐。原因在于社会缺乏信仰，而政治、文化宣讲的信仰（共产主义理想等）遭到怀疑，难道是"曲高和寡"？

如何建设伦理秩序，振兴中华传统道德文化？因势利导，根据人性（如恐惧、敬畏等），引导人们树立信仰，也就是说，"传播主流价值"，要注意"增强人们的认同感和归属感"。佛教的教化实践就很注意增强信众的"认同感和归属感"。

在国家注重文化建设、提升文化软实力的大背景下，湖北省也应该提升地区文化的软实力。"天上九头鸟，地上湖北佬"这一俗语是人们

---

① 习近平：《把培育和弘扬社会主义核心价值观作为凝魂聚气强基固本的基础工程》，引自新华网北京 2 月 25 日电。

对湖北人的普遍主观印象。这一描绘有褒有贬，湖北人聪明、善于创新，但也刁钻、狡猾、缺乏诚信。

可见，湖北人有必要进一步改善其在国民心目中的道德形象。湖北省政府意识到了区域内的传统资源，重视发展禅文化，湖北省的佛教是在历届省委、省政府领导的高度重视、积极支持下发展起来的。

近 10 年来，黄梅的禅宗文化事业步入了正常、健康的发展轨道。四祖寺从 2004 年开始连续举办了八届禅文化夏令营，恢复编辑发行以弘扬禅文化为主要内容的《正觉》双月刊，出版大型《禅文化》年刊，正在整理、编辑《四祖寺禅宗文化志》和《四祖寺志》。每年冬天连续举办以禅修为主的禅七活动，利用双休日和节假日举办禅文化讲座，每年不定期地接待多批境外人士来寺进行禅修活动，扩大黄梅禅宗文化的影响。2010 年、2011 两年连续参与发起并承办两届黄梅禅宗文化高峰论坛，共有境内外 200 多位学者专家与会发表论文，影响很大，意义深远。

2011 年新春伊始，湖北省委李鸿忠书记到四祖寺调研，作出了"弘扬禅文化，打造大品牌"的重要决策；2011 年 12 月 17 日、18 日两天，省政协杨松主席莅临黄梅调研，再次强调，要把握和发挥好禅宗文化修身养性、道德教化、心理调适、扶贫济困、维护稳定、促进和谐等方面的积极功能。①

2012 年、2013 年，黄梅四祖寺和黄冈市联合举办了第三、第四届国际禅宗文化论坛，参加者均在 200 人以上，加强了湖北禅宗的宣传力，扩大了禅文化影响力。

在文明湖北、文化湖北的建设中，政府机关，以及学校、寺院等文化机构，官员、教师、僧侣都应该发挥楷模作用。区域的文明建设要善于利用区域内的文化资源。

---

① 以上参考净慧《守望良心》，黄梅四祖寺印，2012 年，第 32—33 页。

承楚骚之遗韵 创当代
湖北文化之风流

——以湖北文学为中心的考察

梁桂莲[*]

（湖北省社科院文史所）

【内容提要】 荆楚文化是中华民族文化的重要组成部分。它源远流长，博大精深，兼收并蓄，由此形成了开放、多元的文化格局和审美品格。湖北作为荆楚文化的腹地，其文学在继承发展荆楚文化审美特质和人文关怀的同时，也存在着重现实、轻理想，易守成、难创新，多经验、少先锋的审美弊端。因此，打破现实主义一统天下的格局，促进文学的开放、多元、创新精神和理想情怀，不仅是弘扬荆楚文明，实现荆楚文化现代转化的必然要求，同时也是创新湖北文化，实现湖北文学发展壮大的应由之路。

【关键词】 荆楚文化 湖北文学 源远流长 现代转化

荆楚文化是中华民族文化的重要组成部分。它源远流长，博大精深，兼收并蓄，由此形成了开放、多元的文化格局和审美品格。湖北文学是荆楚文化的重要组成部分，从地域的角度看，它反映了当今湖北地区的

---

* 梁桂莲（1981—），女，湖北省社科院文史所助理研究员。

文学活动；历史地看，它与荆楚文化一脉相承，是从古至今在湖北的楚民族及其后裔文化心理和社会意识的感性化显现，是他们情于中、形于外、发于声，而后喻的文化表征。因此，考察湖北文学在诸多因素交合下的形成、发展，审视湖北文学受荆楚文化影响所达到的实绩与审美缺失，不仅有利于我们辩证把握荆楚文化的审美特质与文化品格，而且还能为荆楚文化之现代转化和创新提供文学的视角和美学的思考。

一　开创与繁荣——源远流长的荆楚文化与文学

荆楚文化，是随楚民族的兴起、发展而形成和演变的一种地域文化。一方面，作为中国传统文化的一部分，荆楚文化与中原文化等一起形成了中华民族传统文化的多元丰富和博大精深；另一方面，作为一种地域文化，荆楚文化又与中原文化和而不同，显现出其"独处南方"的独特地域文化气质，是楚民族精神风貌的集中显现。因此，作为一种文化形态，荆楚文化既具备了中国整体文化的普同性，如自强不息的人生哲学、"内圣外王"的经世原则、"天下兴亡、匹夫有责"的爱国精神、"天下为公"的大同思想、"以和为贵"的和平观念等，同时又有着自己的特异性，如抚夷属夏的开放精神、一鸣惊人的创新精神、天人合一的泛神思想、波诡云谲的浪漫精神等。反映到文学上，就形成了浓烈艳丽、神秘谲怪的诗词歌赋、神话传说。从最早的原始歌谣到"精采绝艳"的《离骚》，从文约意丰的《老子》到光怪陆离的《山海经》，荆楚文学后来居上，不仅开创了中国古代浪漫主义文学的源流，而且还发展了楚人"以大为美""以丽为美""以奇为美"的审美思想和重想象、情感，轻现实、理智的抒情美学。

先秦以降，随着秦汉的统一，荆楚文学在经历了一段时间的沉寂之后，于隋唐时期焕发出勃然生机。诗仙李白慕荆楚之遗风，追屈原之忧思，以如椽之笔将浪漫主义诗歌推向了顶峰；岑参以边塞诗名世，其诗"以风骨为主，故体裁峻整，语多造奇"；张继博览群识，多悯怀民众之作；皮日休诗文俱佳，其诗承"唐音"而启"宋调"，其文汪洋恣肆，要言不烦……他们或沐荆楚遗泽，或怀屈子遗志，以繁复的想象、瑰丽的情思承继了荆楚文化的遗绪，使荆楚文学流延不绝，光彩照人。

唐以后，荆楚大地上先后涌现出张景、王禹偁、宋庠、宋祁、魏玩、刘之翰、王质、魏观、王廷陈、吴国伦、钟惺、谭元春等诗文大家、词家。其中尤有影响的是明万历时期至天启年间的公安派和竟陵派。公安派主张文学的个性和解放，反对文学复古，创作了一大批文由心生的作品，代表了湖北文学的一段辉煌历史，对中国文坛影响甚巨。竟陵派强调"学古"，追求"性灵"与"厚""朴"结合，别开手眼，由此自成其"幽深孤峭"风格。

近现代以来，湖北人才辈出，涌现出了闻一多、废名、余上沅、曹禺、聂甘弩、胡秋原、绿原、邹荻帆、曾卓、胡风等大家、名家。他们吸荆楚大地之雨露，涵荆楚文化之营养，不仅以自己的创作和实践丰富了湖北文学的发展，而且还以其卓尔不群的胆识和创新精神，推动了中国文学的发展。如闻一多格律诗的提出和实践，废名田园诗化小说的发轫，曹禺的戏剧实践及成就，胡风、绿原、邹荻帆等七月诗派的成立与主张等，在中国文学史上都影响甚大，不仅奠定了现代文学发展的成就，而且也铸就了湖北文学在近现代繁荣发展的新纪元。

二　继承与发展——当代湖北文学的发展与实绩

新中国成立以后，湖北作家继承荆楚文化艰苦创业、不甘落后、忧国忧民、匡世济时的精神资源，执著于现实人生，心系国家和民族命运，谱写了湖北文学发展的新篇章。

1. 荆楚文化忧患意识的承继与发展

"楚人具有强烈的忧患意识和坚韧不拔的使命感。《左传》经常出现楚国君主和执政重臣告诫宗戚文武不得忘记熊绎、若敖和蚡冒三代君主的艰苦创业。"① 所处时代的不安、动荡，险恶的地理位置，经济文化的弱势，使得楚人的忧患意识几乎与生俱来。屈原是荆楚文化的代表人物，他承袭了荆楚文化的忧患意识，并发展成"长太息以掩涕兮，哀民生之多艰"的民生关怀。湖北作为荆楚文化的腹地，其作家自然也继承了荆楚文化的忧患意识和反思精神，从共和国颂歌到"归来的歌"，从政治抒情诗到乡土诗，从《李自成》到《张居正》，从"新写实"到"现实主义深化"……无论是都市写作，还是乡村记忆，不管是历史书写，还是现实纪事，湖北作家始终以现实人生为要，以强烈的社会责任感和使命感，承担着对民族、历史、现实的反思之责。

当代湖北文学的起步，是从文坛三老（曾卓、绿原、徐迟）的反思之作开始的。他们在历经沧桑、饱受磨难之后，写下了一批反思历史、审视现实的佳作。如曾卓的《悬崖边的树》、绿原的《重读〈圣经〉》《又一名哥伦布》等。诗歌激情洋溢，既贯穿着对时代、政治、生命、人性的思索，又饱含着生命的智慧之光、理想之光。继这些"归来的诗人"之后而起的则是叶文福、白桦、熊召政等新锐诗人，他们欣喜于现代化建设的巨大变化，又目睹了建设初期的种种问题，"不平则鸣"，相继创作了《将军，不能这样做》《阳光，谁也不能垄断》《请举起森林一般的手，制止！》等振聋发聩之作，表现出强烈的批判精神和干预意识，在全国产生重要影响。此外，刘益善的山水诗如《没有万元户的村庄》《我怀念的山村》等抒写特定时期的农村生活，反思农村的现状，显示出现实主义的批判力度。王新民的乡土诗，则既展示乡村的落后、山民的愚昧（如《我是纤夫，我拉纤》等），同时也热情讴歌了新时代农民的新风貌，以及新与旧的冲突，如《我有了一块注满阳光的小岛》《楼房走进了山沟》等。

除诗歌之外，湖北作家的忧患意识还表现在一些现实题材的小说创作中。方方、刘醒龙、陈应松、刘继明、蒋杏、曹军庆、姚鄂梅等

---

① 陈金川主编《地缘中国——区域文化精神与国民地域性格》，中国档案出版社 1998 年版，第 489 页。

作家对农民、农民工、下岗工人、女性等底层、弱势群体表现了深切的关注。方方是湖北作家中致力于人性探求的为数不多的作家之一。从 1982 年发表《大篷车上》开始，方方就致力于关注青年、底层人民、知识分子的精神境遇和生存现状，先后发表了《风景》《乌泥湖年谱》《祖父在父亲心中》等作品。稍后的《水随天去》《奔跑的火光》《出门寻死》《万箭穿心》等小说思考社会转型期女性的生存困境及欲望挣扎，表现出强烈的人文主义精神和女性关怀。刘醒龙的《凤凰琴》《村支书》《分享艰难》《挑担茶叶上北京》等小说，关注现实生活中的矛盾冲突，表现社会转型期的民生艰辛。陈应松的"神农架"系列小说，如《马嘶岭血案》《狂犬事件》《松鸦为什么鸣叫》等展现了鄂西北山区农民的苦难人生，以及蛮荒贫瘠自然环境下农民的精神愚昧和人性扭曲。刘继明的《请不要逼我》《送你一束红花草》《小米》《我们夫妇之间》等作品也以普通农民、进城民工、下岗工人等底层人民为对象，展现出个体命运在现实生活中受挤压的困境。再有池莉反映市民生活现状的《烦恼人生》《冷也好，热也好，活着就好》等"新写实"小说，虽然不再张扬知识分子的理性批判和使命担当，但对转型期的市民生存困境的展示和描摹却深入人心，很能引起读者共鸣。

　　除了直接对现实发言，反映现实社会生存困境外，湖北作家还借古喻今，借历史折射现实巨变，表达对历史、人性的思考。老作家姚雪垠"虽九死而犹未悔"，创作了长篇历史小说《李自成》，笔触深至个人命运与历史之间的复杂纠葛。熊召政围绕明万历首辅张居正的改革活动，展现万历新政的历史，解释改革过程中错综复杂的利益纠纷和矛盾冲突，启示当下的改革事业，并表现出对传统文化的反思。在谈到自己创作《张居正》的动机时，熊召政明确强调，"我写作这本书的目的不是为了跟着市场走，而是出于我的强烈的忧患意识""历史小说作家更具有文学的自觉。这自觉，便缘于他的忧患意识"。[①] 刘醒龙的《圣天门口》以

---

　　① 周百义、熊召政：《关于历史小说〈张居正〉的对话》，《出版科学》2002 年第 2 期。

雪、杭两个家族在革命中的遭遇为线索，展现中国近现代革命的历史画卷，并对人性、暴力革命进行了反思和追问。方方的《武昌城》《民的1911》则从人性的角度，对北伐战争、辛亥革命进行观照、审视，展现出革命之于国家、人民的成毁二重性。

总体而言，无论是诗歌，还是小说，不管是现实批判，还是历史反思，湖北作家都自觉承担了表现民生民态、反映民声民意的民众代言人的责任。从其作品中，我们既可看到他们勇于担当、心系民众的济世情怀，又能看到荆楚文化匡世济民思想的闪光。这种精神、思想延续千年不绝，既成为当代湖北文学得天独厚的精神资源，同时也成为湖北作家坚持不懈的文学表达和一以贯之的创作诉求。

2. 理想情怀与创新意识的现代演绎

长期以来，江汉平原的地理位置，农耕文明的生产方式，使得湖北文学在主体精神上坚持了现实主义。但综观湖北文学的发展，我们发现，现实主义并不能涵盖湖北文学的全部，相反，潜伏于现实关怀之下的湖北文学，仍涌动着浪漫主义的理想情怀和革故鼎新的创造意识。从老子"甘其食，美其服，安其居，乐其俗"① 的社会构想，到屈原的"美政"理想，从楚先民筚路蓝缕、开疆拓土的历史功业，到张之洞实行新政，劝学教育，千百年来，荆楚文化的这种自强不息、开拓进取的创新精神和浪漫情怀，就一直影响着世世代代的作家，促使他们超越自我，变革图新。当代湖北文学沐荆楚遗风，在立足现实、直面人生、反映世俗人生况味的同时，也进行了诸多文学创新、实验。

高校是新时期湖北先锋诗歌诞生的摇篮。早在 20 世纪 80 年代，武汉的大学生诗歌就成为湖北诗坛的一支劲旅，为湖北先锋诗坛贡献了不少诗人，如王家新、陈应松、马竹等。20 世纪 80 年代中后期，第三代诗歌兴起，湖北诗坛虽没有与此潮流同声共振，但仍不断潜行、探索，发出了自己的声音。如余笑忠对人文精神的怀念和坚守（《怀念海子》

---

① （曹魏）王弼注，楼宇烈校释《老子道德经注校释·第八十章》，中华书局 2008 年版，第190 页。

《雪》等）、柳宗宣对个体生命存在的审视（《内心之歌》等）、南野对超验的想象的追求（《旅》）等，他们或重生命体验，或重精神冥想，但无疑都以自己的个体之声，表现出对诗艺的追求和对诗歌形式的创新。

小说方面，邓一光创作了"兵"系列小说，他笔下的人物洋溢着一种英雄主义的浪漫情结。在《父亲是个兵》《遍地菽麦》《我是太阳》《我是我的神》中，邓一光成功塑造了一个个独特的英雄形象。刘继明被称为是迟到的"先锋"作家，他的作品《歌剧院的咏叹调》《我爱麦娘》等，弥漫着现代主义式的焦虑、孤独、愤懑、悲观等情绪；《前往黄村》《明天大雪》则以其冷静克制的叙事、精心设计的结构，营造了一个荒诞、讽喻、自我解构的世界。张执浩的《盲人游戏》《春天在哪里》《被邮寄的人》等小说则以一种虚拟的写作，再现了乡村与都市、现实与理想、物质与精神的隔膜，表现出一种"生活在别处"的对都市文明的逃离、拒绝。李修文则以戏仿的形式实现了对历史的解构和颠覆，他的《大闹天宫》《下西洋》《心都碎了》《像我这样的女人》等小说都是离原著较远的戏仿之作。在这些作品中，李修文以丰富的艺术想象力和虚构力，以更戏剧化、情节化、个人化的美学元素对经典原著进行改编，从而营造出一个更开阔也更个性化的叙事空间。

九省通衢的地理位置，四通八达的交通枢纽，兼容并蓄的气度，使得湖北文学保持了一种多元、开放的文化品格。它吐故纳新，接受一切新知，在保持自己荆楚人文风貌和特色的基础上，审时度势地思变求新，由此营造出一个各种精神和谐相处的文学世界。

3. 荆楚地域文化、历史的再现与描摹

作为一种地域文学，荆楚文学在长期的发展中，逐渐形成了"书楚语，作楚声，记楚地，名楚物"的美感特征。千载而下，湖北作家继承了这种对地域风貌的乡土书写，并发展成湖北文学的重要实绩。

叶梅是湖北著名的土家族作家。20 世纪 90 年代以来，她发表了《撒忧的龙船河》《花树花树》《黑蓼竹》《回到恩施》《最后的土司》《五月飞蛾》等一系列以鄂西恩施为背景，表现土家族人生活与历史的

小说，从而为湖北文学创作中的民族文化、地域文化增添了亮丽的风景。在她的作品中，大量的地方风物、民族风俗、英雄故事、神话传说等，不仅立体地展示了土家族人独特的精神气质和文化心理，而且也"在很大程度上构成了土家族民族精神与民族性格的雕像或土家族民族、历史、文化的亚文本"①。同叶梅一样，何存中也以巴河为背景，建构了他的文学世界。在《吃狼》《赤膊》《马鞭草》《生命与叙述》等小说中，"巴河是他小说人物活动的舞台，也是他的人物历史和文化性格的基因。他叙述巴河的生命，反思巴河的历史和现实，解剖巴河的人性，将巴河古老的风情和沉重的历史都网罗进了他的艺术中，用巴河的乡音为我们创造了独特的艺术世界"②。

作为从大别山深处走出来的作家，刘醒龙的作品也一直注重对本土资源的开发，如早期的《大别山之谜》即以其奇特想象对近代大别山区民间社会和文化予以了展示。长篇小说《圣天门口》则从地方风物、方言土语等多个方面利用大别山的本土资源，取得了很好效果。陈应松则充分利用神农架的自然资源和人文资源，创作出"神农架系列"小说。此外，还有方方、池莉等立足武汉这片熟悉的土地，创作以地名风物、历史掌故、特产器物等入味的"汉味小说"，不仅真实再现了武汉的自然人文景观，而且也塑造了以"码头打天下"的武汉人的豪爽、耿直性格。

不仅如此，湖北作家对地域文化的书写，还具有积极、理想的文化品格。何存中在对传统文化审思批判的同时，又提出了文化重建的思考。陈应松的"神农架"系列小说在表现人生苦难的同时，也开始反思人与自然、与生态文明的关系，表达出建构天人合一、人与自然和谐共存的理想生存图景的愿望。李传峰从人与动物关系的角度表现了对生态环境的关注，揭示了动物与人类相互依存的关系……由此，我们可以看出，

---

① 吴道毅：《探寻土家族文化的秘密——论叶梅的土家族文化小说》，《民族文学研究》2003年第3期。

② 夏元明：《历史的反思、人性的剖析、生命的歌吟——何存中巴河生态小说解读》，《长江文艺》2003年第3期。

湖北作家对地域文化的关注，对生态文明的思考，既是新时期"建设生态文明，构建和谐社会"主题的艺术化表达，同时也是对荆楚文化中人与自然和谐思想的复归与再造。

三　断裂与背离——当代湖北文学的审美偏颇与不足

清人洪亮吉在《春秋时楚国人文最盛论》中说："楚之山川奇杰伟丽，足以发抒人之性情。"① 确实，奇伟的自然风物、丰饶的物产资源、人神交杂的巫觋文化，使楚人形成了"神骛八级，心游万仞"的创新思维和上天入地、玄思幻想的文化表达以及擅玄思、泛想象、重审美、尚奇丽的审美特征。然而，千载而降，当代湖北文学却未承接多少荆楚文化的流风遗绪，也远不如湖南等地楚风炽盛。相反，对世俗理性的追求，对凡俗人生的认同，使得湖北文学以现实为贵，走上了与楚文学截然不同的凡俗庸常的功利现实主义的窄路。

1. 重现实、轻理想的文化品性与荆楚文化浪漫主义、理想主义精神的背离

与荆楚文化志存高远、居安思危、执著追求理想的文化品性不同，湖北文化是一种由农耕文明、近代商业培育出来的世俗理性文化。因此，受自然条件、生产方式、人文环境等诸多因素的影响，湖北作家创作中普遍存在的问题是：太执著于现实，太黏附于乡村。由此形成了湖北文学整体上的以世俗理性为务，重现实轻理想的审美弊端。具体而言，湖北文学的审美缺失主要表现在以下四个方面。

一是对功利的追求甚于对艺术的追求，作家普遍存在着一种浮躁、急功近利的心态。20 世纪 90 年代以来，随着市场经济的确立，世俗理性的兴起，文学不仅成为赚钱的工具，而且也成为媚俗、沽名钓誉的工具。在这种情况下，湖北文学也受其影响，一些作家过于看重市场、读

---

① （清）洪亮吉：《洪亮吉集》第 3 册《更生斋文甲集·春秋时楚国人文最盛论》，中华书局 2001 年版，第 993 页。

者，由此不仅造成了文学质量的下滑，也造成了文学精神的萎缩。不仅如此，文学"触电"所带来的明星效应和经济效益，也使得一些作家在创作时较多考虑作品的市场接受度和欢迎度，而缺少对作品的精心打磨和耐心沉淀。

二是作家以现实主义为重，对浪漫主义、现代主义等多种艺术形式不甚用心。由于受新中国成立以来对现实主义的提倡以及湖北的乡村地域背景和作家自身的文化、学识等影响，湖北作家在写作时普遍选择了贴近生活、贴近现实的写实主义，而对浪漫主义、现代主义等感到隔膜，更别说对以现代主义为代表的多种艺术形式进行营造、创新了。

三是作家贴近平民生活，较少对"人生飞扬"的理想和诗意予以思考。

四是作家放逐精神、理想及知识分子的承担。如在一些作家笔下，我们看到，生活的审美、批判被"冷也好，热也好，活着就好"的生存哲学所取代，爱情的神圣、诗意被"不谈爱情"的冷漠、世故消解……虽然作家的任务在于描摹现实，但表现现实，并不等同于放逐理想，相反，身为作家，不仅要保持对现实的反思批判能力，而且还要超越实存，建构出理想的生存图景。以此观之，湖北作家普遍缺少一种抗拒异化存在、执著追求理想的终极关怀。

2. 重经验、少创新的创作特色与荆楚文化玄思幻想、崇新求奇的审美追求有别

湖北作家大多来自乡村，故湖北文学成就最大的，不是继承荆楚文化以来的浪漫主义作品和对人的存在的终极追问，也不是来自老庄以来的玄思幻想，而是现实主义的乡土作品。在这方面，湖北作家是典型的经验型作家，他们大多只表现自己熟悉的环境、人事，缺乏对存在的形而上思考和表达。这不仅与荆楚文化"探玄理，出世界，齐物我，平阶级，轻私爱，厌繁文，明自然，顺本性"① 的思想不符，而且也成为湖北文学创新不够、后劲不足的症结所在。由此带来的不足或偏颇，主要

---

① 梁启超：《论中国学术思想变迁之大势》，上海古籍出版社2001年版，第26页。

体现在以下几个方面。

首先是形成了乡村叙事的繁盛与都会小说、城市小说萎缩的鲜明对照。在历史上，武汉虽然得风气之先，有"茶叶港""东方芝加哥"的美誉，汉口在清末成为"驾乎津门，直逼沪上"的全国第二大城市，但综观湖北作家，却很少有人基于现代主义视角去表现武汉，表现都市，有的只是对城市市民生活的认同与描摹。更有甚者，大多数湖北作家都不约而同地对都市选择了逃避、批判，在精神上依恋乡村，由此也导致了湖北文学囿于乡土文学经验，缺乏超前眼光和审美提升。

其次是创新不足，多戏仿、模仿之作，少先锋（指一种追新求异，不断突破、超越、创新的精神）之作。20 世纪 80 年代以来，由于对现实主义的倚重和对乡土文学的推崇，湖北文学不仅在寻根文学、先锋文学等浪潮中集体失语，而且也缺少表现现代主义文化、精神的创新之作。虽然之后湖北文学在诗歌、小说等方面进行了一些探索，如张执浩的"虚拟小说"、李修文的戏仿之作等，但总体而言，这些作品原创力不够、现代感不强，存在着对西方现代作品、观念生搬硬套的痕迹，难以为继。

最后是贴近时代、贴近生活的作品多于对人性拷问、反思的力作。当下，湖北文坛虽频频摘得国内文学大奖，但有深度、有思想的作品却不多见。相反，湖北作家大多黏滞于乡村、现实、生活，而缺乏文学的超越眼光和终极价值关怀，因此，湖北文坛虽名家众多，但大家、领军人物却相对匮乏。

四 扬弃与重造——当代湖北文化 发展的思考与建议

21 世纪以来，湖北文学在整体创作上的数量、质量都有所提高，且取得了不少成就。但综观湖北文学的发展，我们也不能不看到，湖北文学在审美上的偏颇失误，不仅已成为其进一步发展的障碍，而且也在某种程度上成为掣肘湖北文化发展的病因。因此，打破固有思维，重建荆楚文化传统，不仅是发展湖北文学，创新湖北文化的要求，而且也是新世纪打造湖北文化品牌，促进湖北文化稳定、和谐、有序发展的有效途径。以文学的视角观之，湖北文学及文化发展的路径有四。

1. 重建荆楚文化传统，打造文化精品

虽然历史上有着楚骚遗韵、老庄痕迹，但这种传统却未在当代湖北文学中扎根、开花。相反，当代湖北文学在整体上是缺少荆楚文化传统的。因此，改变湖北文学普遍存在的想象不足、创新不够、思维枯窘等弊端，重建荆楚文化传统或许是有效的药方。这包含以下两个方面。

一方面是对荆楚文化浪漫精神、创新精神的借鉴、弘扬。这就要求湖北作家一是改变以现实主义为重的弊端，呼唤浪漫精神的回归；二是改变务实的创作态度，实现对人生的形而上思考；三是改变实用主义的理性思维，实现对艺术的审美创造和掘进；四是改变以实为美的经验书写，实现艺术的多元追求和多样表达。如此，湖北文学才能改变单一的乡土视野和短视的功利追求，变贫弱为丰富，变单调为博大，进而向真正富有文化价值和审美品位的文化精品迈进。

另一方面是对荆楚文化资源的吸收与挖掘。湖北作为楚文化的发祥地，其文化资源特别丰富，目前已形成的特色文化资源有神农炎帝文化、楚国历史文化、三国历史文化、清江巴土文化、现代革命文化等八大系列文化。湖北作家应积极借重这些文化资源或要素，创作出历史与时代结合、地域与文化相谐、人文与风物并举的既具有历史纵深感，又具有地域文化特色的优秀文学作品。

2. 转变创作观念，实现文化的超越提升

创作观念是一个作家创作目的、动机、意图及方法等的综合。因此，创作观念不仅影响作家写什么，而且也决定作家怎么写。当下，由于湖北大多数作家都出身于农村，受视野、学识、环境等影响，有些湖北作家很难超越自己固有的思维和习惯，在创作上显示出审美底蕴不高、艺术表达滞后的现象，由此也在整体上影响到湖北文学品位的提升和超越。要改变这一现状，湖北作家必须首先转变创作观念，挣脱既有思维、惯性思维的束缚。其次是博采众长，多学习古今中外经典，多试验不同风格、形式的作品。最后是志存高远，立足人类文化的宏大视野，从对个体、地域的书写上升到对国家、民族、人类的思考和书写。如此，才能高瞻远瞩，以超前的世界眼光、人类眼光来审视现实，实现文化的超越与提升。

3. 坚持理性批判精神，重造文化的尊严与自信

21 世纪以来，随着党和政府对文化的重视，繁荣社会主义文化、打造文化强省的战略目标已成为新世纪文化发展的重要决策。因此，作为体现文化核心内容和深层结构的文学，也应担起自己的职责，坚持理性批判精神，重造文化的尊严与自信，为文化发展助力。

重造文化的尊严与自信，一是意味着作家能坚持理性批判精神，坚持理想，直面现实，以艺术之光烛照现实人生，重建文化家园；二是作家能坚持自己的主体精神和独立意识，致力于艺术的营造，并有勇气向时代风气说不；三是作家能自觉抵制流俗和不良文化的影响，弘扬正气，"以正确的舆论引导人，以高尚的精神塑造人，以优秀的作品鼓舞人"。只有这样，才能彰显文学正能量，建构人类诗意栖居的文化家园。

4. 把握时代脉搏，促进文化大发展、大繁荣

当前，随着我国政治、经济、文化体制改革的深入，新现象、新事物层出不穷，各方面的矛盾也层出不穷。作为思想文化前沿阵地的文学，一定要在把握时代精神的前提下，以人为本，重视人民意愿，反映人民诉求和心声，在打造文化精品、实现文化超越和提升的同时，创作人民大众能读、能享用的文化成果。在此基础上，还要积极扶持新生的作家群体、队伍，鼓励他们创作。目前，湖北以打造本土重点题材原创长篇小说精品为目的，实施了"湖北省长篇小说重点扶持计划"；开设全省农民作家培训班，挖掘青年农民作家；扶持基层实力派作家、基层作协组织，以保证作家梯队的形成和文学的发展、繁荣。从中，我们看到，湖北文学创新的机制、体制正在形成，新作家正在不断成长。未来，湖北文学将会以崭新的姿态，在"文化湖北"的建设发展中，发挥实际的重要作用，并促进湖北文化的大发展、大繁荣！

比较研究

英国工业革命后伦理道德
构建及其启示

王 扬 杨 悦[*]
（湖北大学历史文化学院）

【内容提要】 英国工业革命开始后，随着经济的不断发展和社会剧烈变化，社会价值观念变化、教育观念淡薄、环境意识缺乏、道德失范等一系列伦理道德问题不断出现，社会不安因素萌发。为此，英国社会团体和政府采取了一系列相应措施来重构整个社会的伦理道德，并取得了一定的成效。英国在工业革命后，通过重塑信仰、推行改革、重视教育、改善环境等举措实现伦理道德构建，对于身处社会转型期的中国也有一定的借鉴和启示作用。

【关键词】 英国 工业革命 伦理道德重构

一

18 世纪发源于英格兰中部地区而后迅速波及欧美主要国家的工业革命，不仅对英国，而且对整个人类社会的演进都产生了巨大而深刻的影

---

* 王扬（1958—），湖北大学历史文化学院副教授；杨悦（1991—），湖北大学世界史专业研究生。

响。日夜轰鸣不停的机器代替了传统的手工工厂，层出不穷的新发明、新创造和不断付诸实践的技术革新，极大提高了社会生产力水平。社会各阶层也发生了巨大变化，自耕农阶级逐渐消失，工业资产阶级和工业无产阶级不断形成、壮大。社会环境和生产方式的巨变慢慢改变了人们的思想观念和生活方式，也给伦理道德带来了不小的冲击，甚至出现了一些道德迷茫、缺失的情况。艾瑞克·霍布斯鲍姆指出："没有工业革命，就无法理解本书所论时期较为突出的历史人事巨变；没有工业革命，也无由理解其节奏不平衡的复杂性。"①

（一）社会价值观念的改变

1. 金钱至上风气盛行

英国工业革命的发展造就了新兴工业资产阶级的形成与壮大，他们中相当多的一部分人出身低微，往往是依靠抓住时代变革机遇，迅速积累了大量的财富，从而跻身上流社会。由于英国尚未建立相关的社会保障法规，所以就某种程度而言，商业精神破坏了原有的社会关系，促进了自我利益的不断膨胀。因而，他们往往容易将金钱与权力和地位相等同，形成"金钱至上"的价值观，将追求金钱看作人生唯一信条。当时流行着这样的观念："贫穷是工业发展的刺激物。"② 大厂主斯特拉特在给他妻子的信中写道："那人类大潮流的唯一方向……就是发财。……不管某些牧师宣扬什么相反的东西，赚钱便是人生的第一要素。"③ 贪婪自私、追求物欲的负面道德倾向在当时英国资本家的身上体现得淋漓尽致。工业资本家为了获得更大的利润，常常延长工人的劳动时间并尽可能压低工人工资，而工人为了取得较少的报酬却要在极差的环境下进行高强度的工作。"带着罚款簿的人在工厂的车间里乱转……实现这种文

---

① 艾瑞克·霍布斯鲍姆：《革命的年代：1789－1848》，江苏人民出版社 1999 年版，第 34 页。
② 许洁明、李强：《英国新兴工业资产阶级道德观浅析》，《四川大学学报》（哲学社会科学版）2011 年第 1 期。
③ 邹穗：《英国工业革命中的福音运动》，《世界历史》1998 年第 3 期。

明抢劫的方法就是把时钟向前拨半小时"①。为了尽力压低生产成本，雇佣妇女和儿童成为十分普遍的现象。1834－1837年，在英国棉纺织厂的全体工人中，成年男子占1/4，妇女和女孩超过半数，其余为16岁以下的男性童工。②

随着封建生产方式的逐渐瓦解，以领地赋税为主要收入来源的英国传统贵族越来越入不敷出。因此，在金钱的刺激下，视荣誉为生命的贵族们为了生计也开始参与各类工商业活动。例如，"十八世纪六十年代，阿什本巴姆勋爵不仅在劳塞克斯出租一个铸铁厂，在威尔士自己经营煤矿和铝矿，而且计划开办纺纱工场，以利用矿区附近的廉价劳动力。在兰开夏，德比的伯爵不但拥有煤矿、铝矿，积极从事修筑大道、收税、开凿运河等活动，而且在普列斯顿有一个绵织厂"。金钱成为人们衡量财富、地位、身份等一切的标准。

这种拜金的风气不仅在英国贵族中盛行，在下层民众中也拥有众多的追随者。"南海泡沫事件"便是较为著名的事例之一。南海公司创立于1711年，它表面上是一间专营英国与南美洲等地贸易的特许公司，当时南海公司利用人们企图一夜暴富的拜金心理，在1720年通过贿赂政府，向国会推出以南海股票换取国债的计划，使得其股票一夜暴涨，引发全国炒股风潮。在金钱的刺激下，出现了不少投机分子和公司，他们也企图趁股价上升时大赚一笔。据记载："一个和蔼可亲的骗子在康希尔设立一个办事处，专门接受投资者的款项，他的办公室被热心的投资者团团围住。他在收集了两千英镑以后，便带着钱款逃亡夭夭了。"③ 这样的例子在当时不胜枚举。为了取缔这种投机非法的商业活动，控制股价，英国政府在1720年6月通过了别称《泡沫法案》的《1719年皇家交易所及伦敦保险公司法案》，内容规定股份公司必须取得皇家特许状才能继续经营。大量"泡沫公司"被取缔，社会大众如梦初醒，南海公

---

① 许洁明、李强：《英国新兴工业资产阶级道德观浅析》，《四川大学学报》（哲学社会科学版）2011年第1期。
② 艾瑞克·霍布斯鲍姆：《革命的年代：1789－1848》，江苏人民出版社1999年版，第65页。
③ 潘润涵：《工业革命与英国社会近代化》，《历史研究》1983年第6期。

司的股价暴跌，使得许多带着金钱梦进入股市的英国民众赔得血本无归。值得一提的是，当时著名的天体物理学家牛顿也是南海泡沫事件的受害者之一，事后他曾感叹："我能算准天体的运行，却无法预测人类的疯狂。"① 由此可见当时"一切向钱看"风气在英国的盛行程度，它曾一度促使人们疯狂地追求财富增长和积累，而忘却勤劳、友爱、正直等美好品德。

2. 以自私自利为主的务实主义

工业革命期间，英国社会的等级观念开始逐渐消失，人们的思想和行为得到了大大的解放，人性获得充分自由发挥的空间。以前旧的伦理观念随着等级制度的消亡而不复存在，新的适用于现代社会的伦理道德观又尚未形成，在个人自由追求最大利益的社会风气中，人与人之间的关系也就逐渐沦为冷冰冰、赤裸裸的金钱利益关系，除了冷酷无情的现金交易之外，似乎难以感到往日的温情。标榜自由主义的新兴资本家们，开始务实地追求起现实利益来，尔虞我诈成为现实世界生活的直接写照。

这种自私的务实主义在家庭观念的伦理道德上表现为：新兴资本家们普遍认为爱情与婚姻是有利可图的交易。爱情的驱使、灵魂的结合不再是婚姻产生的基石，对工业资本家们而言，婚姻就如同工业生产和商品交易一般，最重要的是要有利可图。于是，新兴资本家们为了提升社会地位，往往会选择迎娶没落贵族家的女儿，或者为了获得更多的财富而想方设法同富商的女儿结婚；而没落的大贵族们也会因为贪图金钱以及奢侈生活，同富裕的资本家们联姻。在亲子关系的伦理道德上，这种务实主义则表现为：将儿童视为经济活动中一种可成长和再生的人力资本。② 在那个人口出生率和死亡率皆很高的年代，人们普遍认为父母有权支配儿女的人生，并且儿女成为童工帮助家里减轻负担也是理所应当的事。温馨慈爱的亲子关系似乎不如现实的利益保障牢靠。此外，当时

---

① 维基百科，南海泡沫事件，http://zh.wikipedia.org/wiki/南海泡沫。
② 许洁明、李强：《英国新兴工业资产阶级道德观浅析》，《四川大学学报》（哲学社会科学版）2011年第1期。

英国社会还普遍盛行"自助"的思想观念。这主要是针对穷人和弱者的。当时人们认为:"贫穷并依附有权势的人会带来个体道德的下滑,是对个体的不负责。"因此,尽管有一些工厂主们在发家致富后,会进行一些私人的慈善救助活动,但是,许多资本家在创业以及发达之后,都很少去考虑自己对社会的责任,很少去参与慈善事业,他们更多考虑的是如何获得更大的利润以便积累更多的财富。[①]

(二) 教育观念淡薄导致道德迷茫

工业革命开始前,英国并没有所谓的公立学校,教育主要被宗教团体垄断,此外,只有极少数由私人团体和个人承办的学校。工业革命开始后,由于在政治权力和资金来源上都无法同政府相比,因此教会学校的规模受到了极大的限制;而政府早年受到自由放任思想的影响,并未打算对教育问题进行较多的干预,因此,工业革命初期,受制于办学规模,英国社会只有少部分人能够接受教育。[②] 18 世纪中后期,大量的贫困儿童处于教育缺失状态,他们普遍没有识字能力,缺乏道德判断标准,处于精神迷茫空虚状态,工厂和家组成了他们童年生活的全部。然而,不光是儿童,这种道德迷茫还像瘟疫一般传染到了英国社会的各个阶层。

当时的英国上层贵族同样拒绝履行社会责任,政府官员也常在打牌、赌博和酗酒中消磨时光,官场腐败现象也是司空见惯。[③] 无尽的贫困、高强度的劳动以及大量的失业如同酵素,在下层民众间发酵出大量的犯罪、堕落、道德缺失等社会不安定因子。伦敦街头除了行色匆匆的路人,便是大量生存于窄巷或街头的穷苦乞丐,以及各类潜藏于人群中的小偷,夜晚甚至还有明火执仗的强盗横行。为了谋生,许多妇女不得不出卖肉体,沦为娼妓。几乎家家户户都会将适龄儿童送去工厂以求贴补家用。而社会资源分配不公的制度也时常引起工人们的反抗或犯罪。恩格斯谈

---

① 许洁明、李强:《英国新兴工业资产阶级道德观浅析》,《四川大学学报》(哲学社会科学版) 2011 年第 1 期。
② 马建康:《工业革命对英国国民教育发展的影响》,四川大学 2007 年硕士学位论文,第 8 页。
③ 邹穗:《英国工业革命中的福音运动》,《世界历史》1998 年第 3 期。

到，工业革命以来，仅英格兰和威尔士因刑事犯罪而被捕的事件数字，1805 年是 4605 件，此后逐年增长，1842 年则是 31309 件，不到 40 年，增长了 6 倍。几乎每天英国主要报纸都有关于犯罪事件的报道。①

这种社会转型造成的暂时的道德规范真空，在 18 世纪的早期尤为明显，甚至引起了全社会的精神危机。为追求一夜暴富，人们开始疯狂地沉迷于赌博，1709—1724 年，政府经议会批准每年公开发行巨额彩票。一个专营此类彩票的公司，一年仅广告费就高达 36000 镑。② 人民由于精神空虚，常通过酒精来逃避现实；而烈度高又廉价的杜松子酒便成了穷人们最好的选择。据统计，到 1735 年，杜松子酒销量已从每年 50 万加仑增加到 500 万加仑。③ 大量劳动者因饮酒过量而死亡，给英国社会带来不小的冲击，促使英国政府不得不在 1736 年颁布法令，要求酒肆必须登记，并且开始对杜松子酒征税。此外，自由主义和人性解放思想的盛行以及人们对物质和享乐的疯狂追求与迷恋，也使得英国的传统宗教信仰和传统道德受到了冲击，诚信缺失，假冒伪劣产品随处可见，食品掺假问题也是司空见惯。

（三） 环境意识淡漠引发城市问题

工业革命深刻地改变了城市环境，这种转变常常是以令人憎恶的方式进行的。城市成为赚钱的地方，而非消遣休闲之所。一位在布雷德福知名度很高的医生抱怨说："这里没有惬意的骑马兜风，没有闲暇的漫步，唯有嘈杂、匆忙和杂乱。"④ 托克维尔在 1835 年谈论曼彻斯特时说："从这污秽的阴沟里泛出了人类最伟大的工业溪流，肥沃了整个世界。从这肮脏的下水道里流出了纯正的金子。人性在这里获得了最充分的发展，也达到了最为野蛮的状态；文明在这儿创造了奇迹，而文明人在这

---

① 龚群：《西方社会转型期社会道德状况及其对策研究》，《西北师大学报》（社会科学版）2012 年第 9 期。
② 邹穗：《英国工业革命中的福音运动》，《世界历史》1998 年第 3 期。
③ 邹穗：《英国工业革命中的福音运动》，《世界历史》1998 年第 3 期。
④ 乔尔·科特金：《全球城市史》，社会科学文献出版社 2010 年版。

儿则几乎变成了野蛮人。"① 城市的来访者对制革厂、酿酒厂、染料厂和煤气厂散发出来的经久不散的刺鼻气味感到吃惊。居住条件，尤其是穷人的居住环境，往往极为糟糕。弗里德里希·恩格斯这样描述曼彻斯特工人阶级的居住区：人们到处可以看到堆积成山的废弃物、垃圾和污物……河岸边简陋的小道，一边是挂满了衣服的晾衣杆，另一边是洗衣服的小河，穿过小道，就会到达一片杂乱无章的小屋区，小屋矮小，仅有一层高，每个小屋只有一个房间。大多数小屋是没有地板的土地面，工作、生活和睡觉都在这一个房间里进行。②

这种肮脏的环境导致了致命的健康问题。19世纪早期，曼彻斯特的死亡率是25：1，是周围农村地区死亡率的3倍。因疾病、营养不良和工作过度而致死的现象是如此的普遍，以至于工厂为了保持正常运转，不得不从遥远的农村和贫困的爱尔兰地区不断补充工人。法国历史学家托克维尔指出，在当时最大的经济强国英国，极度贫困现象要比西班牙或葡萄牙这样的落后国家更为普遍。

青少年的境遇尤其让人触目惊心。儿童在过去只是在家里、小作坊里或田地里帮助父母干活，现在他们却要经常单独工作，在偌大的毫无人情味的工业工厂里操作机器。一位西印度群岛的奴隶主在参观布雷德福时认为，让"任何人如此残酷地要求一个9岁的儿童每天工作12个半小时"简直是不可思议的。

在一定程度上，这种"残酷的"待遇可能是因为雇主和工人之间缺乏密切的沟通而造成的。小工厂的资本家可能偶尔与他雇佣的工人和他们的孩子有一些不经意的接触，而拥有大工厂的大资本家常常住在很远的伦敦或者乡下的庄园里。

究其原因，一方面随着工业化进程的加快，城市化进程也在同步加速，城市人口飞涨，由此带来一系列社会问题。另一方面在于当时英国

---

① 引自艾瑞克·霍布斯鲍姆《革命的年代：1789—1848》，江苏人民出版社1999年版，第32—33页。

② 弗里德里希·恩格斯：《英国工人阶级状况》，选自《马克思恩格斯全集》第二卷，人民出版社1957年版，第326—334页。

社会各阶层的环境意识仍然是十分淡薄，人们在追求经济发展、积累财富的同时似乎并未意识到改善环境，提高生活环境质量的重要性，相关立法滞后与缺失。

工业革命时期，以亚当·斯密为代表的自由放任主义和以边沁为代表的功利主义思想充斥着英国政坛。在当时的英国，大家都以追求利益和自由为荣，加之政府时常对社会现状采取听之任之的态度，因此，并没有人真正关注环境问题，整个社会的环境观都十分淡漠。

英国的贵族和政客们整天谈论和关注的大多是政治局势、经济发展和战争问题，很少有人关注民众的生活环境问题。政府当局往往以保护个人权利和私有财产为出发点，从来不管工厂会建在哪里，是否会污染环境，丝毫没有考虑过城市的功能分区，并没有意识到当时各式各样有害身心健康的环境问题的严重性。而工业资产阶级为了追求利润最大化，也往往会以牺牲下层人民的居住环境为代价。工业生产产生的大量废弃物，甚至居民的生活垃圾，往往最终都被倾倒进河里。

如果说贵族和资本家因为逐利和自私不关心环境问题，那么下层民众更是因为贫穷而忍受着种种恶劣的生存环境。他们住在肮脏简陋的房子里，缺乏空气流通的住房往往散发着令人作呕的气味；没有系统的排污、供水、垃圾处理等公共卫生设施，使得细菌和疾病更容易滋生；人们似乎也习惯了每天穿梭在浓烟滚滚的烟囱下，忍受着各类机器、设备发出的阵阵轰鸣，呼吸着混杂了工业烟尘、垃圾发酵后怪味的空气。在这种环境下生活的人们大多体弱多病、无精打采、精神空虚，加之没有受过教育，下层劳工往往容易沉迷于酒精、赌博，对国家大事或者宗教信仰也毫不关心。

总之，当时整个社会环境观念的淡漠，以及立法的相对滞后，使得城市环境愈发恶劣，疾病瘟疫更容易扩散，导致民众的身心备受摧残。而体质的孱弱和精神的空虚，往往容易使人沉溺于酒精以逃避现实世界，这就容易引发一系列的社会问题。

二

随着工业革命的继续演进以及社会的不断发展，一些有识之士开始意识到英国社会在经济飞速发展的同时，也暴露出越来越多的社会问题，于是开始呼吁和推动政府推行不同领域的改革，试图从不同角度去缓解社会矛盾，归正道德偏差，规范社会秩序，以求得整个社会的健康发展。

（一） 重塑价值观念

1. 新教伦理构建——福音主义

18 世纪 20 年代的"南海泡沫事件"和"杜松子酒事件"为当时经济飞速发展的英国社会敲响了道德滞后的警钟。尤其是，18 世纪 30 年代的经济萧条导致罢工和暴乱此起彼伏，给刚起步的经济腾飞带来了巨大的威胁。面对经济的繁荣、道德的失范，传统的英国国教似乎也无力挽救伦理道德的失序。这一困境直到约翰·卫斯理以及福音运动出现才得以打破。

福音主义强调"转化"。"它意味着个体生命在经历了长期的迷惘和痛苦后，由信仰的确立感受到上帝之爱，从而实现了灵魂的新生"①。要实现这种内心觉醒的转化，首先要求人们要有一种严谨的道德意识，其中不仅包含清教伦理原有的虔敬严肃、勤俭信实等道德品质，还更强调养成一种"爱的习惯倾向"，以便不断地完善、重塑人格，向外界传递欢乐和美德。② 由于卫斯理的不断努力，福音主义教义的道德准则得以在英国社会广泛传播，从而也产生了一批信徒遵循个人奉献精神以求改造社会。而其宣扬的人是可以通过精神觉醒和道德自律以及服务社会从而被完善的教义，也得到社会中上层人士的认可，不仅在一定程度上重塑了英国社会的伦理道德，也对推动日后社会改良运动起到了一定的助

---

① 邹穗：《英国工业革命中的福音运动》，《世界历史》1998 年第 3 期。
② 邹穗：《英国工业革命中的福音运动》，《世界历史》1998 年第 3 期。

力作用。

2. 社会改良运动的兴起

受福音主义的影响，英国社会的一些有识之士开始积极推动社会改良运动的进程。他们联合公众舆论和社会力量来促使政府对学校、工厂、医院，甚至是监狱等社会机构进行改良，同时积极倡导整个社会风气的变革，导致了一场社会改良运动的兴起。英国的工厂制度、社会保障制度、教育制度、分配制度的改革和调整都在这一时期有了显著的发展。

在社会改良的同时，社会风气也有所变化，道德缺失的状态也得到了一定程度的缓解。为了改善酗酒、赌博、堕落等不良的社会习俗，福音主义者组建了大量的志愿者团队，开始挽救妓女、小偷、流浪汉，宣传禁酒、反对赌博，推动建立医院、救济贫民等一系列缓和社会矛盾的活动。这些志愿者组织往往有许多上层贵族参与，这使得逐利和享乐不再是他们的唯一生活追求，慈善救济活动成为新风尚。忙碌穿梭于各类志愿活动和社交场合，使人们开始告别以往奢靡懒散的生活习惯，渐渐远离赌场和彩票，粗俗下流的娱乐场也逐渐被高雅的音乐厅和歌舞团所取代。与此同时，下层民众一方面由于受福音主义影响，开始以去教堂做礼拜作为主要的生活方式，酒馆变得门庭冷落；另一方面，随着社会基础设施的完善和政府的提倡，逛公园、郊游、体育运动已成为新的休闲方式。民众健康的身心也使得英国人口有所增长，劳动力质量也大为提升。

3. 改革完善分配制度

面对工业化和城市化以及社会转型所带来的贫富差距加大和引起的社会道德危机，英国政府采取了相关措施来缓解矛盾，试图从制度根源来挽救道德失范的困境。虽然英国早在伊丽莎白时期就颁布过救济法案，但是当时的济贫法强调政府只是颁布法律的主体，只负责指导，而具体的实施措施和社会救助责任大多落到教会身上。1795年英国通过了《斯宾汉姆兰法案》，规定按面包价格、家庭规模以及收入等标准来对穷人进行补贴。这项法案的推行使得工资收入较低的劳动者有了某种限度的生活保障，但是其缺点在于未将没有工作的穷人纳入保障体系。随后，在1834年英国政府又颁布了新的济贫法，明确规定获得社会救助是每个公民应有的权利，实行社会救助也是公民应尽的义务。此外，还成立济贫院、国家和地方管理机构等专门机构促进新济贫法的落实，这也开了现代社会保障制度的先河。在随后的发展中，英国政府本着公平正义的原则，不断完善社会改革和加大政府干预力度。到了 20 世纪初，先后颁行了《儿童法》《劳动争议法》《员工补偿法》《国民保险法》《失业保障法》《补充救助法》等一系列保障社会弱势群体的法律，最终形成了内容完善、涵盖面广的社会救助体系和福利制度。国家分配制度的完善、社会救助和福利体系的健全，不仅促使社会秩序健康发展，还对提升民众生活幸福感以及规范道德起到了一定的积极作用。

（二） 主日学校的建立

为了提高民众，尤其是适龄儿童的受教育水平，避免他们因为无知而丧失道德判断能力，制造更多的社会治安问题，以及希望尽可能为英国经济的发展培养更多更适合的相关人才，到了 18 世纪中后期，越来越多的人开始关注教育问题。由于这一时期，政府依然采取自由放任政策，教育的重任更多的是由社会来承担，其中，主日学校就扮演了相当重要的角色。

主日学校大多是由热心贫民教育的慈善家们出资筹办，以对儿童、青少年和成人进行道德和宗教教育为目的；教学内容除了相关的宗教教义和道德准则之外，还有一些基本的读、写、算能力。这些学校大多以附近教堂为依托而建立，老师也往往就是当地教堂的牧师。据统计，1795 年，英国主日学校多达 1012 所，全国有 25 万儿童在那里学习，其在校人数是公立学校的 1.2 倍。到了 1801 年，主日学校的入学人数达到 30 多万人，1818 年更是增加到 45 万人，占全国 5—15 岁人口的 17.6%。① 由此可见，主日学校在改善儿童教育方面还是取得了一定的成效。此外，主日学校在公民道德教化方面也起到了一定的积极作用：主日学校每个周末将学生集中起来教学，就防止了他们在街上闲逛或引发社会治安问题；

---

① 刁小伟：《浅析英国工业革命时期的主日学校运动》，《文教资料》2006 年第 4 期。

教授学生各种知识，尤其是道德操守，也有利于使无知的儿童得到教化，从而达到提升公民道德水平，促进社会改革顺利进行的目的。后来，随着英国国家教育体系的日渐成熟与完善，主日学校也慢慢退出了历史舞台，但其在工业革命时的作用依然不可忽视。

（三）改善环境问题

伴随着18世纪末期蓬勃开展的社会改良运动，以博爱、仁慈、道德自律为主要思想的福音运动波及英国社会各个方面，不仅推动了社会在分配和福利制度上的改良，还促使了城市卫生改良运动的勃兴。其中，埃德温·查德威克是第一批最伟大的卫生改革家之一。1838年英国伦敦东区发生了一起罕见的斑疹伤寒病例，他曾被派往该区进行调查并完成详细的调查报告。随后，他的报告引起了政府部门的注意，上议院开始提议对工人的卫生状况进行调查。随后于1843年成立皇家调查委员会，专门负责调查大城市的卫生环境状况。① 自此，在一些进步人士的推动下，英国政府开始着手改善城市环境问题。1848年，英国诞生了首个公共卫生条例，随后成立了第一个中央卫生委员会，政府开始大规模介入城市的卫生管理。今天英国人引以为豪的城市地下四通八达的下水管理系统，就是那时候设计修建的。此外，政府还立法限制污染物的排放和燃料的使用，对英国大气污染问题进行治理；同时一些市政部门也开始着手清理脏乱的贫民区，美化城市环境。政府加大了对改善环境的立法，一定程度上有助于提醒英国民众，尤其是下层民众注意个人和环境卫生，提升相应的环境观念。

三

当今中国正处于国民经济快速发展时期，也是社会转型关键时期，

---

① 汤艳梅：《工业革命时期的英国城市环境观念及其影响》，上海师范大学2010年硕士学位论文，第30页。

在生产飞速发展、经济迅速腾飞的同时，伦理道德秩序面临一系列的考验，发生了不少社会问题。究其原因，首先，在社会发展的同时，相应的伦理道德构建比较滞后，导致了人们在物质财富得到满足的同时，面临精神资源不足的情况。其次，社会分配制度的不完善，不断加大了社会贫富差距，人民的医疗、养老等问题没有很好解决，造成居民生活幸福感下降，从而产生负面情绪和消极的价值道德观念。最后，教育观念的偏差。注重成绩和能力培养，还忽略道德的教育，也容易导致人们，尤其是青少年的道德观念淡薄，出现道德危机。然而，随着国家和政府的不断努力，各项社会制度和法律法规的完善，以及各方力量积极重构社会的伦理道德，这种道德危机还是会有所缓解，而英国通过重塑信仰、推行改革、重视教育、改善环境等举措实现伦理道德构建，就为我们提供了不少借鉴和启发。

第一，重塑和规整道德观念。包括英国在内的西方国家大多信奉宗教，而宗教教义中就包含了许多道德自律的内容。但是这些内容并不是可以直接就拿来规范信徒的行为，并作为道德准则广为传播的，这期间西方国家的宗教经历了一个将神权宗教转向世俗宗教的过程，这也是一个从"信仰崩塌"到道德重建的过程。在弱化了原来宗教信仰中一味强调上帝神性的思想后，更多地强调世俗性道德，强调现代功利主义幸福观，强调对人的尊重以及由此产生的现代意义上的责任与义务的伦理，等等。中国文化中虽然没有如此强烈的信仰宗教的传统，但是在漫长发展演进过程中也产生了许多优秀的传统美德、道德观、伦理思想，我们也可以在弱化原本封建等级因素的基础上，强化其中的道德教化作用，使其更具现代感和普遍教育意义，以期更好地广泛传播，起到重塑社会伦理道德的作用。

第二，不断完善社会制度。英国政府在意识到当时社会存在的种种问题的严重性后，从18世纪中后期一直到20世纪初，陆续颁行了一系列涉及劳工、救济、工资、卫生、医疗、教育等诸多关系民生民权的法律法规，逐步建立和完善了相应的社会保障以及社会福利制度。这一方面有助于缩小贫富差距、缓解社会矛盾，另一方面更有助于提升民众生活的安全感和幸福感，增加社会稳定因素。同样存在社会贫富差距不断扩大的中国，不仅要重视从道德教化层面改善和提升社会伦理道德秩序，更要注意加强法制建设，从社会制度层面，尤其是在社会保障和福利制度上，进行改善，以达到稳定社会、重构伦理的目的。

第三，不断丰富教育目标。包括英国在内的西方国家，在宗教的约束下十分重视道德规则与承担责任的重要性。他们甚至将其渗透到日常对儿童的教育当中，除了教会学校定期讲述有关道德自律的布道，那些自己信奉宗教的家长们也十分注重家庭道德教育。此外，还有自小伴随他们的童子军①训练中也包含了许多道德培养训练。由此观之，道德培养早已渗透到学校、家庭、社会生活的方方面面，并且成为教育的一部分。我们也应当把德育提升到同智育一样重要的地位，并且将相关的教育方法、培养体系，甚至考核过程予以落实，让道德培养真正渗透到孩童的每个成长阶段，而不仅仅是停留在课本上。

---

① 童子军最初由英国爵士罗伯特·贝登堡创立，其目的在于研发一套可行的训练方法，以挽救当时道德堕落、体格羸弱的英国青少年，使英国免于重蹈罗马帝国灭亡的覆辙。

他山之石

——近代英国道德情感主义给我们的启示

李家莲[*]

（湖北大学哲学学院）

【内容提要】 随着近代英国资产阶级登上历史的舞台，近代英国出现了一批道德情感主义伦理思想家。立足人性，以情感为基点，以幸福为目标，这些道德情感主义伦理思想家提出了自由、平等、博爱等资产阶级主流价值观，直到今天，这些价值观依然是西方国家深为民众信奉的主流价值观。研究近代英国道德情感主义伦理思想家，可以为我国在新时期培育社会主义核心价值观提供有益的启示和借鉴。在培育社会主义核心价值观的过程中，需要立足人性，立足情感，并把国家或社会的整体利益确立为这种价值观的终极目标。

【关键词】 人性 情感 公共利益 整体善 公共利益

随着英国"光荣革命"的结束，资产阶级在世界上第一次登上了历史舞台。随后，经资产阶级思想家们自觉构建，逐步形成了以自由、平等、民主、博爱等为主要内容的西方主流价值文化。在思想界，伴随着英国资产阶级登上历史舞台的是苏格兰启蒙学派，该学派确立其主流地

---

* 李家莲（1976—），女，湖北大学哲学学院教师，高等人文研究院院长助理。

位的是道德情感主义思想。立足人性，以近代英国经验主义哲学为背景，该派思想家们极力探索如何在社会、政治和经济领域内实现幸福。在他们的推动下，英国社会成功地实现了与资产阶级产业化相呼应的政治经济现代化转型，并在这个过程中成功地构建了英美资产阶级主流价值文化。他山之石，可以攻玉。在我们进行现代化建设的今天，如何培育社会主义核心价值观是我们面临的时代课题。近代英国道德情感主义思想家们在构建资产阶级主流价值观的过程中进行的有益探索，可以为我们提供丰富的启示。

一　近代英国道德情感主义思想的主要特征

近代英国道德情感主义思想诞生和结束分别以莎夫兹伯里和亚当·斯密的思想活跃度为标志。莎夫兹伯里的思想活跃于克伦威尔革命以及"光荣革命"之后的一段时间。亚当·斯密在 1776 年出版了《国富论》，标志着自由市场经济正式以理论的形式登上了历史的舞台，资产阶级主流价值文化最终确立起来。除了莎夫兹伯里和斯密之外，哈奇森、巴特勒、曼德维尔和休谟都是近代英国道德情感主义思想的代表人物。道德情感主义思想活跃的时期，恰好是资产阶级取得政权之后，在政治经济和文化领域内全面确立主流价值文化的历史时期。这一思想流派在近代英国核心价值体系形成过程中发挥了重要作用。虽然代表性的人物较多，但就同一历史时期肩负同样历史使命的思想家们而言，近代英国道德情感主义思想可以被视为一个整体，它具有如下几个特征。

1. 反对正统宗教，倡导自然神论或无神论

从莎夫兹伯里开始，近代英国道德情感主义思想家们都有浓厚的宗教背景，有的甚至就是出自宗教界，如，哈奇森是一位新教长老派牧师。然而，在讨论人类道德情感的时候，他们纷纷表示，道德应该和宗教划清界限，一个有宗教信仰的人，未必一定是一个道德高尚的人。在莎夫兹伯里看来，衡量一个人道德水平的高低，不是根据这个人是否是个宗教徒，而是看此人是否有高尚的情感。曼德维尔在其道德哲学的开篇处就表明，他的道德哲学所讨论的人不是宗教意义上的人，而是没有宗教信仰的自然人。对于从事牧师工作的哈奇森和巴特勒而言，他们在自然法传统内研究宗教，他们的道德哲学所敬奉的"神"绝非正统意义上的启示神，而是基于自然法而确立起来的自然神。大卫·休谟虽然出生于虔诚的天主教家庭，但他在道德哲学中却对启示神报有一以贯之的怀疑主义态度。①

对正统宗教的反对使近代英国道德情感主义思想家们把人从宗教的桎梏中彻底解放出来了。他们眼中的人，不再是具有原罪的人，而是因自己的情感既可以为善，也可以为恶的自由人。就此而言，他们相信，没有人天生是恶人。在莎夫兹伯里看来，自然界不会自然而然地生长出恶来，因此，没有人天然就是恶的，人之所以有善恶之分，其原因在于人拥有善良或邪恶的情感。② 在哈奇森看来，没有全然的善人或恶人，每个人都是处于善恶之间的人。走出宗教束缚的人，在大自然面前，是自由的人，也是平等的人。在自然法面前，每个个体不仅是无罪的，而且可以凭自己的能力为善。③ 正如自然法约束下的生物个体可以自由而平等地竞争，受资本运行法则约束的资本也可以自由而平等地竞争，因此，自由、平等构成了近代英国道德情感主义思想家们共同倡导的核心价值原则。当这种道德情感主义思想发展到亚当·斯密这里时，最终演化成了经济自由主义思想。④

2. 反对道德理性主义，倡导道德情感主义

在倡导道德与宗教划清界限的同时，近代英国道德情感主义思想家们还共同反对道德理性主义。在经验主义哲学背景内，心灵完全依靠各种感官知觉获取各种各样的"观念"，观念与观念之间错综复杂的关系，就是理性所要研究的核心内容。在道德的领域内，相信理性至上的理性主义认为，道德约束力体现为观念与观念之间的某种永恒的关系。然而，

① 〔英〕休谟：《人性论》，九州出版社 2007 年版。
② 〔英〕莎夫兹伯里：《人、风俗、意见以及时代之特征》，武汉大学出版社 2010 年版。
③ 〔英〕弗兰西斯·哈奇森：《论美与德性观念的根源》，浙江大学出版社 2009 年版。
④ 〔英〕亚当·斯密：《道德情操论》，商务印书馆 2011 年版。

在道德情感主义者看来，理性所管辖的知识，仅仅是认识论意义上的知识，与道德没有丝毫关联。

当道德与理性划清了界限的时候，近代英国道德情感主义思想家们主张，要成为道德的人，最重要、最核心的任务就是要培养高尚的情感。哈奇森主张，一切道德行为都离不开情感的推动。要培养道德的人，就要培养具有高尚道德情感的人。要培养道德高尚的情感，就要用理性审视发生在我们身上的各种情感，从而找到最高尚、最令人快乐的道德情感，即无私的仁爱，一旦找到了这种情感，就应该努力培养这种情感。在曼德维尔看来，人是一个轮流受各种情感支配的动物，理性永远只是情感的奴隶。休谟主张，即使是理性和说教，也要建立在情感的基础上，离开了情感，甚至无法讨论道德。

3. 反对以个体或团体利益为对象的偏狭情感，倡导以国家或社会公共利益为对象的道德情感

当道德建基于情感的基础上时，近代英国道德情感主义思想家们所面对的一个重要理性问题是：什么样的情感才是道德的情感？对此，他们都主张，以个人利益或小团体、小圈子利益为对象的情是偏狭的情感，这种情感绝非可以构筑道德大厦的道德情感。以个人利益为对象的情感被称为自爱，以小团体、小圈子的利益为对象的情感，被称为偏狭的仁爱。在近代英国道德情感主义思想家们眼中，虽然这类情感不能被视为不道德的情感，但这类情感绝非可以成为道德之基础的道德情感。其原因在于，无论是情感的对象，还是情感的性质，这类情感极具偏狭性和局限性，不具备道德所要求的普遍性，因此，它们是不能为道德提供情感基础的情感。

在反对各类自私的或偏狭的情感的同时，近代英国道德情感主义思想家们主张，能成为道德之基础的情感是以国家或社会公共利益为对象的情感。在这种道德情感面前，很显然，以自我利益为对象的自爱，被视为不道德的情感。莎夫兹伯里认为，道德情感是以人类这个物种的整体善为目标的情感，除此之外，其他各类情感都不能成为道德的情感，因为它们所指向的目标同全人类整体善相矛盾或相抵触。在哈奇森看来，道德情感是无私而普遍的仁爱，这种情感之所以成为道德的情感，其原因也仅仅在于，它可以为最大多数的社会成员带来最大的幸福。作为近代英国最为重要的道德情感主义思想家，休谟提出了博爱。休谟认为，博爱是一种天然的德性，它之所以是一种德性，其原因就在于它的目标指向了全社会的公共利益。若非如此，博爱就将不会是一种德性。

二 近代英国道德情感主义思想对我国培育
社会主义核心价值观的启示

2012 年 11 月，党的十八大报告首次提出了 24 字社会主义核心价值观，从三个层面界定了核心价值取向："富强、民主、文明、和谐"构成了国家层面的核心价值观，"自由、平等、公正、法治"构成了社会层面的核心价值观，"爱国、敬业、诚信、友善"构成了公民层面的核心价值观。近代英国道德情感主义伦理思想在构建近代资产阶级核心价值观的过程中发挥了重要作用，取得了有效成果，对于我们培育社会主义核心价值观具有较为重要的参考价值和启示意义。

1. 人性是培育社会主义核心价值观的基点

近代英国道德情感主义思想家们所提出的道德情感思想，之所以能为大众认可，并推动资产阶级进行社会改革，从而使社会制度能更有效地服务于资本和市场的运行，其重要原因在于，该学派的道德情感思想建立在人性这个基点上。无论是莎夫兹伯里，还是休谟，该学派的所有思想家都相信，任何一个社会的价值观，若要得到认可，其前提是必须尊重人性。在反对先天观念的时候，由于深受自然科学和经验主义哲学的影响，该学派眼中的人性，是具体的、以个人为基础的、立足于生活世界的人性，即纯粹的自然人，它没有任何先天观念、抽象观念以及宗教观念。

培育社会主义核心价值观，必须建立在人性的基础上。失去了人性的支撑，任何"培育"都是无法进行的。当前的社会主义核心价值观虽然涉及三个层面，但是，生活世界中的自然个体才是最重要的基础。只有得到了个体的内心的认可，才能真正在全社会流行开来。三个层面的社会主义核心价值观是一个整体，个体不仅需要认同公民层面的价值观，也需要认同社会层面的价值观，更需要认同国家层面的价值观。

2. 情感是培育社会主义核心价值观的着力点

近代英国道德情感主义思想家非常重视公共精神。在他们看来，唯有以社会公共利益为对象的情感，才有可能被称为道德的情感，任何以个人利益、小单位或小团体为对象的情感，虽然不能被称为不道德的情感，但绝不可能构成道德赖以建立的情感基础。在莎夫兹伯里看来，在人类的一切情感中，唯有以人类这个物种的整体善为对象的自然情感，才是唯一的道德情感。对哈奇森而言，道德情感是以他人善和社会公共利益为对象的仁爱之情。能给最大多数人带来最大幸福的仁爱，被哈奇森视为唯一的道德情感，它构成了道德的唯一基础。在休谟看来，道德的一个重要特征就是有益于社会公共利益，人类所有的美德，无论是正义还是其他个人美德，之所以被称为美德，其原因在于它们都共同有益于社会公共利益。休谟认为，因此，以具有普遍性的社会公共利益为对象的情感，才是正义的情感。一个正义的社会，首先需要做的是尊重并正视社会公共利益。即使对于把人性视为具有绝对自私性的曼德维尔，他也认为，道德的唯一特征就是有益于社会公共利益。总之，在近代英国道德情感主义思想家看来，离开了社会公共利益，道德就成了无源之水、无本之木。

培育社会主义核心价值观，必须把着力点放在情感的培育之上。立足于以个体为基础的人性培育社会主义核心价值观，并不意味着要在人性中培育以个人利益为目标的自爱之情，而是要培育以社会公共利益为目标的公共精神。以国家、社会和他人为对象，公共利益可以分为国家公共利益、社会公共利益以及他人的利益。在这三个层面的利益中，培育社会主义核心价值观的基点是培育个体对他人的仁爱，也即培育个体重视他人利益并把他人利益看得高于个体自身的利益，对抗人性中天然存在的自爱之情，唯有如此，才能建立社会主义核心价值观在道德情感上的起点。有了仁爱这个起点，当他人利益扩展为国家利益以及社会公共利益的时候，就非常容易培育"爱国、敬业、法治、公正"等核心价值观。只有在仁爱的基础上，对待社会上的其他人，才能真正做到以自由、平等、诚信、友善之心待之；同理，对待由个体组成的国家，才能真正做到爱国，并在爱国心的支撑下期待国家变得法治、公正、富强、民主、文明、和谐。

3. 国家和社会的幸福是培育社会主义核心价值观的终极目标

近代英国道德情感主义思想家在道德领域内掀起反宗教、反理性的道德情感主义伦理思想，其终极目标是为了追求幸福。这种幸福不是精神性的幸福，也不是抽象的幸福，更不是宗教意义上的幸福，而是以经验社会中看得见、摸得着的国家利益和社会公共利益为内容的幸福。这种幸福的现实目标是为了在政治、经济、文化等领域全方位实现英国社会的现代化转型。这种幸福的基点是个体幸福，唯有个体的各种利益能够充分得到保障，才有可能谈论幸福。国家和社会层面的幸福建立在个体幸福的基础上。失去了个体幸福，就没有了社会幸福，也没有了国家幸福。在个体幸福和国家与社会幸福之间，近代英国道德情感主义思想家们共同认为，国家和社会的幸福高于个体的幸福，只有以国家或社会幸福，也就是公共利益为对象的情感，才是唯一可以被称为美德的道德情感。不仅如此，在他们看来，社会公共利益虽然很重要，但是，它绝非凌驾于个体之上的某种特殊的利益，而是以个体为基础，从个体生发出来，受到每个个体认可的利益，属于每个个体的利益。休谟认为，所谓博爱，作为一种美德，它的目标是从个体出发，致力于实现全社会的普遍幸福，唯有如此，博爱作为一种美德才有其存在的意义和价值。这种幸福，若得到了实现，其结果将会对个体的幸福形成极好的保护，因此，每个个体成员，都有道德上的义务与责任去培养这种情感，从而成为一个道德的人。

培育社会主义核心价值观的终极目标是为了实现中国特色社会主义的共同理想。这个共同理想的目标是国家实现现代化、民族实现复兴、人民过上小康生活，体现了全社会各个阶层的共同意愿，既是中国共产党现阶段的奋斗目标，也是终极奋斗目标。这种共同理想，蕴含了对幸福的追求。就此而言，培育社会主义核心价值观，就是要培育社会个体对社会幸福和国家幸福的追求，立足个体，立足情感，把社会公共利益和国家整体利益视为终极价值目标。不仅如此，在国家利益、社会公共利益和个人利益发生冲突的时候，能把国家利益和社会公共利益当作情感的对象，从而克制个体的天然自爱之情。为了更好地培育社会主义核心价值观，需要在全社会培育对道德的热爱与颂扬，奖励有美德的人，歌颂对国家利益和社会公共利益做出过贡献的人。这种奖励与颂扬，在近代英国道德情感主义思想家看来，是必需的，因为它不仅是一种榜样，而且体现了对个体抑制自爱这种天然情感的有效补偿。

图书在版编目（CIP）数据

文化发展论丛. 湖北卷. 2014 / 吴成国主编. —北京:社会科学
文献出版社,2015.3
ISBN 978 - 7 - 5097 - 7178 - 5

I. ①文… II. ①吴… III. ①中华文化 - 文集 IV. ①G11 - 53

中国版本图书馆 CIP 数据核字（2015）第 042457 号

文化发展论丛·湖北卷（2014）

主　　编／吴成国

出 版 人／谢寿光
项目统筹／周　琼
责任编辑／李兰生

出　　版／社会科学文献出版社·社会政法分社（010）59367156
　　　　　地址：北京市北三环中路甲 29 号院华龙大厦　邮编：100029
　　　　　网址：www. ssap. com. cn
发　　行／市场营销中心（010）59367081　59367090
　　　　　读者服务中心（010）59367028
印　　装／三河市尚艺印装有限公司

规　　格／开　本：787mm × 1092mm　1/16
　　　　　印　张：21.25　字　数：306 千字
版　　次／2015 年 3 月第 1 版　2015 年 3 月第 1 次印刷
书　　号／ISBN 978 - 7 - 5097 - 7178 - 5
定　　价／88.00 元

本书如有破损、缺页、装订错误，请与本社读者服务中心联系更换

▲ 版权所有 翻印必究